전 세계에 영향을 주고 있는 서구 문화는 서구만의 것일까?

동서양 문화교류와 충돌의 역사

내일을여는지식 역사 10

전 세계에 영향을 주고 있는 서구 문화는 서구만의 것일까?

동서양 문화교류와 충돌의 역사

▌이민호 지음

KSi 한국학술정보㈜

서 언

인류 역사는 문명 충돌과 교류의 역사라 해도 과언이 아니다. 동양과 서양은 상호 끊임없이 교류하고 충돌하면서 현재의 세계를 형성하였다. 동양의 관점에서 보면 현재 동양인의 삶 가운데 전통적인 문화는 없는 것처럼 보인다. 모두가 서양의 것이다. 우리 생활의 대부분을 차지하는 의식주 각 영역에서 서양의 영향을 배제하고서는 말할 수 없다.

이렇게 된 원인은 어디에 있을까? 그것은 아마 근대 이후 자본주의의 발달과 제국주의의 침략에 따른 동양 사회의 변화에 기인할 것이다. 동양 사회는 서구의 침략에 따라 반강제적으로 서구 문화를 수용하는 한편 스스로 서구화를 위해 노력하기도 하였다. 그 결과 동·서양 문화 차이를 느낄 수 없는 현대 세계가 형성되었다. 더욱이 최근에는 인터넷의 발달과 정보화의 진전에 따라 상호 이해와 문화 공유의 폭이 넓어졌다.

그렇다면 이렇게 전 세계에 영향을 주고 있는 서구 문화는 서구만의 것일까? 근대 이후 서구 문화가 발전할 수 있었던 것은 다양한 비서구문화의 장점을 수용함으로써 가능하였다. 서양 근대의 출발점이 되는 르네상스와 지리상의 발견에는 동양의 발명품이 큰 공헌을 하였다. 종이와 인쇄술은 서양의 학문 발전과 보급에 영향을 주었고, 나침반과 화약은 항해술과 바다를 통한 해외진출에 유리한 조건을 제공하였다. 근대의 서양은 동양에서 건너온 문화를 발전시켜 이를 무기로 다시 동양으로 진출하는 데 사용하였던 것이다.

현대의 문명 세계는 동·서 간의 문화교류와 충돌의 산물이라 할 수 있다. 따라서 인류 역사의 발전과정에서 동·서 간 문화 교류와 충돌의 실상을 이해하는 작업은 매우 의미 있는 일이라 생각한다. 역사 속에서 동·서 간의 충돌 양상은 매우 다양하게 전개되었다. 지중해의 해상권을 둘러싼 다툼부터 시작하여 종교를 둘러싼 갈등도 있었고, 유목민족과 농경민족 간의 오랜 싸움도 있었다. 문명 충돌은 상대방 문화를 파괴하는 등 부정적인 작용을 한 것도 사실이지만 다른 한편 새로운 문화를 전달하고 수용하는 과정이기도 하였다.

이 책에서는 종래 이 분야에 관한 선행 연구 성과들을 참고하여 동양 세계의 관점에서 동·서양 문화 교류와 충돌의 역사를 정리하면서 그것이 중국문화에 끼친 영향을 살펴보았다. 총 16개의 장으로 구성하였는데 각 장의 내용을 간단히 소개하면 다음과 같다. 제1장은 세계사의 구성 요소와 동·서양 문화에 대한 비교를 실었다. 더불어 동양과 서양에서의 동·서양에 대한 지리적 개념도 함께 살펴보았다. 제2장은 역사상 최초의 동·서 문명 충돌이랄 수 있는 페르시아 전쟁과 그 후 로마의 세계 제패와 동양에 대한 인식 문제를 다루었다. 제3장은 북방 유라시아 대륙의 초원 지대에 거주하면서 활발한 이동성을 바탕으로 문화 전파의 주역이 되었던 스키타이족의 문화와 그들의 동·서 문화교류에의 공헌을 고고학적 발굴 성과를 근거로 제시하였으며 아울러 그들 뒤를 이어 등장한 흉노족의 중원 농경민족과의 생존을 건 싸움과 문화도 함께 검토하였다. 제4장은 동·서 문화교류의 중심 무대라고 할 수 있는 실크로드의 개척과 이를 통한 문화 교류의 전개 과정을 살펴보았다. 특히 실크로드의 전성기라고 할 수 있는 중국의 한~당대까지의 중국과 서역 관계를 중심으로 문화 교류를 조명하였다.

제5장은 실크로드를 통해 중국을 비롯한 아시아 전역에 영향을 주었던 불교 문제를 다루었다. 불교의 경전을 구하러 인도로 간 승려들에 관한 것과 간다라 미술 양식의 중국 전래에 중점을 두었다. 제6장은 이슬람 문제를 다루었는데 종교의 탄생과 동·서로의 확장, 그리고 그 과정에서 발생한 중국 및 서구와의 무력 충돌 과정을 그렸다. 제7장은 중세 유목 제국의 세계 제패와 실크로드 경영을 다루었는데, 몽골 제국의 정복 사업과 역전 정비, 그리고 당시 동·서를 오간 여행가와 그들의 여행기를 중심으로 다루었다. 제8장은 15세기 대항해시대의 개막과 더불어 동·서 진영의 바다를 통한 세계 진출 과정을 살펴보았다. 중국 명대의 환관인 정화의 해상 원정과 포르투갈의 동양 진출을 대비하여 검토하였다.

　　제9장은 동·서 세계의 문화적 중재 역할을 담당했던 마테오리치와 예수회 선교사들의 중국에서의 활동과 그들 눈에 비친 중국 사회의 모습을 그렸다. 제10장은 동 시기 예수회 선교사에 의한 서구 학문의 중국 전파와 그에 대한 중국 사대부의 반응을 살펴보았고, 아울러 이들 선교사가 중심이 되어 전파한 중국의 사상과 문화가

서양 근대의 계몽주의 철학가에 끼친 영향을 검토하였다. 제11장은 전례문제에 관한 것으로 이는 예수회 선교사들의 성공적인 전교 활동에 자극을 받은 또 다른 선교 단체인 도미니크・프란체스코회가 중국에 와서 전교활동을 하지만 문화 차이를 극복하지 못하고 실패하게 되는 과정과 그들이 유럽에 돌아가서 예수회를 종교재판소에 고발하면서 시작된 전례문제의 전개 양상에 대해 고찰하였다. 제12장은 조선과 일본의 서학 수용과 그 영향을 검토하였다. 중국을 통해 간접적으로 서학에 접했던 조선 사회에서 실학자들의 서학에 대한 평가와 인식, 그리고 서학이 조선 사회에 미친 영향을 살펴보았다. 또 일본의 서학 수용과 그것이 근대사회 형성에 끼친 영향이 무엇인지를 생각해 보았다.

　제13장은 근대 서구 제국주의의 중국 침략과정과 불평등조약의 체결, 그리고 그들의 침략을 보조하는 수단이 되었던 중국 정보수집 과정을 살펴보았다. 제14장은 근대 중국의 자기반성과 반제국주의 운동에 관한 것으로 양무운동과 입헌운동의 추진과 실패, 그리고 태평천국과 의화단으로 대변되는 반제국주의 운동의 의미를

다루었다. 제15장은 중국의 신문화운동과 서구 사조의 수용 문제를 다루었는데 5 · 4운동 시기를 전후로 하여 진행되었던 전통에 대한 비판과 과학과 민주의 제창, 그리고 마르크스주의의 수용과 공산당 창당에 이르는 과정을 정리하였다. 그리고 마지막 제16장은 현대 세계의 동 · 서 교섭과 충돌로 20세기 이래 서구 이념의 확산과 문명 충돌 과정, 그리고 최근의 동양 사회에 대한 새로운 인식과 홍콩과 마카오의 중국 반환 문제 등을 다루었다.

　이상 역사적 변천 과정에 따라 동양과 서양 사이에 전개된 중요한 문화 교류 양상과 충돌을 살펴보았는데 그것이 중국 중심으로 이루어졌다는 느낌을 지울 수 없다. 서양과 인도 혹은 중앙아시아 여러 지역에 관한 내용이 상대적으로 부족한 것은 필자의 전공이 중국사이기 때문에 갖는 태생적 한계라고 생각하고 이 점은 다음에 보충할 수 있는 기회를 갖고자 한다. 끝으로 이 책이 출판되기까지 도움을 주신 여러분에게 감사의 마음을 전한다.

이 민 호

목 차

제1장
세계사의 구성 요소와 동·서 문화 비교

1. 농경, 해양, 그리고 유목

세계상에는 다양한 민족이 살아가고 있으며, 또 그들의 고유한 문화가 존재한다. 그런데 어떤 민족의 고유한 전통 문화는 대체로 그 지역의 자연 지리와 기후 조건 등 환경의 영향을 받아 형성된다. 중국을 중심으로 한 동양은 대륙 중심의 농경문화가 발달하였고, 지중해 유역에서 시작된 서구 문명은 해양 중심의 문화를 꽃피웠다. 한편 유라시아 대륙의 북방에 위치한 초원 지역에서는 유목 문화가 발달하였으며, 문화 교류에 크게 기여하였다.

동양에서 농경이 발달한 것은 주변에 좋은 강이 있는 것과 불가분의 관계를 가진다. 나일 강과 티그리스·유프라테스, 인더스, 황하 유역에서 발생한 4대 문명은 기본적으로 농경문화이다. 이들 중 나일 강을 제외한 나머지는 모두 동양의 범주에 속한다. 규모가 큰 하천을 개발하고 관리하기 위해서는 중앙집권적인 권력이 필요했고, 이로부터 동양적 전제주의 체제가 성립했다는 학설도 존재한다. 근대 이후 서구에 의해 자본주의가 전해지기 전까지 동양 사회에서 농경은 먹을거리를 해결하는 가장 중요한 수단이었고 문화였다. 따라서 동양 사회에서는 농경을 중심으로 한 문화가 주를 이루었다고 할 수 있다.

반면 서양에서도 농경이 존재했지만 예부터 밀농사가 주류를 이루었던 서양에서는 농경만으로는 먹을거리 문제를 완전히 해결할 수 없었다. 이 때문에 유목에도 종사하였지만 좀 더 적극적인 방법으로 바다를 통한 해상 진출을 도모하였다. 그래서 서양 최초의 문명도 지중해라는 바다에서 생성될 수 있었던 것이다. 그리스와 로마로 대표되는 서양의 고대사는 지중해를 중심으로 역사가 전개되었으며, 이를 둘러싼 치열한 쟁탈전이 끊임없이 전개되었다. 그러다가 근세 이후에는 지중해라는 지역적인 한계를 벗어나 좀 더 큰 바다인 대서양을 통한 세계 진출을 시도하였고, 세계 각 지역에 서구 문화를 전파하였다. 그런 가운데 바다를 지배하는 민족이 곧 세계를 지배하는 시대가 도래하였다.

북방 초원의 유목문화는 농경이나 해양문화에 비해 상대적으로 주목을 적게 받아 오다가 최근 이들 문화에 대한 관심이 증대하고 있다. 지구상에 존재했던 수많은 다른 문명들처럼 이곳에서도 탄생과 성장과 소멸을 반복하였다. 이들은 중앙 유라시아의 드넓은 초원과 사막, 그리고 높은 산맥에서 흘러나오는 오아시스 지역을 지

몽골초원의 이동식 가옥 - 게르

배하면서 기동성을 바탕으로 동·서 문화 교류의 역사에서 매우 중요한 역할을 담당하였다. 현재는 본래의 모습과 많이 변화된 삶을 살아가고 있지만 이들은 농경에 적합지 않고 바다로의 진출도 용이하지 않았던 유라시아 대륙의 북방 초원 지역에서 양과 말 등 가축을 사육하면서 찬란한 유목문화를 꽃피우기도 하였다.

이들은 끊임없이 이동 생활을 하였고, 말을 교통수단으로 사용함으로써 지역 간 경계의 벽을 허물고 문명의 전달자로서의 역할을 수행하였다. 파미르 고원과 타클라마칸 사막이라는 자

몽골초원의 교통수단 - 말

연 장애물로 인하여 가로막힌 동·서 간을 이들은 낙타와 말을 이용하여 연결하였고, 몽골제국 시기에는 세계를 단일한 왕조의 체제에 편입시켜 문화교류에 중요한 작용을 하기도 하였다.

2. 동양과 서양에서의 「동·서양」에 대한 지리적 개념의 검토

　　현재 우리들이 사용하고 있는 동양과 서양이라는 용어 속에는
지리적으로 연결된 북아프리카와 역사적으로 연장된 남북아메리카
를 포함한 유라시아 대륙 전체를 가리키는 말로 사용된다. 그중 유
럽과 아시아는 같은 대륙의 양쪽 끝에 존재하면서 우랄산맥과 카
스피해, 흑해 등으로 분리되기도 한다. 그런데 유럽의 육지는 흑해
나 지중해와 같은 물에 의해 나뉘지만 아시아는 산이나 사막으로
갈려 있어서 교류에 어려움을 겪었으며 상호 인식에 있어서도 많
은 차이점이 존재했고, 동·서양의 개념에 관해서도 서로 다른 견
해를 나타냈다. 특히 역사적으로 이 개념은 기준점을 어디에 두느
냐에 따라서 또 시대의 변화에 의해 달리 표현되었다.

　　과거 자신들이 세상의 중심이라고 생각했던 중국인들은 현재는
중국의 영토 내에 편입되어 있는 신장 위구르 자치지역을 '서역(西
域)'이라 칭하였다. 명대에 들어서 占城(Champa), 瓜哇(Goa) 등 서
양이 조공했다는 기록과 해상 원정을 떠났던 환관 정화의 탐방을
'정화하서양(鄭和下西洋)'이라 하였는데, 이들 자료에 보이는 지역
은 현재 대부분이 동남아와 인도, 서아시아 지역으로 중국에서는
자신들을 기준으로 하여 서양의 범주에 포함시켰다. 그 후 17세기
의 자료들에서는 다소 '서양'의 범위가 축소되어 Borneo를 중심으
로 동양과 서양을 구분하였다. 한국에서는 고대 불교가 인도에서
전해진 것을 계기로 인도를 대표적인 서양의 국가로, 그리고 불교
의 학문세계를 서학으로 인식하기도 하였다.

서양에서 동양을 가리키는 말로 사용한 것으로는 '오리엔트(Orient)'가 있다. 이 말은 원래 고대 희랍어의 '오리엔스(Oriens)'에서 유래하였는데 그 본래 의미는 '해 뜨는 곳'을 나타낸다. 고대 그리스의 입장에서 해 뜨는 곳은 결국 지중해 너머 중동 지역이었을 것이므로 지중해를 기준으로 그 동쪽을 동양이라고 불렀던 것이다. 이후 서양의 기준에서 동양과 서양의 구분은 이로부터 시작되었다. 서양 최초의 역사학자 헤로도토스는 동·서양 최초의 문명 충돌로 기록될 「페르시아 전쟁」에 관한 역사책인 『역사』(Historia)에서 전쟁을 그리스가 승리한 것이 '그리스 민주정치의 동방 전제주의에 대한 승리'라고 규정하여 서방 세계의 우월성을 논하고 있다.

　결국 현대 세계에서 사용하는 동양과 서양의 구분은 서구 중심의 사고에서 기인한다고 할 수 있다. 그리고 이 개념은 근대 이후에는 단순히 지정학적인 위치만을 나타내는 개념에 한정되지 않고 있다. 그것은 서구에서 산업혁명을 바탕으로 자본주의를 발전시켰고, 이를 통해 동양 사회를 식민 지배했던 역사적 경험을 통해 서구 중심의 세계사가 전개된 것과 관련이 있다. 그런 의미에서 세계를 서구와 비서구로 대변하기도 하며, 아시아에 속해 있으면서 이른 시기 서구화를 진행했던 일본은 '탈아시아'를 부르짖기도 했다. 2차 세계대전이 종식된 후 많은 아시아 국가들이 서구 사회를 모델로 경제성장을 추구하면서 그들은 그러한 변화를 '서구화'라는 용어로 표현하였다. '서구화'가 성장과 발전을 대변한 것처럼 인식되던 상황에서 최근에는 그러한 발전의 결과 환경문제 등이 제기되자 자연과의 일체를 강조하는 '아시아적 가치'에 대해 재평가하기도 했다.

3. 동양(중국)과 서양의 문화 비교

1) 동·서양의 환경과 문화

유라시아 대륙의 동과 서에 위치한 중국과 서유럽은 유사 이래 오랫동안 서로의 존재를 알지 못한 채 각자 독자적인 문화를 탄생시켰다. 특히 서양이 지중해를 중심으로 주변 세계와 활발히 문화 교류가 이루어진 데 반해 중국은 동으로는 태평양, 서로는 타클라마칸 사막과 파미르 고원 등 자연장애물로 인해 외부와의 교류가 원활히 이루어지지 못했다. 이를 두고 서양은 열린 세계, 동양은 닫힌 세계로 묘사하기도 한다. 따라서 중국은 대륙 중심의 문화를, 서양은 해양 중심의 문화를 발달시켰다고 말하기도 한다.

닫힌 세계로서의 중국 문화는 농업에 대한 의존도가 강하게 나타났으며, 상대적으로 자연의 혜택을 많이 받으면서 성장하였다. 따라서 자연을 대하는 방법에 있어서도 경쟁이나 극복보다는 일치와 합일을 강조하였다. 그들은 문자를 만드는 데 있어서도 자연의 형상을 따서 제작하였다. '지대물박(地大物博)'으로 표현되는 풍부한 물산은 중국이 외부 세계와 특별한 교역을 하지 않고 자급자족의 경제를 유지할 수 있도록 해 주었다. 환경적 영향으로 인해 외부의 영향을 적게 받으면서 독자적으로 성장한 중국문화는 안정적으로 발전을 지속할 수 있었다. 또 그들은 동아시아에서 패권국가로 군림하면서 '조공(朝貢)'을 통한 외교 관계를 통해 주변에 영향력을 행사하였다. '화이관(華夷觀)'에 근거한 그들의 우월의식은 1840년 아편전쟁에서 패배할 때까지 계속되었다. 하지만 그들은 외부의 또 다른 발달된 세계가 존재한다는 사실에 대해 거부감을 가지고 있었고, 그들 자신이 세계의 중심에 위치하고 있다고 믿게 하였으며, 이는 주변 지역과의 관계에도 반영되어 주변 민족들을 모두 오랑캐로 간주함으로써 문화 발전에 부정적인 작용을 하기도 하였다.

반면 서양의 열린 세계는 바다를 통해 해외로 눈을 돌리게 됨으로써 그들의 활동 영역을 끊임없이 늘려 나갔다. 그들은 바다에서 거친 파도와 싸워야 했고 해적들의 도전을 이겨내야만 했다. 따라서 서구인들에게 있어서 자연은 도전과 극복의 대상으로 비춰진다. 중국에서처럼 은혜를 받지 못했기 때문에 조화보다는 투쟁이 강조된다. 때문에 그들은 문자도 자연의 형상이 아닌 추상적으로 구상한 알파벳을 이용하게 되었다. 이러한 서구의 바다를 통한 끊임없는 진출은 근대 이후 탄생시킨 자본주의의 발달과 더불어 전 세계로 향하면서 그들의 활동 무대도 넓어졌고 서구식 문화를 전 세계로 확대하는 계기로 작용하였다. 그들의 힘에 근거한 침략적 성향은 그들의 외형을 확대시켜 주었지만, 다른 문명 세계에게는 커다란 충격이었고, 그만큼 반발도 거세게 진행되었다. 많은 문명들이 그들의 침략으로 소멸되었으며, 서구 문화에 대항해 자신들의 문화와 인종을 지키려는 움직임은 지금 현재에도 지구촌 곳곳에서 진행되고 있다.

2) 관계중심 문화와 능력중심의 문화

농업이 중심인 중국사회에서는 원활한 농경을 위해 사람들 간의 긴밀한 협조가 필수적이다. 따라서 그들은 공동체 생활에 익숙하게 되고 특히 사람과 사람 사이의 관계를 중시하게 되었다. 유학의 '오륜(五倫)'도 그러한 배경하에 탄생되었다. 즉 '군신, 부자, 부부, 장유, 붕우'관계는 사회생활의 가장 기본적이면서 필수적인 관계였다. 물론 이들 관계는 친소 정도가 명확하게 구별이 되며 그 연장선에서 종법제도가 탄생되었다.

만세사표 공자 - 대성전

종법제도란 혈연을 바탕으로 하여 작게는 왕실 내의 적장자 계승의 원칙을 수립했고, 크게는 제후가 천자를 중심으로 충성을 바치고 단결하는 봉건적 정치질서를 도모하는 제도를 말한다. 종법제도는 적장자 계승 원칙과 더불어 종족의 단결을 위한 수단으로 종묘제사제도를 사용한다. 이러한 종법제도의 영향 아래 중국에서는 오랫동안 동성가족에 의한 국가통치, 봉건제도의 지속, 확대된 가정으로서의 국가조직의 확립이 이루어졌다. 이러한 종법제도하의 사회구조는 윤리도덕이 기본적 덕목으로 작용하였고, 그에 따라 윤리적 색채를 강하게 띠는 문화가 형성되었다. 그리고 인간관계는 수직적인 질서를 강조하였다. 앞선 오륜의 덕목 중에서 '붕우관계'를 제외한 나머지 요소들은 기본적으로 수직적인 관계를 나타내고 있다.

중국인의 관계 중심적 문화는 현대사회에서도 지속적으로 전개되어 국가 경영이나 기업 활동 등에도 그대로 적용되고 있다. 현재 중국인들이 중요시하는 관계로는 전통적인 '혈연(血緣)'이나 '지연(地緣)'관계는 물론이거니와 최근에는 '학연(學緣)'과 '업연(業緣)' 관계도 중시하고 있다. 물론 이러한 관계 설정에 대해 다양한 형태의 부정적인 측면(예를 들면 기업에서의 가족경영의 폐해 등)이 부각되면서 내부적으로 반성과 비판의 목소리도 들리고 있지만 한편에서는 강화되는 경향을 보이기도 한다.

중국이 사회생활에 있어서 개인이 배제된 채 '우리'와 '관계'를 중시한 반면 서양은 '나'와 '능력'을 중시하였다. 이는 자신을 표현하는 방법에 있어서도 차이를 보인다. 즉 중국에서는 자신의 국가와 지역, 가문을 먼저 이야기한 후 자신을 이야기하지만 서양에서는 먼저 자신을 소개한 후 자신이 속한 지역과 국가 순으로 소개한다. 서양에서는 대부분의 일이 개인적 차원에서 진행되기 때문에 책임의 소재 또한 명확하다. 따라서 인간과 사회관계에 있어서는 윤리·도덕보다는 경쟁과 투쟁을 강조하게 되고 결국 공산주의나 파시즘 같은 이념을 만들어 내기도 하였다.

3) 동·서양 사고와 철학의 문화적 거리

18세기 유럽 사상계의 새로운 사조로 떠올랐던 계몽주의 철학자들은 선교사들로부터 소개된 중국 철학의 영향을 많이 받았다. 당시 중세의 신 중심의 세계관에서 탈피하고자 했던 이들 철학자들이 중시했던 것은 중국 철학의 지극히 현실적이고 현세적인 성향이었다. 일반적으로 서양은 철학적·예술적이고, 인도는 종교적인 데 비해 중국은 정치적이라고 말한다.

중국 사상이 현세적이고 정치적인 특징을 지니는 것은 그들 사상이 탄생한 시기의 시대적 상황과 밀접한 관련이 있다. 즉 중국 사상의 원류가 형성된 춘추·전국시대는 중국 역사상 최초의 분열 시기임과 동시에 각 제후들이 부국강병을 위해 끊임없는 노력을 기울이던 시기였다. 이러한 시대적 상황에서 탄생한 소위 '제자백가(諸子百家)'는 그들의 철학을 현실 정치에 적용하려 하였기 때문에 정치철학으로서의 성격이 강하였다. 당시의 대표적인 철학자인 공자는 "아직 산 사람조차 섬길 수 없는데 죽은 자의 영을 위해 봉사할 수 있겠는가?", "이 인생조차 모르는데 죽은 이후의 세계를 어찌 알 수 있겠는가?"라 하여 내세관을 부정하고 있다. 이는 서양 기독교의 '부활'이나 '천당' 관념과는 달리 내세관의 부재를 나타내며 중국철학의 현세 중심적 성격을 반영한다 할 수 있다.

다음 서양 철학이 논리적인 데 반해 중국은 상대적으로 논리적 구성을 가진 철학이 부족하다고 말한다. 예를 들면 서양에는 소위 '삼단논법'과 같은 논리가 존재하지만 중국에서는 그런 논리보다는 오히려 '체험'과 '직관'을 중시하는 경향이 강하다. '백문이불여일견(百聞而不如一見)'은 이러한 경향을 대표한다고 할 수 있다. 따라서 중국인들은 논리적으로 사물을 생각하거나 표현하는 것이 서투를 수밖에 없는데 그것은 또 중국의 언어구조와 밀접한 관계가 있다고 말한다. 즉 중국어는 태국이나 티베트의 언어와 마찬가지로 고립어의 유형에 속하며, 어미변화나 접사 등이 없고 각 단어는 단지 관념을 표현할 뿐 문장 중의 위치에 의해 문법적 기능을 하는 언어이다. 그런데 논리학에서 문제가 되는 것은 단어의 의미보다는 단어를 결합시키고 있는 접착제 부분이고 이를 제외하고서는 논리학이 성립할 수 없다. 결국 중국은 논리학에 있어서 약점을 지닐 수밖에 없다는 것이다.

4) 과학이론과 기술의 차이

일반적으로 과학기술의 측면에서 중국과 서양의 역사를 비교할 경우 중국은 기술 분야에서 그리고 서양은 이론 분야에서 우월한 것으로 보고 있다. 소위 세계의 4대 발명품(종이, 화약, 나침반, 인쇄술)은 모두 중국에서 시작되었지만 이를 이론적으로 발전시킨 것은 서양이었다. 더 나아가 서구 세계는 이를 토대로 근대 이후 중국을 비롯한 세계를 제패하였다.

채 륜

동·서양 모두에 있어 정보의 확산에 기여한 종이는 후한시대 환관인 채륜에 의해 서사용으로 사용되기 시작한다. 물론 채륜 이전에도 종이는 존재하였지만, 그 이전에는 서사용이 아닌 포장용으로 더 많이 사용되었다. 이전에 사용했던 서사 재료인 죽간이나 목간 혹은 겸백 등은 무겁거나 아주 비싸다는 단점이 있었는데 종이는 이러한 단점을 극복함으로써 학문과 지식, 정보를 많은 사람들이 공유할 수 있는 길을 열어주게 되었다. 물론 지식의 대중화에는 인쇄술의 영향도 배제할 수 없다. 그런데 현실에서 이러한 발명품이 크게 위력을 떨친 것은 서양의 근대부터이다. 르네상스 시기 서양의 근대 지식이 일반에게 크게 전파될 수 있는 데에는 동양으로부터 전해진 종이와 인쇄술의 영향이 컸다고 말할 수 있다. 그런데 중국의 종이가 서양에 전달되기에는 이슬람세력을 통해 수 세기의 시간을 필요로 했다(종이의 서점에 관해서는 후술함).

다음 화약과 나침반은 서양이 지중해의 영역을 벗어나 대서양과 인도양, 태평양과 같은 큰 바다로 나서는 데 중요한 역할을 하였다. 즉 화약이 대포에 응용됨으로써 배에 승선하는 무장 인원을 줄일 수 있게 되었고 해적과 같은 적의 공격으로부터 효과적으로 방어할 수 있게 되었다. 나침반은 원거리 항해에 필수적인 것으로 기존 해도의 약점을 보완할 수 있게 되었다.

둔황에서 발견된 목간

그렇다면 중국은 이처럼 중요한 기술을 가지고 있으면서도 왜 근대 과학으로 발전시키지 못했을까? 최근 중국의 학자들 중에는 근대 이후 중국이 서구의 침략을 받고 결국 반식민지 상태로 전락하게 된 원인을 찾는 과정에서 중국 과학기술의 문제점을 지적하였다. 그들은 중국의 과학문명이 근대 과학으로 성장하지 못한 원인을 상부구조나 하부구조와 같은 어느 한 분야에서 찾지 않고 정치·경제·문화 제 영역에서 중국 문화의 문제점을 지적하면서 시스템적으로 규명하고 있다. 즉 중국의 전제주의 정치체제와 소농경제, 그리고 유학이라는 요소가 상호 유기체적으로 작용하면서 중국의 전통사회를 초안정구조로 만들었으며 그러한 구조 하에서 전통과학이 근대과학으로 발전하지 못했다는 것이다.

반면 서양은 기술적인 진보 없이 이론과 실험만이 발전하였는데 근세 이후 아랍세계를 거쳐 중국의 기술적인 발명품들이 전해지면서 비약적으로 과학 문명이 발전할 수 있게 되었다는 것이다. 그리고 이러한 발전을 밑바탕으로 르네상스와 지리상의 발견을 이루었고, 마침내 세계를 제패할 수 있었다는 것이다.

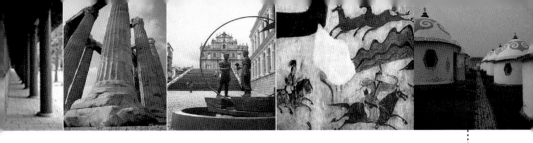

제2장
최초의 문명 충돌, 그리고 로마인의 세계인식

1. 지중해 - 고대 서구 문명의 중심 무대

1) 지중해의 섬들

고대 서구 문명의 발상지인 지중해는 유럽과 북아프리카, 서아시아 사이 교역과 충돌의 중심 무대였다. 지중해는 유럽과 아프리카·아시아의 거대한 육지에 막혀 있고, 대서양, 인도양과는 거의 연결되지 않는다. 면적은 흑해를 포함하여 약 300만 ㎢(프랑스의 6배), 길이는 동쪽에서 서쪽으로 약 4,000㎞에 달한다. 그런데 이곳에서 서구 문명이 탄생할 수 있었던 것은 바다 가운데 있는 섬들이 중요한 역할을 하였다. 크레타, 키프로스, 에게해의 섬들, 사르데냐,

코르시카, 그리고 지중해를 동쪽과 서쪽이라는 거대한 두 구역으로
나누는 기준이 되는 시칠리아 같은 섬들은 중계지로서 문화 교류
에 결정적 작용을 하였으며, 이를 통해 문명의 발전을 촉진시켰다.
따라서 서구 문명의 태동과 발전 과정을 이해하기 위해서는 먼저
이들의 역사와 문화를 검토하는 작업이 필수적이라고 할 수 있다.

서양문명의 탄생지 - 지중해

　에게해 남동쪽 9,251㎢에 달하는 거대한 섬인 키프로스는 해상
활동에서 중요한 입지를 차지한다. 키프로스는 해상 활동에 유리한
두 가지 중요한 입지 조건을 지니고 있다. 먼저 이집트와 중동 지
방으로 향하는 해상 교통로의 합류지점에 위치해 있다. 다음 키프
로스가 '청동의 보고'라는 말에서 유래했다는 것에서 알 수 있듯이
이 섬은 풍요로운 천연자원인 청동이 생산되었다. 청동은 아나톨리

아 고원에서 이주해 온 사람들에 의해 신속하게 개발되어 B.C. 2000년경 이 일대에서 청동기시대의 절정기를 구가하였다. 키프로스 섬에서는 독창적인 문명이 발달했고, 종교적인 삶과 시골의 목가적인 생활모습을 담고 있는 도자기의 산지로도 유명했다. 그러나 기원전 12세기부터 소위 '바다의 민족들'에게 침략을 받기 시작하여 결국 펠리시테인들에게 점령당하고 만다.

에게해 남쪽에서 두 번째로 큰 섬은 B.C. 2000년경에 독창적인 문화의 중심지로 발전한 크레타(8,259㎢)다. 크레타라는 이름은 그리스 신화에 나오는 미노스 왕의 전설로부터 유래한 것이다. 전설에 의하면 미노스 왕의 아내인 파시파에는 황소와 정을 통해 괴물 미노타우로스를 낳았는데, 이 괴물은 건축가 다이달로스가 만든 미로에 갇힌 채 아테네에서 공물로 바친 젊은 남녀를 먹고 살았다. 이 학살극을 종식시키기 위해 나선 아테네의 영웅 테세우스가 미노스 왕의 딸인 아리아드네의 도움으로 괴물을 죽이는 데 성공한다. 이 이야기는 크레타 섬에서 황소를 제물로 바치는 희생 제의를 통해 내려온다. 이 제의에서는 곡예사들이 황소 위에서 재주넘기를 하거나 투우 놀이를 벌이기도 한다.

한편 미노아 문명은 거대한 궁전 건축물(크노소스, 파이스토스, 말리아, 자크로스 등)로 유명하다. 이 궁전들은 중앙에 투우경기를 할 수 있는 거대한 뜰을 갖추고 있었고, 그 주변에는 작업장과 '피토이'라는 단지에 농산물을 저장하여 두는 창고 같은 공공건물이 분산되어 있었다. 크레타의 경제생활은 대부분 외부와의 교역에 의존했는데 주된 교역품은 철기와 상아세공품이었다. 미노아인들은 동지중해에 위치한 펠로폰네소스 반도, 키프로스, 시리아, 이집트 등 수많은 지역과의 해상관계를 발전시켰다. 크레타에서 발달한 미노아 문명은 역사가 헤로도토스와 투키디데스가 지적했듯이 지중해의 여러 지역에 광범위하게 영향을 미친 것은 분명하다. 그러나 이처럼 찬란하게 꽃피웠던 크레타 섬의 문명은 기원전 1450년경 중대한 변화를 맞는다. 크레타의 궁전들 대부분이 파괴되는데 그 원인을 확실히 알 수는 없고 다만 확실한 것은 그리스로부터 새로운 인구가 유입되었다는 사실이다. 그들이 바로 미케네인이다.

2) 미케네와 페니키아

기원전 16세기에서 11세기에 걸쳐 지중해 지역에서는 새로운 문명이 발달한다. 이 문명의 주인공은 바로 미케네인들인데 그 이름은 19세기 말 H. 슐리만이 아르골리스에서 찾아낸 미케네의 아크로폴리스에서 유래한 것이다. 호메로스의 시에 등장하는 영웅들 가운데 아가멤논에게 수여되었던 황금마스크를 포함하여 풍부한 고고학적 자료들이 묻힌 무덤이 이곳에서 발견되었다. 제우스, 포세이돈, 아테나, 디오니소스와 같은 신들을 숭배한 미케네 지역은 그리스의 시발점이라 할 수 있다.

미케네인들은 지중해에서 활발한 경제 활동을 했던 것으로 보인다. 그들은 양모 · 기름 · 향료 · 도자기는 물론 황금 잔을 비롯한 화려한 수공예품을 생산하고 교역을 위한 시장을 마련하기 위해 많은 노력을 기울였다. 청동, 규석, 상아와 미케네 양식의 장식품들을 실은 선박(B.C. 1300년경)의 잔해가 아나톨리아 해안 남쪽에서 발견

됨으로써 이들이 해상 활동에 적극적이었음이 증명되었다. 지중해의 거의 대부분을 제패한 미케네인들은 그리스와 근동에까지 영향력을 행사하였지만, B.C. 13세기부터 내적 분열과 새로운 인구의 유입(바다의 민족들, 도리아인) 등 여러 원인들로 점차 소멸해 갔다.

한편 B.C. 2000년경 지중해의 다른 지역에서는 항해술을 바탕으로 교역의 주인공으로 등장한다. 펠리시테인과 헤브라이인들이 차지한 가나안 지방의 남쪽 일부를 이어받은 페니키아는 오론테스 강의 남쪽과 카르멜산 남쪽 기슭의 하이파 사이의 연안지대에 위치해 있었다. 페니키아라는 이름은 '포이닉스'라는 단어에서 나온 '자홍색'이라는 뜻의 그리스어 '포이니케오스'에서 유래한 것이다. 자홍색은 햇볕에 그을린 페니키아인들의 피부색을 나타낸다. 페니키아인들은 바다에 대한 경험이 풍부했고 해류에 대해서도 많은 지식을 가지고 있었다. 그들은 키프로스, 아프리카 해안, 시칠리아, 모로코, 에스파냐 남쪽을 거치면서 지중해 서쪽 연안을 차지하기 위해 다른 항로를 사용할 수 있었다. 결국 지중해의 남쪽은 '페니키아인들의 바다'(미셸 그라스)가 되었다.

2. 동 · 서 문명 충돌의 서막 – 그리스와 페르시아

1) 식민지를 향하여

지중해의 역사는 지중해 섬들에서 점차 그리스 반도까지 확대된다. 특히 그리스인들은 B.C. 8세기부터 식민지를 찾아 바다로 향하였다. 이 시기에는 사람들이 도시를 짓고 교역을 하러 바다로 나아갔지만 B.C. 6세기부터는 바다에서 다른 문명권 사람들과 서로 충돌하며 대결하는 시기로 묘사된다. 그런 가운데 최초의 동양과 서양의 무력 충돌도 시작되었다.

그리스의 도시는 영토가 차츰 정비되는 가운데 지역들 간의 경계가 되는 '코라'라는 공간에 자율적인 소규모 정치 공동체들이 세워지면서 생겨났다. 아테네에서는 테세우스가 흩어진 여러 개의 공동체를 하나의 도시로 결합시켰는데 그 중심은 아크로폴리스였다. 그런데 그리스의 도시국가(Polis)는 서양 중세의 도시와는 다른 성격을 지니고 있었다. 중세의 도시는 시골과 떨어져 있었고 성 안에 살아가는 시민에게만 정치·경제적인 특권이 부여된 닫힌 세계였다. 반면 그리스의 도시는 그 범위가 도시에 한정되지 않았다. '시민'은 도시와 도시 주변의 더 넓은 지역에 거주하는 사람들 모두였다. 시민들은 시장을 이용했고, 성채를 피난처로 삼았으며 신전에서 수호신에 대한 제례를 올리기도 하였으니 도시는 국가를 구성하는 하나의 요소에 불과했던 것이다.

지중해의 여러 지역에서 도시들이 탄생하고 점차 인구가 증가하면서 다양한 사회문제도 발생하였다. 이에 문제 해결의 방법으로 그들은 해상에 눈을 돌려 그 세력을 점차 확대해 나갔다. 그리스인들이 본국을 떠나 식민지 건설에 나서게 된 이유는 도시와 시대에 따라 다양하다. 우선 원정의 주된 원인은 인구 증가에 비해 농경지가 상대적으로 부족해졌기 때문이었다. 당시 그리스인들은 좁은 땅에서 충분한 곡식을 생산하기가 매우 어려웠다. 같은 땅을 몇 번씩

쟁기질하고 호미로 흙덩어리를 부수면서 일을 했지만 충분한 먹을
거리를 생산할 수 없었다. 이에 가난한 농민들은 소작농으로 전락
하게 되는데 소수의 대지주들은 다량의 소작료를 거두어들임으로
써 가난한 농부를 착취하였고, 결국 농부들은 그 땅에서 탈출을 시
도하였던 것이다.

이 밖에 그리스인들이 식
민지를 개척해야만 했던 원
인으로는 정치적 갈등과 무
역의 필요성에서 찾을 수 있
다. 즉 정쟁에서 패하여 추방
당한 사람들이 새로운 도시
를 건설하였다. 또 이주 초기
부터 사회적으로 밀을 비롯

고대 그리스 건축

한 곡물과 각종 도구 제작에 필요한 금속류를 전문적으로 교환할
상인이 필요했는데, 상인 계층이 성장하면서 그들이 이익을 추구하
기 위한 과정에서 식민지 개척을 도모하기도 하였다.

B.C. 8세기에서 6세기 사이에 이루어진 식민지 개척은 크게 세
지역으로 나눌 수 있다. 첫째, 비어 있던 해안 지대로 때로는 원주
민에게 환대를 받기도 하였는데 이에 해당되는 지역은 키레나이카
와 북에게해, 밀레투스가 아비도스를 거점으로 지배하던 흑해가 포
함된다. 둘째, 남부 이탈리아 해안과 시칠리아에 건설한 식민지가
있었다. 특히 시칠리아는 중요한 교역 장소로 상인들이 이곳을 배
경으로 많은 부를 축적할 수 있었다. 셋째, 그리스인들은 시칠리아
와 이탈리아 남부 너머로 큰 위험을 무릅쓰고 B.C. 7세기 말부터 6

세기 전반까지 계속 식민지 개척에 나선 결과 마르세유까지 점령하였다.

2) 전쟁, 그리고 마라톤의 고사

그리스의 도시국가는 대규모 식민지 개척을 통해 지중해에 대한 지배권을 강화하고자 했지만 독점할 수는 없었다. 시장규모가 커지고 도시가 많아짐에 따라 경쟁이 치열해지면서 지중해에서 처음으로 대규모 격돌이 발생한다. 기원전 540년 발발한 알레리아 해전은 지중해에서 일어난 최초의 대규모 전투였는데 그 결말은 불분명하다. 그런데 이 전투로 인해 페르시아인의 이름이 알려졌다. 이들은 이란 고원 출신의 인도-유럽계 민족으로 기원전 6세기부터 동방에서 세력을 떨쳤다.

페르시아(아케메네스 왕조)가 대제국을 건설한 것은 키로스(Kyros) 대왕이었다. 그는 B.C. 6세기 후반 20년간(B.C. 550~530) 활발한 정복사업을 펼쳤다. B.C. 539년에는 바빌로니아를 점령하였고, 유대인은 기원전 537년에 유배지에서 예루살렘으로 돌아올 수 있었다. 이집트 역시 페르시아인의 지배를 받았다. 이렇게 확대된 제국을 통치하기 위해서 중앙의 명령이 바로 지방에 전달될 수 있도록 하고, 지방의 상황 특히 변경 지역에서 발생하는 사건을 빨리 중앙에 보고할 수 있도록 하기 위해 키로스 대왕은 제국의 전 영토에 걸쳐 가도를 정비하였다. 그리고 가도상에 1일 노정으로 역(숙영지)을 설치하였다. 여기에 말과 사람을 두고 긴박한 사태가 있을 경우를 대비해 역전제도를 마련한 것이다.

그 후 페르시아는 다리우스 대왕(재위 B.C. 522~486) 시기에 에게해와 흑해에도 눈독을 들이고 유럽과 아시아의 스키타이인까지 장악하려 했다. 이런 가운데 B.C. 498년 소아시아의 이오니아계 도시에서 반란이 일어났고, 곧 페르시아 전쟁이 시작되었다. B.C. 494년 페르시아 함대는 이오니아 함대를 격파하고 밀레투스 지역을 손에 넣었다. 이어서 키클라데스 제도를 점령한 뒤 B.C. 490년 600척의 군함에 2만 명의 장병과 말을 태우고 그리스 본토를 공격하였다. 페르시아 군에 대해 아테네가 마라톤에서 승리를 거두었다는 것은 주지의 사실이다. 이때 마라톤에서 아테네까지 승리의 소식을 알리기 위해 사자가 약 40㎞(정확히는 36.75㎞)를 달려 승리를 보고하고 숨을 거두었다는 것도 잘 알려져 있다. 그리고 이 고사가 마라톤 경주의 기원이 되었다.

마라톤 전쟁을 기술했던 헤로도토스(Herodotos)는 사자에 대해 어떤 기록도 남기지 않았다. 이 사자에 대해 기원 후 1~2세기의 책에 처음으로 등장한다. 플루타코스(Plutarchos)와 루키아노스(Loukianos)의 저서 중에 처음으로 등장하고 사자의 이름도 나타난다. 루키아노스는 사자로 페이디피데스(Pheidippides)의 이름을 거론하고 있다.

그리스와의 전쟁에 패한 다리우스 대왕의 아들 크세르크세스는 다시 공격을 가해 B.C. 480년 테르모필레 협곡을 넘는 데 성공했다. 그리스 함대는 아르테미시온 곶에서는 페르시아 군을 저지할 수 없었지만 아테네 출신인 테미스토클레스의 지휘 아래 살라미스 해전에서 페르시아 함대를 꺾고 승리를 거두었다. 살라미스 해전은 그리스 역사에서 가장 큰 규모의 해전이었다. 367척의 배로 이루어

마라톤 고사를 묘사한 판화

진 그리스 함대는 대륙과 살라미스 섬을 가르는 해협에 집결했다. 1,000척 이상의 배로 중무장한 페르시아 함대는 안전한 피레우스 항 동쪽에 자리를 잡았다. 페르시아의 크세르크세스 왕은 그리스 군의 패주를 지켜보려고 살라미스 만 위쪽으로 왕좌를 옮겼다. 그리스 장군 테미스토클레스는 페르시아 왕으로 하여금 그리스 함대가 도망가려 한다고 믿게 만든 듯하다. 페르시아 군은 이를 그대로 믿고 공격을 결정하여 좁은 수로로 들어갔다. 그러나 이곳에서 넓게 진영을 펼수 없던 페르시아 함대는 결국 그리스 군에게 전멸을 당한다. 이후 그리스는 기원전 5세기 초부터 지중해 일대에서 계속 세력을 확대해 나갔다. 그러나 그때 이탈리아에서 로마가 세력을 확장하고 카르타고 제국이 발전하면서 상황은 또 다른 양상으로 옮겨 가게 되었다.

3. '모든 길은 로마로 통한다'

'모든 길은 로마로 통한다.'는 말이 있다. 이처럼 오늘날에도 여전히 기적으로 불리는 로마의 도로는 하루아침에 이루어진 것은 아니다. 서양 고대에 상업 목적으로 이용되었던 길이 로마에 의해 정치와 군사 목적으로 사용되었다. 유명한 아피아 도로(Via Appia)가 완성된 것은 B.C. 3세기 전반의 일이었다. 500년에 걸쳐 포장된 견고한 도로는 로마 제국의 거의 전 영역에 이르렀다. 도로의 총연장은 적도 길이의 10배에 달하였다고 한다. 도로의 발달을 기반으로 모든 길은 로마로 통하고 경제적 부(富) 또한 로마에 집중하게 되었다. 그리고 세계상의 많은 정보가 편리해진 교통수단을 이용하여 신속히 로마로 전해졌다. 이러한 발판 위에 카이사르(Caesar)는 B.C. 1세기에는 갈리아 지방을 공격하여 로마의 영토를 유럽 내륙까지 확대할 수 있었다.

카이사르의 뒤를 이은 아우구스투스(Augustus)는 페르시아의 제도를 받아들여 역전제도를 마련하였다. 처음에는 일정한 거리마다 달리기를 아주 잘하는 사람을 준비하여 로마로부터의 명령이나 지방의 보고를 릴레이 형식으로 전달하였다. 그 후 이 제도는 역에 차나 말을 준비하여 특정한 사자가 차와 말을 타고 전 행정을 주파하는 방법이 채택되었다. 이로써 로마의 역전은 대규모로 정비될 수 있었다. 도로상의 'Stasio(역)'에는 'Mansio'라는 숙박 시설을 갖추어 공용으로 왕래하는 역인이나 군인이 이를 이용하도록 하였다. 로마제국이 번영하였을 때에는 하나의 역에 40필 정도의 말과 마부 14~15인이 상주하였다고 한다.

결국 로마가 대제국을 건설하고 오래도록 안정적으로 통치할 수 있었던 중요한 원동력으로 정복한 민족을 관대하게 대하는 지혜를 발휘하였고, 강력한 군사력으로 무장하였던 데에도 원인이 있지만 바로 잘 정비된 도로와 교통 시스템이 있었기에 가능했다고 볼 수

있다. 그리고 이러한 시스템은 상호 정보의 교환과 문화의 교류에
도 크게 공헌하였고 외부로부터 많은 문화를 받아들인 로마 문명
이 세계의 중심으로 번영을 구가할 수 있는 바탕이 되었다. 잘 정
비된 길을 통해 서아시아와 인도, 심지어는 중국으로부터도 문물이
전해졌던 것이다. 물론 이 길을 통해 발달된 로마의 문명이 주변
지역에까지 영향을 준 것도 사실이다.

4. 로마의 세계 진출과 로마인의 동방 인식

로마가 제국으로 발돋움하는 과정에서 필연적으로 지중해 지배
권을 둘러싸고 대규모 전쟁을 치러야만 했다. 카르타고와 세 차례
에 걸친 포에니 전쟁(B.C. 264~241, 218~202, 148~146)이 그것
이다. 전쟁에서 승리한 로마는 지중해를 중심으로 거대 제국을 완
성하게 된다. 기원전 1세기 후반 로마의 세력은 이집트까지 미쳐
알렉산드리아에도 로마인이 지배하게 된다. 아우구스투스 시기 정
비된 역전제도를 바탕으로 로마인들은 제정시대를 거치면서 동방
으로 진출을 모색하기 시작한다. 그들은 중앙아시아를 경유 비단길
로 가기 위해 홍해로부터 인도양으로 진출하는 해상의 길도 이용
하게 된다. 당시 이집트에서 인도양으로의 항로에 대해서는 안내서
도 간행되었다. 그중 오늘날까지 전해지는 것이 『Erythraei해 안내기』
(Periplus maris Erythraei)이다. 작자도 간행 시기도 명확하지 않지만
그 내용에서 본서의 작자는 이집트 출신의 항해자이고 1세기 후반

(60~70)에 성립되었다고 추정되고 있다. Erythraei해는 홍해를 의미하는데 당시는 지금의 홍해에서 인도양을 총칭하여 사용하였다.

『Erythraei해 안내기』의 기술은 홍해의 서북 해안에서 출발하여 아프리카 동안을 남하하여 케냐와 탄자니아 경계에 이른다. 아프리카 남안에서 페르시아 만에 이르고 이어서 인도 서안에 도달하여 최후에는 Thinae 지방에 대한 기술로 끝을 맺는다. 그런데 이 Thinae 는 B.C. 3세기 후반 중국을 통일했던 秦(B.C. 221~206)의 국호에서 유래한 것이다. 따라서 『Erythraei해 안내기』는 중국을 유럽에 소개한 최초의 문헌으로 기록되고 있다. 물론 중국에 직접 이른 것은 아니었지만 대상들을 통해 비단과 같은 물품이 전해졌기 때문에 국가의 존재 자체에 대해서는 이미 인식하고 있었던 것으로 볼 수 있다.

한편 중국의 중요한 정사 가운데 하나인 『후한서』의 권 118 「서역전」에는 "환제(桓帝) 연희(延熹) 9年(166) 대진왕(大秦王) 안돈(安敦)이 사신을 파견하여 상아(象牙)·서각(犀角) 등을 헌상하였다."는 기록이 있다. 여기서 조공 물품이 상아·서각이었다는 점에서 대진왕 안돈을 동남아시아나 인도 등으로 추정하는 학자도 있지만 많은 학자들이 대진을 로마로 안돈을 안토니우스(Marcus Aurelius Antonius)로 해석하는 이유는 당대 중국에서 유행했던 경교, 즉 기독교 네스트리우스파를 기념하는 비석인 '대진경교유행중국비'의 대진이 로마를 가리키는 것으로 사용되고 있기 때문이다. 위의 『후한서』의 내용 중 대진이 로마라 한다면 이 시기에 이미 중국의 한제국과 로마 사이에 사절단이 왕래하였다고 볼 수 있을 것이다.

서방세계에서 중국에 대한 소식이 알려지게 된 것은 Augustus(B.C.

27 ~ A.D. 14)의 치세 기간인 기원전 말기인데, Seres 혹은 Sera라는 중국을 나타내는 명칭이 출현하고 있다. 물론 그 이전에도 천문학과 지리학에 관심을 갖고 있던 로마인들은 중국의 존재를 알고 있었던 것으로 생각된다. 예를 들면 B.C. 3세기 말 알렉산드리아(Alexandria)에서 도서관 사서 일을 맡아 보았던 에라토스테네스(Erathosthenes)라는 인물이 있다. 그는 천문학자로 큰 업적을 남겼는데 지구가 둥글다는 사실을 인정한 후에 그 크기를 정확히 측정하였다. 그리고 그는 지리학에도 조예가 깊어 세계지도를 작성하였다. 알렉산드로스(Alexandros) 대왕의 원정에 의해 아시아에 대한 지식이 점차 확대되었는데 그의 지도에는 인더스 강의 동쪽에 갠지스 강이 있고, 인도의 남방에 Taprobane(스리랑카)이라는 섬이 있으며 인도의 동북에는 Seres라 불리는 나라가 있다는 사실을 나타냈다.

여기에 나오는 Seres 혹은 Sera는 '비단 국민', '비단 나라'를 의미한다. 당시는 한나라 무제 시기 장건의 실크로드 개척에 따라 중국의 비단이 이미 로마인들에게 전해졌을 것이다. 고대 로마에서 중국 비단은 아주 값진 물품으로 당대인들의 선망의 대상이 되었다. 당시 로마에서는 중국의 비단과 금이 무게로 달아 같은 값에 거래되었다고 한다. 따라서 비단을 매개로 중국과 로마인 사이에 서로의 존재를 인식하고 있었던 것이다.

그런데 당시 중국의 존재를 서구인에게 알리는 데 중요한 작용을 한 것은 흉노와 같은 유목 기마 민족이 중국의 문물을 서양에 전달하였기에 가능한 일이었다. 한대 중국인들은 스스로를 한인(漢人)이라 하였지만 당시 흉노족 사이에서는 여전히 진인(秦人)이라 불렀다는 『사기』, 『한서』 등 기사를 통해 확인할 수 있다. 따라서 현재

국제적으로 사용되고 있는 중국을 나타내는 영문 표기인 China는 이 시기 흉노족이 서양과 교류하는 과정에서 중국을 가리키는 말로 사용되었을 가능성이 크다.

기원 초에는 Sera 혹은 Seres 이외에도 그리스어로 Thinae라 명명하면서 Sinae라는 명칭이 사용되었다. 플리니우스(Plinius, 23～79), 프톨레미(Ptolemi, 2세기) 등 당시의 지리학자들도 이 명칭을 사용하였다. 플리니우스(Plinius, 23～79)는 어린 시절 로마에서 교육을 받았으며 특히 박물학에 관심이 깊었고, 자연지(일종의 자연과학 백과사전)가 유명하다. 프톨레미(Ptolemi)는 천문학자이자 지리학자로 알렉산드리아에서 천문 관측에 종사하였고 천동설을 주장하였다. 당시 이들 지역은 다만 비단의 생산지 정도로만 알려졌을 뿐이며, 그 비단이 어떻게 생산되고 직조되는지에 대해서는 알지 못했다. 그리하여 비단의 직조와 비단 국민에 대한 환상적인 전설이 다수 출현하였다.

제3장
최초의 문화 전달자 - 스키타이족의 문화와 교류

1. 스키타이족

유라시아 대륙의 북방에서 활동하던 유목민족 가운데 최초로 세계사의 무대에 등장하는 민족인 스키타이족(Skythai)은 유목민족의 삶과 문화를 알려주고 고대의 동·서 간 문화교류의 담당자로서 후세에 많은 영향을 주었다. 이들은 흑해 북동부에서 몽골 동부에 걸쳐 북위 50도 내외의 초원지대를 B.C. 7~2세기에 걸쳐 종횡무진 활약하였으며, 메소포타미아문명과 북방 유목문화의 요소를 동쪽에 전파시켰다. 특히 금속문화의 전래는 중국 이외의 동북아시아 금속문화 형성에도 중요한 역할을 하였다. 그래서 메소포타미아에서 알타이산에 이르는 문화전달의 루트를 금문화(金文化)의 길로 부르기도 한다.

스키타이족 최초의 활동 무대는 남유럽 카르파티아 산맥과 돈 강 사이의 드네프르 강 하류 유역으로 알려지고 있다. 이들은 처음에는 농경민의 성격이 강하였지만 점차 남하하여 다른 유목민족과 어울려 지내면서 그들의 성향도 변모해 갔다. 스키타이에 관한 최초의 기록은 앗시리아의 에사르하돈 왕(B.C. 681~669)의 연대기로 '아슈구자이(Ashguzai)'라는 명칭이 등장한다. 그리스인들은 '스키트(Skyth)' 혹은 '스키테스(Skythes)'로, 페르시아인과 인도인들은 '사카(Saka)'라 불렀으나, 그들 스스로는 '스콜로텐(Skoloten)' 혹은 '슈크(Shk)'라 하였다.

그러나 스키타이족은 문자가 없었기 때문에 자신들의 기록을 남겨 놓지 않았고, 여러 주변 문화의 영향을 받아 문화 구성이 복잡하고 더구나 그들의 활동 영역이 너무도 광범위하였기에 그들의 실체를 파악하는 데 많은 어려움이 있는 것도 사실이다. 하지만 이들에 관한 기록이 전혀 없는 것은 아니어서 헤로도토스의 『역사(Historia)』와 후대 로마의 지리학자 스트라본(B.C63~A.D21?)이 남긴 17권의 『지리서(Geographia)』에 나타나 있다. 또 우크라이나 등지에서 분묘 등이 발굴되면서 그들의 면모가 조금씩 밝혀지고 있다. 스키타이들의 외모는 인물조각이나 토용으로 추측해 볼 수 있는데 대체로 완강한 체구에 턱수염이 짙고, 긴 머리에 심목고비(深目高鼻)의 백인종이었던 것으로 생각된다. 헤로도토스는 "수염을 기른 얼굴에 깊숙하게 패인 눈과 검은 눈동자, 그리고 긴 머리를 가지고 있었다."고 묘사하였다.

스키타이족이 강력한 세력으로 역사무대에 출현한 것은 기원전 7세기 전반이다. 그들은 흑해 북안에서 키메르인들을 쫓아냈으며 기원전 680년에 앗시리아와 혼인동맹을 맺어 소아시아에 본격적인 침공을 단행하였다. 기원전 623~622년에는 바빌로니아와 메디아가 앗시리아의 수도 니네베를 공격하자, 앗시리아를 도와 침공을 격퇴하였다. 그 후 스키타이는 서쪽으로 진출하여 다뉴브 강 하류를 점거하였고, 서북 방향으로 슬로바키아와 폴란드 남부까지 진출하였다. 이로써는 중·남유럽과 남러시아·소아시아의 광활한 지역을 지배하면서 B.C. 6~5세기경에는 강력한 부족연맹을 형성하였다. 하지만 스키타이는 한 번도 통일국가를 건립하지는 못한 채 유목민 특유의 동맹체제에 의해 권력을 유지하였다.

스키타이는 북방 최대의 세력을 이용하여 공포정치와 무력을 행사함으로써 주변 여러 나라들을 크게 위협하였다. 그들은 피지배자들로부터 무거운 조세를 받아냈을 뿐만 아니라 종종 혹독한 약탈까지 자행하였으니 헤로도토스는 "방종과 무지로 인해 문자 그대로 주위의 모든 것이 초토화되었다."고 기술하였다. 그들은 살해된 적의 머리 가죽을 벗겨서 무두질하여 손수건이나 옷으로 쓰기도 하고, 적의 두개골에 가죽이나 금으로 덧씌워 사발로 사용하거나 오른팔 가죽을 화살통 덮개로 쓰는 등 잔악한 행동을 일삼았다고 전해진다.

2. 스키타이의 사회와 문화

스키타이족은 기마에 능하고 주변 지역과 활발한 교역 활동을 전개하였던 것으로 보인다. 그들은 특히 그리스 식민지와 많은 교역을 진행하여 포도주·올리브유·장신구·갑옷 등을 수입하고 대신 꿀·가죽·물고기 등을 수출하였다. 스키타이인들은 정복전을 통해 획득한 포로를 노예로 그리스에 공급하는 등 그들과 우호적으로 공존하면서 그들의 문화를 수용하기도 하였다.

스키타이족 사회는 '일부다처제'로 남성 위주의 체제를 형성하였다. 사회적으로 지위가 있는 사람은 몇 명의 처를 거느렸으며, 사후에는 그의 형제나 아들이 이들을 소유할 수도 있었다고 한다. 왕이 사망했을 경우에는 모든 부족이 모여 40여 일 동안 장례의식을 가졌으며, 특히 왕의 직계 가족은 머리를 자르거나 귀와 앞이마 혹은 코와 팔 등에 상처를 내서 슬픔을 표시하기도 하였다. 또 왕의 처 가운데 한 명과 술시중인, 하인 등을 왕의 주위에 함께 묻기도 하였다.

그들의 종교는 토템과 샤머니즘적인 성격이 강하여 자연 현상을 의인화한 신들과 동물을 숭배하였다. 특히 그들이 중요하게 생각했던 것은 전쟁의 신으로 공물과 희생을 바칠 제단을 세우기도 하였다. 그들은 귀신을 쫓는 부적을 사용하기도 했는데 길흉을 점치는 무당은 특별한 집안에서 배출되며 최고의 무속인은 에나리스(Enarees)로 불리는 남자 무당이었다.

스키타이족의 문화와 예술은 남부 시베리아 일대의 고분 발굴로 부장품이 출토되면서 세상에 알려졌다. 그들 문화의 가장 큰 특징은 동물 문양을 위주로 한 금속문화라는 점이다. 물론 동물 문양은 스키타이에서 처음 시작되었던 것은 아니고 그 이전부터 전승되어 온 것으로 그들이 내용을 더욱 풍부하게 하고 독특한 예술기법으로 발전시켰다고 할 수 있다. 스키타이족은 북시베리아 동물 문양의 전통을 받아들여 문양의 양식화와 동시에 오리엔트의 '동물투쟁' 기법을 받아들여 독특한 동물 문양을 창출·발전시켰다. 스키타이 동물 문양은 주로 도구나 장식품, 무기 등에 나타나는데 이들 장식이 지닌 중요한 특색의 하나는 짐승 몸의 주요 마디나 근육 부분에 여러 형태의 틀을 만들고 거기에 보석을 끼워 넣는 감입기법을 쓴 것이다. 본래 이 기법은 앗시리아에서 시작해 스키타이들이 받아들인 후 시베리아를 거쳐 중국 오르도스, 그리고 한반도에까지 파급되었다.

스키타이인의 무덤

스키타이인 무덤의 미라

스키타이의 문화 가운데 많은 사람들을 놀라게 한 것으로 분묘의 부장품으로 발견된 금 장신구가 있다. 금은 그 광채가 암흑과 불안을 몰아내는 광명과 상통한다고 하여 권력과 재력의 상징으로 삼아 왔다. 그리하여 의기(儀器)와 제기(祭器)를 비롯해 장신구는 물론이고, 방패·칼자루·칼집·활집 등 무기나 용기 및 도구 등도 금으로 장식하였다. 이들이 사용한 금은 알타이 지방에서 채굴해 사용하였을 것으로 생각된다.

3. 스키타이족에 의한 문화 교류

스키타이는 페르시아를 비롯한 고대 오리엔트 지역의 문화와 그리스 문화를 흡수·융합하여 고유한 유목문화를 만든 다음 이를 다시 동방에 전함으로써 동·서 문화교류에 중요한 역할을 담당하였다. 그들이 활동한 영역은 서로는 흑해 연안에서 돈 강과 볼가 강 중류, 그리고 우랄산맥을 넘어 알타이산맥 남쪽까지 이어지는 광활한 지역이었다. 그들 문화의 동전(東傳)과 문화교류를 증명하는 유적지로 파지리크 고분군이 있다. 남러시아 알타이 지방 동부 울라간(Ulagan) 시 북동 16㎞ 지점에 위치한 이 고분군은 25기로 구성되어 있으며 20C 초·중반에 걸쳐 발굴되어 문화교류를 입증하는 많은 유물들이 발견되었다. 이 고분군에서 발견된 직물류에 보이는 문양은 유럽과 서아시아의 것과 관련이 있다. 또 비단과 수컷 불사조 문양 등 중국풍 유물이 함께 출토되어 동·서 문화교류의 실상을 뚜렷이 보여주고 있다. 파지리크 고분군에서 출토된 유물은 B.C. 4세기경 이 지방에 서아시아와 지중해 지역의 문화가 상당한 정도로 파급되었으며, 아울러 동아시아와도 교류가 진행되었음을 증명해 준다.

스키타이에 의한 유목 문화의 동전을 입증해 주는 또 하나의 유물로 아키나케스 단검이 있다. 이 단검은 메소포타미아와 아케메네스조 페르시아, 그리고 스키타이들이 사용한 짧은 칼로 기마에 편리하도록 그 길이가 50㎝를 넘지 않는다. 이 단검은 B.C. 6~3세기에 걸쳐 시베리아·몽골·중국 화북 지방에 전파되었다.

채도 또한 스키타이에 의한 문화 교류의 좋은 증거가 된다. 채도는 질 좋은 진흙으로 기형을 만들어 높은 온도에서 구운 채색토기를 말한다. 이 토기는 대체로 붉은 바탕에 흑색·황색·갈색의 여러 가지 문양을 넣은 윤택하고 연마된 아름다운 토기로 초기 농경문화를 상징하는 대표적인 유물이다. 채

중국 서북지역에서 발굴된 채도

도의 문양은 지역이나 시대에 따라 약간씩 차이를 보이고 있지만 대체로 기하학 문양과 형상 문양 두 가지로 구분할 수 있다. 유물 중에는 기하학 문양이 가장 많지만 점차 형상 문양으로 변화되는 추이를 보여주고 있다. 형태는 지역에 따라 약간의 차이가 있지만 주로 용기나 생활 도구로 제작된 것이 많다.

채도는 동·서의 광활한 농경지대에 분포되어 있다. 채도가 처음 발굴된 서아시아를 비롯해 서남아시아와 동북아시아에서 많이 발견될 뿐만 아니라 유럽과 아메리카 대륙에서도 발견되어 범세계적인 문화라 할 수 있다. 채도는 서아시아가 발원지이며 이곳을 기준으로 동·서로 전파되어 채도 문화권이 형성되었다고 보고 있다. 반면 중국의 학자들 가운데는 중국이 독자적으로 채도를 발전시켰다고 주장하기도 한다. 그들은 그 근거로 서아시아나 중앙아시아와 앙소의 중간 지점에서 채도가 별로 발굴되지 않았다는 점과 중국과 서아시아가 채도를 배출해 낸 문화적 배경이 서로 다르다는 점 등을 들고 있다. 그러면서 직접적인 교류가 진행되지 않았다고 하더라도 비슷한 환경에서는 같은 유형의 문화가 만들어질 수 있음을 강조한다.

4. 스키타이의 계승 - 흉노

1) 생존을 위한 농경민족과의 치열한 싸움

스키타이의 뒤를 이어 북방 초원지대를 차지한 민족이 바로 흉노이다. 이들은 훗날 서양 중세의 시작을 알리는 게르만의 민족이동을 가져온 훈(Hun)족과 동일 민족인지에 대해서는 학계에 여러 학설이 있다. 중국에서는 B.C. 9세기 혹은 8세기경에 훈육 혹은 험윤이라 칭해졌고, 또 막연히 호(胡)로 불려졌다. 이들의 인종적 특성은 최근 몽골과 중앙아시아 일대에서 발견된 분묘를 통해 볼 때 오늘날의 몽골인종에 가깝다고 보고 있다.

한대 흉노의 활동 영역

흉노족은 중국의 춘추·전국시대 북방의 오르도스 지역을 중심으로 중원을 압박함으로써 진시황제 시기 대규모 토목사업인 만리장성을 축조토록 한 장본인으로 농경민족에 커다란 위협을 가하면서 역사 무대에 화려하게 등장한다. 만리장성을 축조하여 방어해야 할 정도로 그들의 세력이 강성할 수 있었던 이유는 무엇일까? 그것은 흉노족의 말을 이용한 기마전술에 보병 위주의 군사조직으로는 방어가 어려웠기 때문이다.

흉노족이 중국 농경민족과 전투를 전개한 사실이 기록으로 나와 있는 것은 전국시대부터이다. 『사기』, 「秦本紀」에는 B.C. 318년 한·위·조·연·제 다섯 나라가 연합하여 진을 공격할 때 흉노 역시 이에 호응하여 전투에 임했다는 기사가 보인다. 이 전투에서는 다섯 나라가 크게 패하였는데 흉노 역시 패주하여 북으로 갔다고 전해진다. 이로부터 흉노는 중국과 아주 오랜 시간 북방에서 생존을 건 투쟁을 전개하였다.

진시황은 전국을 통일한 후 장군 몽염(蒙恬)으로 하여금 30만 대군을 이끌고 가서 흉노를 치도록 명하여 오르도스 지역을 빼앗고 장성을 보강하였다. 사실 만리장성은 진시황제가 맨 처음 축조한 것은 아니었다. 이미 전국시대의 제후들이 자신들이 생각하는 국경선에 장성을 쌓았는데 이를 진시황이 천하를 통일한 후 연결해 보강한 것이다. 시황제 때 30만 이상의 백성과 죄수들은 10여 년 동안 흙과 돌을 쌓아 서로는 臨洮에서 동으로는 遼東에 이르는 진대의 만리장성을 건축하였던 것이다. 장성은 후대에서 계속해서 이어졌으며 부분적으로 위치가 바뀐 곳도 생겨났다.

진이 망하고 초·한 쟁패 시기에 흉노는 다시 강성해져 중원 지역을 압박하였다. 그들은 서쪽의 월지를 제압하고 하서주랑 지역과 오르도스 지역까지를 장악하여 한에 가장 큰 위협으로 다가왔다. 이에 유방은 친히 30만 대군을 이끌고 흉노 정벌에 나섰다. 그러나 그해 겨울은 너무나 추워 30% 이상의 병사가 동상에 걸리는 등 상황은 좋지 않았고, 흉노의 묵특선우는 유목민 특유의 유인 작전을 통해 유방을 포위하였다. 결국 유방은 흉노의 황후에 해당하는 연지(閼氏)에게 뇌물을 주어 위기를 모면하였다. 그 후 유방은 흉노와 형제의 맹약으로 화친하고, 한 황실의 여인을 선우의 연지로 바치며, 매년 비단과 쌀 등의 많은 공물을 주어야 했다. 후대의 한나라 시인은 선우에게 보내진 공주를 가리켜 '몽골리아의 사나운 새에게 던져진 메추라기'라고 노래했다.

북방에서 세력을 강화한 흉노는 B.C. 176년경에는 월지(月氏)와 누란, 오손 등을 제압하고 몽골 초원에서 타림 분지에 이르는 광활한 영토의 패자로 군림하였다. 당시 흉노의 선우가 월지 왕의 머리를 베어 그 두개골을 연회에서 술잔으로 사용하였다고 하니 이로부터 흉노와 월지의 관계는 더욱 악화되었다. 더욱이 패배한 월지는 그들의 생활 거주지를 지금의 이리하 부근으로 옮겨야만 했다. 하지만 흉노의 전성기는 그리 오래가지 못하였으니 그것은 중원에서 중국 역사상 가장 위대한 황제 중 한 명으로 기록되는 한 무제가 등장하면서부터이다. 장건의 파견을 계기로 서역에서 좋은 말을 구입하게 된 무제는 군대를 기마병으로 무장하였다. 이어서 위청(衛青)·곽거병(霍去病) 등 유능한 장수를 동원하여 대규모 흉노 토벌작전을 전개하여 흉노의 근거지인 연지산(燕支山)과 기련산맥 일대를 토벌하였다. 당시 흉노는 패배를 비통해하면서 "기련산을 잃어 가축을 먹일 수도 없고, 연지산을 잃어 여인들의 얼굴을 물들일 수도 없게 되었다."는 민요를 불렀다고 한다.

이후 한과 흉노의 밀고 당기는 싸움은 계속되었으며, 어떤 때에는 '조공'을 매개로 친선관계가 유지되기도 하였다. 그 가운데 중국 민족과 북방 유목 민족의 화해와 유대를 가져온 상징적인 일화가 전해지는데, 바로

내몽골에 위치한 왕소군 묘

중국 4대 미인 가운데 한 사람으로 일컬어지는 왕소군(王昭君)에 관한 비화이다. 그에 관한 내용은 『서경잡기(西京雜記)』에 잘 나와 있다. 왕소군은 원제(元帝, 재위 B.C. 49~33)의 후궁으로 궁에 들어왔는데 흉노의 선우가 한 왕실에 연지(關氏)로 삼을 여인을 구하였다. 당시 원제는 화공들에게 명하여 후궁들의 그림을 그리도록 하고 이를 보고 후궁을 불러 사랑을 나누었으니 후궁들이 모두 화공에게 뇌물을 주었다고 한다. 하지만 오직 왕소군만큼은 그렇게 하지 않았기에 황제를 볼 수 없었고 흉노가 연지를 구하자 황제는 그림을 보고서 왕소군을 흉노에 보내기로 결정하였다. 흉노에 시집보내기 전날 왕소군을 불러 보았더니 용모가 후궁 중에서 가장 뛰어나고 행동도 반듯하므로 애석하게 생각하였으나 이미 흉노와 약속을 하였으므로 외교 관계를 중시하여 그녀를 시집보냈다. 그 후 사건의 자초지종을 조사하여 뇌물을 받은 화공을 죽여 시장에 버렸다고 한다.

이 비화는 현대 중국에서 중요한 역사적 사실로서 받아들여지고 있으며, 내몽골에 있는 그녀의 묘는 국가의 중요 유적으로 보호하고 있는데, 그 이유는 다민족 국가인 현대 중국의 민족 정책과 밀접한 관련이 있기 때문이다. 즉 왕소군이 흉노의 연지로 가면서 한과 흉노 사이에 항구적인 평화 관계가 정착이 되었으니 이는 소수민족의 이탈을 방지하여 통일된 민족국가를 목표로 하는 현재 중국 정부의 정책과도 일맥상통하는 것이다.

2) 흉노의 사회와 문화

흉노족의 사회와 풍속을 알 수 있는 중국 측 자료로 가장 중요한 것은 사마천의 『사기』, 「흉노전」이 있다. 여기에는 한나라 사신과 흉노 고관 중항열 사이에 대화하는 장면이 나오는데 대화의 내용을 통해 흉노의 사회와 문화를 파악할 수 있다. 즉 한나라 사신이 "흉노는 노인을 업신여긴다."고 말하자 중항열은 "흉노에서는 전쟁이 중요하기 때문에 싸우지 못하는 노약자는 뒤로 미루고 먼저 건장한 사람에게 맛있고 영양가 있는 음식을 먹게 한다. 그렇게 하여 전쟁에 이기면 노인도 그의 자식과 함께 생활할 수 있다."고 대답한다. 이에 한나라 사신이 "흉노는 아버지와 아들이 같은 천막에서 잠자고 아버지가 죽으면 계모를 처로 삼고 형제가 죽으면 형수를 아내로 맞아들인다. 위계에 상응하는 복식도 없고 궁중의 의례와 제도도 없다."고 하자 중항열은 "흉노는 가축과 함께 생활하고 계절에 따라 이동한다. 법규가 간소해 지키기 쉬우며 군신관계도 단순하다. 한 국가의 정치는 한 인간의 신체와 같다. 부자와 형제가 죽으면 그 처를 취하는데 이는 혈육을 잃는 것을 싫어하기 때문이다. 중국에서는 겉치레만 하고 실제로는 친족을 서로 살해하고 있다. 흉노에는 그런 허식적인 의례나 복식이 없다."고 응수한다.

흉노의 문화는 북방 유목민족적인 특징이 고스란히 반영되어 있다. 대표적인 유물로는 청동제의 양식화된 동물 문양이 새겨진 허리띠, 금은 장식, 마구 등에 사용된 장식 등이 있는데, 이들이 발견된 곳은 중국의 오르도스 지역(섬서 북부)과 몽골리아이다. 이러한 문화 양식은 앗시리아 – 이란과 그리스의 영향이 가미된 초원 유목의 양식화된 동물 문양의 한 갈래이다. 흉노족은 또한 청동기 문화를 상당히 발전시켰던 것으로 전해진다. 이는 흉노인들이 사용한 것으로 추정되는 많은 동물 문양을 한 청동 판식이 오르도스 지역에서 다량으로 출토된 것을 통해서 입증되고 있다. 흉노의 청동 문화는 이후 중국에도 영향을 주었다고 생각되는데 특히 주나라시대의 청동 양식을 전국시대 양식으로 전환하는 데 하나의 중요한 작용을 하였다고 보고 있다.

다른 한편 흉노족은 한대 전 시기에 걸쳐 중국에 위협을 주면서 중국 문화에도 영향력을 행사하였다. 우선 한의 군대 조직을 종래 전차 중심에서 기동력이 뛰어난 기병으로 바꾸도록 하였으니 이는 흉노와 같은 강력한 유목민들의 공격을 방어하기 위해 취한 조치였다. 그리고 이러한 군사 조직의 변화는 의상에도 영향을 미쳐 중국인들의 겉옷은 유목민과 마찬가지로 승마에 알맞은 바지가 출현하였다. 또 중국의 전사들은 '세 갈래 꼬리'가 있는 깃털 장식의 모자와 허리띠 버클을 착용하였는데 이는 전국시대 예술에도 커다란 영향을 주었다.

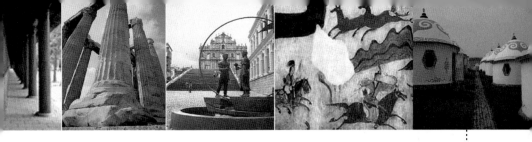

제4장
실크로드의 세계 - 중국과 서방세계의
끊임없는 문화교류의 장

1. 실크로드의 개척과 동·서 교류의 시작

1) 실크로드와 동·서를 잇는 교통로

실크로드의 명칭이 보이는 리히트호펜의 저서

고대부터 동서문화교류의 중심축을 이루었던 것은 현재의 유럽과 중앙아시아, 그리고 중국을 잇는 유라시아대륙이었다. 이들 지역에서는 여러 갈래의 길을 통해 상호 간에 문화를 전파하면서 영향을 주고받으며 현재에 이르렀다. 이처럼 동양과 서양 사이의 문화적 교류를 가능케 했던 교통로를 총칭해서 실크로드라 한다.

중국의 비단(絹)이 서양에 전달된 데에서 붙인 실크로드(Silk Road)는 동서문화교류의 동맥이었다. 실크로드라는 말은 독일의 지리학자인 리히트호펜(1833~1905)이 서투르키스탄과 중국의 비단무역을 매개하는 중앙아시아의 교통로를 일컬어 자이텐쉬트라센(Seidenstrassen)이라고 한 데에서 비롯되었다. 실크로드는 그 영역명이며, 중국에서는 이 길을 사주지로(絲綢之路)라고 한다. 그 후 20세기 초에 스웨덴의 스웬 헤딘, 영국의 오렐 스타인 등 탐험가들이 이 지역을 답사하면서 많은 유적지가 발견되었다.

그 후 실크로드는 넓은 의미에서 동양과 서양을 잇는 교통로의 총칭으로 사용되었으니 크게 스텝로(초원의 길), 오아시스로(비단길), 남해로(해상의 실크로드)의 세 갈래 길로 나뉜다. 이와 더불어 최근에는 유라시아 대륙의 남북을 잇는 마역로(馬易路, 몽골 오르혼강 유역~북경~광주), 불타로(佛陀路, 우즈베키스탄~페샤와르~중인도서해안), 호박로(琥珀路, 발트해~콘스탄티노플~알렉산드리아) 등도 주목을 받기 시작하면서 교통로는 동서남북을 아우르는 그물망을 형성하게 되었다.

스텝로는 대체로 북위 50도 북방 유라시아의 스텝지대를 횡단하는 길이다. 역사상 수많은 유목민이 이용한 길로 화북에서 고비사막을 지나 몽고리아에 이르고, 다시 시베리아 타이가 지대의 남방에 펼쳐진 스텝지대를 횡단하여 아랄해, 카스피해 연안에 이르는 길이다. 스텝로의 맥동은 유력한 기마민족이 출현할 때마다 바뀌었는데, 대표적인 종족으로는 스키타이족과 흉노족·몽골족 등을 들 수 있다. 이 길을 통해 다양한 금속문화와 채도 등이 전달되었다.

오아시스로는 중앙아시아 사막지대의 오아시스를 이용하여 나아
가는 길이다. 교통로의 대부분이 사막(카라쿰, 키질쿰, 타클라마칸,
고비사막 등)으로 이루어져 있고, 더욱이 중앙에 파미르고원이 있
어 소통에 어려움이 많이 있었지만, 사막 주변에 여기저기 오아시
스가 산재하여 해로를 통한 본격적인 교류가 진행되기 전까지 많
이 이용되었다. 오아시스로의 기점인 장안에서 로마까지는 직선거
리로 약 9,000㎞이고, 실제 여행로의 거리는 약 12,000㎞나 되는데
그 여정을 보면, 우선 장안에서 서쪽으로 향하여 난주(蘭州)에서
황하를 지나면 둔황까지의 사막지대가 펼쳐지는데 이 길을 하서주
랑(河西走廊)이라 한다.

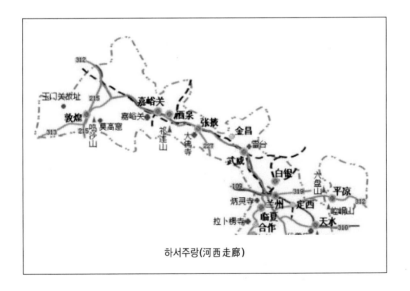

하서주랑(河西走廊)

이곳은 중국의 농경민족과 흉노를 비롯한 북방 유목민족 간 전

투가 가장 치열하게 펼쳐졌던 교통의 요지로 수많은 싸움이 이곳에서 전개되었다. 현재 이곳에는 흙으로 쌓은 높이 2m 내외의 만리장성이 있는데 전투할 때 양을 데리고 다니면서 식량 문제를 해결했던 기마민족이 말이나 양만 넘지 못하는 정도면 충분했던 것이다. 또한 현재도 중요한 군사적 요충지라 할 수 있는데 이곳 기련산맥 등에는 군마용 말이 사육되고 있다.

난주에서 280㎞ 떨어진 무위(武威)는 한이 서역에 건설한 첫 번째 요새였다. 여기에는 한(漢)나라시대 장군의 묘가 있는데 여기서는 나는 제비를 밟고 있는 말의 동상이 발견되었다. 그만큼 한이 유목민족을 제어하기 위해 서역의 말을 중시했음을 알 수 있다. 아마도 말을 얻기 위해 이곳에서 한의 상인들은 중국의 비단을 가져와 교역했을 것이다. 이곳 사막 지역 곳곳에는 오아시스들이 중간중간에 펼쳐져 있는데 하루 낙타와 함께 여행을 했을 때 40㎞ 정도를 움직일 수 있다면 오아시스는 20㎞마다 있었던 것으로 생각된다. 물론 이곳의 오아시스들은 주변 산맥에서 흘러나오는 물줄기가 자주 바뀌거나 사라지기도 했을 것이다.

사막의 낙타

사막을 지나는 데 필수품이었던 이 지역의 낙타는 사하라 사막의 그것과는 다르다. 즉 사하라의 낙타가 단봉낙타로 사막여행에 장점이 있지만 추위에 약한 단점을 지닌 데 비해 이곳의 낙타는 쌍봉낙타로 산길을 여행하는 데도 도움을 주었다. 하서주랑 상에 있는 요새 중 두 번째 도시는 장액(張掖)이다. 장액은 마르코 폴로의

『동방견문록』에 "크고 훌륭한 곳으로 불교 사찰이 많다."고 기록되어 있다.

둔황에서부터는 다시 두 갈래 길로 나뉜다. 옥문관과 양관을 지나 서쪽으로 누란(樓蘭)국에서부터 서역남도와 서역북도의 길이 있다. 서역남도는 둔황에서 샨샨(鄯善), 체르첸(且末), 니야(尼壤), 호탄(于闐), 야르칸드(沙車)를 지나 카슈가르에 이르고, 서역북도(천산남로)는 하미(伊吾), 투르판(高昌), 카라샬(焉耆), 쿠차(龜玆), 우슈(溫宿)를 지나 카슈가르에 도달한다. 카슈가르에서 파미르고원을 넘어 사마르칸트에 이르고 다시 파르티아를 지나 메소포타미아 지방에 이른다. 여기에서는 다시 지중해 연안으로 나아가 해로로 로마에 이르게 된다.

남해로는 중국의 복건·광동 등 동남 연해안 지방에서 동남아시아와 실론, 인도를 거쳐 페르시아 만이나 홍해에 달하는 길이다. 이 길은 바다(해상)의 실크로드라 불리며 중국사에서는 송대부터 동·서 교역의 주된 통로로 이용되기 시작하여 당시에는 아랍의 많은 상인들이 중국은 물론 한반도까지 와서 교역하였다. 따라서 지금까지도 중국 동남부의 광주(廣州)나 천주(泉州) 등에는 이슬람 사원을 비롯하여 아랍인들의 집단 거주 지역 등 아랍 국가와 관계된 많은 문화 유적이 남아 있다. 해상의 실크로드 상에서 중요한 중계 교역 장소로는 지금 말레이반도 남단의 말라카해협이 있다. 이곳은 인도양과 태평양을 연결해 주는 곳으로 전통적으로는 중국과 조공 관계를 맺고 있었지만 근세 이후에는 포르투갈을 필두로 스페인, 네덜란드, 영국 등 서구 세력이 동양으로 진출하는 데 중간 기착지 역할을 하였다.

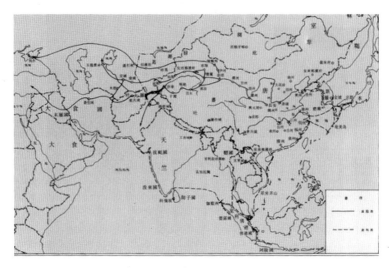

실크로드

2) 중국의 콜럼버스 - 장건(張騫)

좁은 의미의 실크로드(오아시스로)는 전한 무제 시기 장건(張騫)에 의해 개척되었다. 당시 중국의 서북쪽에는 흉노족이 강성하여 중국에 큰 위협이 되었는데, 초기에는 한 고조의 실패 이래 전쟁을 회피하였으나, 무제가 등장하여 적극정책으로 변화하였다. 즉 춘추·전국시대의 혼란에서 시작되어 진시황제의 대규모 토목공사와 초·한 쟁패에 이르는 장기간에 걸친 혼란과 전쟁을 극복한 한의 고조 유방은 한때 흉노를 치고자 하였으나 실패하고 일반 민중에게 휴식을 주기 위해 '무위(無爲)'의 정치이념인 '황노사상(黃老思想)'을 채택하였다. 따라서 한나라 초기에는 군사적인 측면에서 흉노에 열세를 극복하지 못하였으며, 이러한 상황에서 공물을 통해 화친을 맺고 장기간 대치 상태가 지속되었다. 이러한 소극적인 정책에서 탈피하고자 한 인물이 바로 한 무제(武帝)였으니 그는 유학을 국교로 정하고 염철 전매를 통한 국가재정 수입 확충을 도모하는 한편 북변을 위협하고 있던 흉노를 제압하고자 노력하였다. 그렇지만 한 무제의 노력에도 불구하고 흉노족과의 전쟁은 쉽게 승리를 얻을 수 없었다. 그가 원정군을 파견하면 흉노족은 유격전으로 저항함으로써 싸움은 장기간 계속되었다. 이에 무제는 흉노족과 오랜 적인 월지(月氏)와 동맹관계를 형성하여 공동으로 흉노를 격퇴시키고자 장건을 파견하였다.

서역으로 떠나는 장건 일행

무제의 명을 받은 장건은 B.C. 139년 100여 명의 사절단을 이끌고 여정에 올랐다. 하지만 그의 여행은 중간에 흉노가 장악하고 있던 지역을 통과해야 했기 때문에 순탄할 수 없었다. 그는 하서주랑(河西走廊)을 지날 때 흉노의 순찰병에게 체포당하여 10년 동안 억류당했다. 그동안 처자까지 생겨났으나, 느슨한 감시의 틈을 타 기원전 129년 그곳에서 탈출하는 데 성공하였다. 그는 흉노가 장악하고 있던 지역을 벗어나 타클라마칸 사막의 북쪽 길을 따라 가서 파미르 고원을 넘어 대완국(大宛國)에 도달하였다. 장건은 대완국왕에게 출사의 목적을 설명했고, 통역원과 안내원을 지원받아 현재의 우즈베키스탄 일대의 강거(康居)에 도달하였다. 다시 강거국왕은 장건 일행을 대월지로 안내했다.

그러나 장건이 대월지에 도착하였을 때에는 상황이 많이 변해 있었다. 즉 월지국은 아무河 유역에 도달한 후 지금의 아프간 북부의 대하(大夏)를 점령하였는데, 이곳은 토지가 비옥하고 외부로부터의 침입이 줄어들었으며, 유목생활에서 정착생활로 전환하였으므로 더 이상 흉노족과의 전쟁을 원치 않았다. 장건은 돌아올 때에는 다른 길을 이용하였으니 사막의 남쪽 길을 따라 왔는데, 이로부터 중국에서 서역으로 가는 두 갈래 오아시스로가 열리게 되었다. 그는 그 과정에서 또 한 번 흉노에 포로로 잡혀 1년 이상 구류를 당하였으며, 마침내 B.C. 126년 13년 동안의 여정을 마치고 귀국하였을 때에는 100여 명의 수행원 가운데 감보(甘父) 1인만이 남았다.

이로써 월지와 연합하려던 계획은 실패로 끝나고 말았지만, 이를 계기로 중국이 중앙아시아, 멀리는 서방세계와의 끊임없는 교류가 시작되었다는 점에서 큰 의미를 지닌다. 무엇보다도 한 무제는 서역에 좋은 말이 많다는 사실을 듣고 기뻐하였다. 이는 당시 중국이 대외적으로 가장 두려운 적이었던 흉노와의 싸움에 대비할 수 있는 계기가 마련된 것이다. 중국에서는 이러한 장건의 서역원정을 콜럼버스의 아메리카대륙 발견에 비유하기도 하고, '중국의 리빙스턴'이라 부르기도 있다.

3) 장건 이후 무제의 서역경영

장건의 실크로드 개척 이후 서역에 좋은 말이 있다는 사실을 전해 들은 한 무제는 이를 얻기 위해 군사력을 정비하고 대규모 전쟁을 감행한다. 한 무제는 먼저 대흉노 관계에 있어서 적극적인 공세에 나서기 시작하였다. 원삭(元朔) 2년(B.C. 127) 장군 위청(衛靑)으로 하여금 오르도스 지역에 거주하고 있던 흉노에 타격을 가하고 요새를 수축함으로써 이 지역에서 흉노의 세력을 일소하였다. 이어서 원수(元狩) 2년(B.C. 121) 하서 지역 정벌을 감행하였는데, 당시 활약했던 인물은 표기장군 곽거병(霍去病)이었다. 그는 두 차례에 걸쳐 감숙 지방의 흉노를 격퇴하고 포로 수만을 얻는 대전과를 올리고 이곳에 하서4군(河西四郡)을 설치하였다.

흉노와의 전투에서 승리한 무제는 이광리로 하여금 여세를 몰아 대원 원정에 나서도록 하였다. 그가 원정을 계획한 것은 그곳에 하루에 천 리를 달린다는 한혈마를 얻기 위해서였다. 그러나 제1차 원정은 실패로 끝나고 말았다. 이광리(李廣利)가 주축이 되어 6천에 이르는 기병과 수만의 병사를 이끌고 갔지만, 실크로드 상의 여러 소국들의 비협조와 대원국의 역습으로 패하고 말았다. 패배의 소식을 전해 들은 무제는 옥문관을 폐쇄하고 귀국하는 자는 참형에 처한다는 조칙을 내렸다고 하니 서역 경영에 대한 강한 의지를 엿볼 수 있다.

전열을 정비한 한 무제는 태초(太初) 3년(B.C. 102) 흉노의 교란을 방지하기 위해 병력을 하서지방에 파견한 후 6만 대군과 소 10만 마리, 말 3만 마리 등을 준비하여 원정길에 올랐다. 이번에는 순조롭게 대원

마답비연

에 도착하자 대원에서는 한에 반대했던 왕 모과(母寡)를 죽이고 한에 항복해 왔다. 이광리는 새로운 대원왕을 임명하고 좋은 말을 거느리고 개선하였다. 이로써 한과 서역 사시에 본격적인 교역이 시작되었으며, 한 무제는 서역의 말을 좋아하여 자주 사신을 파견하였다고 한다. 이러한 사실은 사마천의 『사기』에 "무제는 대원의 말을 좋아하여 사자가 길에서 마주칠 정도로 빈번하게 오갔다. 사절단은 한 그룹이 많게는 수백 명, 적어도 백여 명은 되었다(중략). 이러한 일행이 많은 경우 일 년에 수십 회, 적어도 5~6회 파견되었다."고 한 기사를 통해서도 알 수 있다.

2. 실크로드가 전해 준 동·서양의 다양한 문화

실크로드는 유라시아 대륙의 동맥으로 세계사 전개의 주축이 되어 왔다. 이 길 주변에는 중국을 비롯하여 중앙아시아 일대의 유목문화 등 세계상에 큰 영향을 주었던 수많은 고대문명이 개화했으며, 다양한 문화유적이 존재하고 있다. 또한 이들 문화는 대상(隊商)에 의해 동서남북 각지로 전해져 다양한 문화변용을 일으키기도 하였다.

고대부터 많은 물자들이 이 길을 통해 이동하였는데, 서역으로부터 중국에 들어온 것으로는 우선 환술(幻術)과 천문·역학을 들 수 있다. 환술은 원래 이집트에서 기원했다고 알려지고 있으며, 시리아와 알렉산드리아의 환인들은 중국뿐만 아니라 로마와 비잔틴왕국에까지 순회공연을 다녔다고 한다. 이들 환인들의 중국 공연 모습에 대해 『후한서』, 「서역전」에서는 "입에서는 불을 뿜고, 스스로 결박하였다가 스스로 이를 푸는 등 대단히 교묘하다."고 묘사하였다. 중국의 천문과 역학 또한 바빌로니아와 인도 등 서방세계의 영향을 많이 받았다.

현재 우리에게 익숙한 포도와 포도주 역시 실크로드를 통해 중국에 전해졌다. 포도는 이시진(李時珍)의 『본초강목(本草綱目)』에 의하면 장건의 서역 원정 중에 전해졌다고 하며, 서진(西晉) 시기 장화(張華)의 『박물지(博物志)』에는 이광리에 의해 전해졌다고 하고 있다. 또 『사기』, 「대완열전」에는 대완에 포도주가 있다고 하는 기록이나 『한서』에 "대완 지역에서는 포도로 술을 만든다."는 기록을 통해 봤을 때 한대에 전해진 것으로 볼 수 있다. 식물 종류로는 이 외에도 오이, 호두, 호마, 마늘, 석류 등이 현재의 중앙아시아 지역에서 중국으로 들어왔다. 그 밖에 비파나 공후와 같은 악기류를 비롯해서 접는식 의자인 호상(胡床), 편리한 좌구(坐具) 등도 전해졌다.

한편 중국 각지에서 출토되고 있는 옥 제품, 간다라 미술, 페르시아의 융단 등을 통해서도 교역이 활발히 전개되었음을 알 수 있다. 다음 무제가 가장 좋아한 것으로 전해지는 서역의 한혈마(汗血馬)가 중국에 유입되었는데, 이 말은 하루에 천 리를 달린다고 하며 전력질주하면 피 같은 땀을 흘린다고 생각하여 명명한 것이다. 당시 중국으로서는 대흉노 작전을 위해 이러한 명마는 대단히 탐나는 것이었다. 전투에 사용될 수 있는 좋은 말을 얻기 위해 많은 노력을 하였고, 또 말의 품종을 개량하기 위한 흔적도 사서에 보이고 있다.

반면 중국과 서방세계와의 교역에서 가장 중요한 중국의 수출품은 비단이었다. 한대 이전부터 비단, 비단나라 혹은 비단국민이라는 의미를 지닌 세라(Sera) 혹은 세레스(Seres)라는 중국 명칭이 서방세계에 알려져 있는 데에서 알 수 있듯이 로마시대에 중국비단은 진귀품으로서 귀족들의 추구의 대상물이었다. 비단은 로마에서뿐만 아니라 인도 등지에서도 인기 있는 품목이었다. 유목민과의 교역에 있어서는 차(茶)와 소금도 중요한 물품이었다. 특히 차는 육류를 주식으로 하는 유목민이 부족한 비타민을 섭취하는 거의 유일한 음식물이었다. 다음 근세 이후 서구인들 사이에서 중국 도자기의 인기가 높아지면서 많은 상인들이 중국으로 몰려들었다.

오렐스타인이 실크로드에서 발견한 중국 고대의 실크제품

종이를 비롯하여 화약, 나침반 등 세계사의 흐름을 바꾸는 데 일조한 중국의 유명한 발명품들도 실크로드를 통해 중앙아시아와 서아시아 그리고 유럽에까지 전해졌다. 종이는 당 중엽 탈라즈 강 전투에서 이슬람 세력에 패할 때 제지기술자가 포로로 잡혀가면서 전 세계로 확산되었다. 인쇄술, 나침반, 화약 등도 서양에 전해져

서양의 근세 세계 형성에 중요한 작용을 하였다. 인쇄술은 지식을
보급하는 데 큰 역할을 담당하여 서양의 르네상스에 기여하였고,
나침반은 원거리 항해를 가능케 하여 지리상의 발견을 낳았으며,
화약은 중세 성채의 파괴와 중앙집권화 체제 형성에 중요한 계기
를 마련하였다. 결국 이들 발명품의 서전은 중세적인 유럽 세계를
근세로 전환시켰다고 할 수 있다.

  하지만 실크로드를 통한 문명의 전파가 인류 생활에 반드시 긍
정적인 작용만 한 것은 아니었다. 그 대표적인 예가 바로 중세 유
럽과 몽골제국시대에 유행했던 페스트와 같은 전염병의 확산이다.
야생 설치류(타르바가) 사이에 나타나는 전염병으로 현재까지도 발
병되고 있는 페스트는 원대 중국에서 발병한 역병 역시 그 종류일
것으로 추정하는 학자도 있다. 전염병의 세계적 확산은 최근까지
이어지고 있으니 AIDS의 유행이나 2003년 중국에서 발생한 '사스'
의 예에서와 같이 국가 간, 지역 간 교류의 확대는 전염병의 확대
로 이어질 수도 있는 것이다.

3. 후한~위진남북조시대의 서역

1)『한서』·「서역전」에 묘사된 후한시대의 세계

  전한 무제기의 서역원정 이후 중국의 영향력 아래에 있던 서역
제국은 후한시대(A.D. 25~220)부터 위진남북조의 혼란기를 거치

면서 독자적인 발전을 하게 된다. 전한 무제 시기의 서역 오아시스의 나라가 총 36국이었으나 전한 말에 이르면 55개국으로 늘어나는데 이는 이들 국가들이 활발한 동·서 교역으로 경제력이 성장하면서 인구 증가와 새로운 오아시스의 개척의 결과라고 할 수 있다. 그 후 전한이 멸망하고 왕망(王莽)이 즉위하자, 그의 중화주의를 싫어한 서역제국은 흉노에 복속되기도 한다. 그러나 흉노의 주구가 너무 가혹했기 때문에 이들은 후한 광무제에게 내속함과 동시에 도호의 설치를 요청하였지만, 광무제는 내정을 이유로 서역경영을 단행하지 않았다. 결국 흉노가 세력을 상실한 상황에서 한도 적극적으로 간섭하지 못하게 되면서 서역 제국은 독립하여 전성기를 맞게 된다.

이 시기 타림분지 전역에 걸쳐 먼저 우세를 자랑한 것은 사차국(沙車國, 야르칸드)였다. 야르칸드 왕 현(賢)은 샨샨, 호탄을 비롯하여 쿠차에 이르기까지 모두 그의 지배하에 두었다. 그러나 현(賢)이 죽은 후 카라샬, 쿠차 등이 독립국으로 번영을 구가하였다.

물론 후한 시기에도 중국이 이 지역에 대한 영향력을 전혀 행사하지 못했던 것은 아니다. 명제(明帝) 영평(永平) 16년(A.D. 73) 반초(班超)와 감영(甘英)의 원정으로 이들 지역과 책봉관계를 수립함으로써 중국은 다시 서역에 영향력을 행사하게 되었다. 특히 감영은 대진국, 즉 로마와 직접 교역을 위해 시리아에까지 도달하였지만, 그곳에서 로마까지 가는 뱃길의 어려움을 듣고 단념하고 말았다. 후한 시기 서역 경영은 20년에 지나지 않았고, 반초가 돌아온 이후 도호를 철수(107년)시킴으로써 유명무실해졌다.

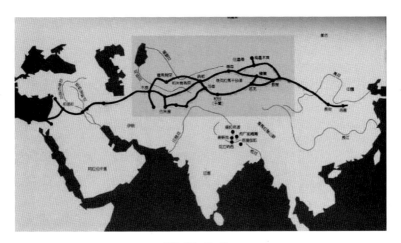

후한대의 실크로드

　한대 서역을 묘사하고 있는 중국 측 사료로는 『한서』, 「서역전」
이 있다. 「서역전」은 『한서』의 권 96에 해당하며 상·하로 나뉘어
져 있는데 한대 서역의 상황을 살펴볼 수 있는 가장 중요한 사료이
다. 상권은 서언과 서역 각 나라에 대한 서술로, 하권은 서역 각
나라에 대한 서술과 반고의 발문으로 구성되어 있다. 서문에는 한
무제 시기에 처음으로 이곳과 통하게 되었다는 사실과 원래는 36
국이었으나 차츰 나뉘어 50여 국이 되었다는 점, 그리고 이곳의 자
연 지리 환경을 설명하고 있다. 이어서 이곳 서역 제국에 이르는
두 갈래 길에 대해 서술하고 있는데 옥문관과 양관으로부터 시작
하여 남도와 북도의 길을 따라 카슈가르에 이르고 파미르 고원을 넘
으면 대월지, 안식, 강거 등 나라에 도달할 수 있다고 말하고 있다.
　「서역전」에는 특히 서역 각 나라의 왕성의 위치, 양관·옥문관
으로부터의 거리, 호구, 관료제도, 산업 및 한과의 역사적 관계 등
이 서술되어 있는데, 각 나라의 호수 등이 구체적으로 기록되어 있

는 것으로 미루어 실제로 현지를 방문하여 조사한 것으로 판단된다. 각 나라 서술의 구체적인 예를 들면 선선국에 대해 왕은 우니성에서 다스리고, 양관을 떠나 1,600리 지점에 위치해 있는데, 이는 장안으로부터는 6,100리 떨어진 거리이다. 호수는 1,570이고, 인구는 14,100명, 관리로는 보국후, 극호후, 선선도위, 격차사도위, 좌우차거, 격차사군이 각 1인, 역장 2인이 있다. 토지는 사막이나 염호가 많고 밭이 적기 때문에 가까운 나라의 토지를 빌려 경작하고 곡물도 가까운 나라로부터 수입하고 있다. 옥이 많이 생산되며 사람들은 목축에 종사하고 낙타가 많다고 기록되어 있다.

2) 위진남북조시대 서역의 번성

3~6세기 위진남북조시대에는 중국의 위세가 서역에 비치지 못함으로써 독자적인 발전을 지속한 시기였다. 따라서 최근까지 발견된 이곳의 훌륭한 유적과 유물들은 대체로 이 시대의 것이 중심을 이루고 있다. 반초의 서역 원정 이후 책봉체제가 쌍방 전통적인 외교관계로 성립되었다. 중원에 새롭게 등장한 왕조는 이를 알리기 위해 특사를 파견하고, 또 신왕조가 이 지역에서 성립할 경우에도 사신을 파견하여 교류하였으며 무역도 활발하게 진행되었다. 그런데 문제는 하서지방으로 교통의 요충지인 이곳을 누가 장악하느냐에 따라 교류에 많은 영향을 주었다.

이 시기에는 북도의 쿠차국과 남노의 호탄국이 번영을 구가하였다. 쿠차국에서는 백씨(白氏)가 계속 통치하였는데, 불교정책에 따라 주변에는 쿰투라, 키질 등의 동굴사원이 있어서 이란풍의 벽화와 소상(塑像)이 전해진다. 쿠차국은 중계무역과 함께 북쪽 천산산맥에서 철을 비롯한 각종 광물을 채굴하여 경제적으로도 안정되면서 북도 제일의 요충지로 자리잡았다.

남도의 호탄국은 백옥강(白玉河)과 흑옥강(黑玉河)을 중심으로 윤택한 오아시스를 형성하고 있었다. 호탄은 고대부터 연옥(軟玉)의 명산지로 알려져 있었고, 후에는 견직물과 모직물의 제조로 유명하다. 당대에 인도로 갔던 현장법사의 『대당서역기』에는 "농사짓기에 적당하며 과일이 많다. 비단옷과 무명옷을 즐겨 입고 비단 짜는 솜씨가 좋다."고 기술하였는데 탐험가인 오렐 스타인이 단단위릭의 폐절터에서 발견한 판화는 중국왕녀가 누에씨를 머리카락에 감추어 이 나라에 전했다는 이야기를 묘사하고 있다. 호탄은 서역으로부터 불교가 가장 먼저 전해진 곳으로 10세기경까지 번성을 누렸으나 그 후에는 이슬람의 영향을 받았다. 그리하여 마르코 폴로는 이곳을 회교국으로 묘사하고 있다.

누에의 서점설화를 묘사한 판화

다음 타림분지의 오아시스 국가들 중에서 가장 다양한 문화적 경험을 한 나라가 바로 선선왕국(누란국)이다. 타클라마칸 깊은 사막의 모래에 오랫동안 묻혀 있다가 20세기에 들어와 탐험가들에 의해 그 모습을 보인 이곳은 중국 민족과 유목 제국 간의 치열한 쟁탈전이 펼쳐졌던 지리상의 요충이기도 하였다. 동·서교통의 중요한 역으로 많은 대상들이 긴 여행 중 휴식을 취한 곳이기도 하다. 이곳은 1~5세기 사이에 전성기를 구가하였으며, 누란·미란·니야 등지의 유적지에서 출토된 서방풍의 많은 유물 역시 모두 이 시기의 것이다. 특히 오렐 스타인에 의해 발굴된 니야유적지에서는 가구, 직물, 화폐, 장식물과 더불어 목간에 기록된 문서도 발견되었는데 문서의 내용은 왕으로부터의 명령과 전달, 개인 간의 편지, 토지 매매 등 계약문서 등으로 당시 사회상을 이해하는 데 매우 중요한 자료들이다.

3) 중국 사서에 묘사된 로마

실크로드를 통해 서역과 교통하게 되면서 중국에 관한 정보가 서구에 유입된 것과 마찬가지로 서방의 사정도 중국에 전해졌다. 특히 한과 같은 시대인 서양의 대제국 로마제국에 대한 정보가 중국에까지 전해졌음은 이 시기에 기술된 중국 역사 서술을 통해 알 수 있다. 당시 중국에서 로마를 가리키는 명칭은 '대진(大秦)'이었는데 이는 후한시대 반초의 서역 원정 때부터 사용된 것으로 보인다. '대진'에 관한 내용은 3세기에 기술된 어환(魚豢)의 『위략(魏略)』, 「서융전(西戎傳)」에도 보이고 있다.

대진국은 려헌(黎軒)이라고도 하며 안식(安息, Parthia), 조지(條支, Syria)의 서쪽, 大海의 서쪽에 있는데 그 사람들은 중국 사람과 비슷하지만 호복(胡服)을 착용하고 있다고 하였다. 려헌(黎軒)은 이집트의 알렉산드리아를 가리키는 것으로, 이 지역은 이미 조지(條支, Syria)와 더불어 로마의 영토에 편입되어 있었다. 따라서 『위략』에 보이는 대진국은 로마 제국 자체라기보다는 이집트를 중심으로 하는 로마 제국 중에서도 동방 지역을 가리키는 것으로 생각된다. 『위략』의 기사는 직접 방문하여 조사한 것이 아니기 때문에 중국인의 상상력이 가미된 것이고 서쪽 끝에 이상향이 존재하는 것으로 그려졌다고 볼 수 있다.

이후 위진남북조시대 말기 북방은 북위 왕조에 의해 통합되었는데 이 왕조의 역사를 기록한 책으로 『위서(魏書)』가 있다. 그런데 이 시기(5~6세기)에 로마에서 사신이 다녀간 행적이 보이지 않음에도 『위서』, 「서융전」에는 대진국의 상황이 자세히 묘사되어 있다. 재미있는 것은 『위략』의 기술을 근간으로 작성된 이 기록은 로마를 더욱더 이상향(理想鄕)·신선향(神仙鄕)으로 그리고 있다는 점이다. 하지만 로마 제국은 4세기 말에 이미 동·서로 분열되었고, 5세기 말 서로마 제국은 멸망하였으니 그러한 정보를 중국인이 정확하게 파악했는지는 의문이다. 더욱이 예전 대진국의 동방에 존재했던 안식국은 3세기 전반 사산조 페르시아에 의해 멸망하였다. 이로부터 페르시아가 동·서양 사이에서 통상을 독점하게 되었는데 로마에 중국의 비단을 넘겨주는 중계무역을 통해 많은 이익을 남겼다. 이 때문에 페르시아는 중국과 좋은 관계를 유지하기 위해 많은 노력을 기울였고, 페르시아와 동로마 제국의 정보가 중국에 전해졌다.

위진남북조의 혼란한 시대상이 수(隋)왕조에 의해 수습되면서 동로마 제국에 대한 명칭도 바뀌게 된다. 수(隋)의 역사를 기록하고 있는 『수서(隋書)』에는 불름(拂菻)이라는 나라의 명칭이 보인다. 이는 당시 중앙아시아의 여러 민족들 사이에는 로마를 From이라 불렀는데 이를 한자로 음역한 것이 불름(拂菻)이라고 생각한다. 불름국에 대한 기사를 보면 콘스탄티노플(Constantinople)을 수도로 하는 동로마 제국에 관한 것으로 역시 시리아와 팔레스틴 방면의 동방령을 나타내고 있다.

4. 남조와 남해 제국의 해상 교류 및 무역

북방에 소위 '五胡'(다섯 오랑캐로 강·갈·저·흉노·선비족)가 침략하여 16개 국가가 난립하면서 전란이 이어지자 이를 피해 한족 황실은 귀족을 비롯한 대규모의 인구를 동반하여 양자 강 하류 지역에 정치적 기반을 닦는다. 이로부터 중국 남방의 개발이 시작되었으며, 정치 중심지로 남경이 번성하기 시작하였다. 한 왕조의 남천은 그간 동·서 교류의 주도권을 잡고 서역과 교류를 통해 서방 문화를 수용할 수 있었던 기반을 상실하게 되었음을 의미한다. 더불어 황하 유역의 북방이 이민족에게 점령당하면서 한족 왕조의 서역 경영에도 한계에 달하게 되었다. 반면 당시 한족 왕조의 남천은 양자강 중하류 지역에 대한 개발을 시작함으로써 이곳이 이후 중국 역사에서 경제와 문화의 중심지로 새롭게 부상하는 계기가 마련되었다. 이는 한족의 활동 영역이 그만큼 넓어지게 되었다는 점에서도 큰 의미를 가진다고 하겠다.

동진부터 송·제·양·진으로 이어지는 남조 왕조는 강남 개발을 본격적으로 전개하는 한편 서역과의 교류에 제한을 받는 상황에서 한반도의 백제를 비롯하여 남해(지금의 동남아 일대) 여러 나라와 해상을 통한 교류를 활발하게 진행하였다. 당시 이들 여러 나라와 활발히 교역하였음은 『송서(宋書)』·「이만전(夷蠻傳)」, 『남제서(南齊書)』·「만이전(蠻夷傳)」, 『양서(梁書)』·「제이전(諸夷傳)」 등에 잘 나타나 있는데 이들 사서에 보이는 국가는 林邑國(베트남)·扶南國(동티모르)·婆皇國(말레이 반도)·槃盤國(말레이 반도)·婆利國(발리)·中天竺國(인도)·師子國(스리랑카) 등 총 15개 나라에 이르고 있다.

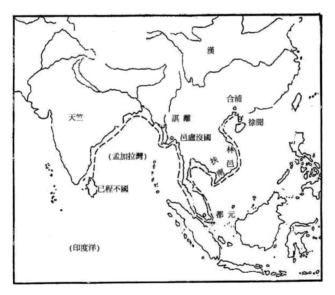

해상 실크로드

　당시에 이처럼 남해 여러 나라와 교류할 수 있었던 바탕에는 조선술의 발달도 크게 작용하였는데 『남제서(南齊書)』·「부남전(扶

南傳)」에는 "선박은 길이 8~9장, 폭 6~7척에 달하며 배의 머리와 꼬리 부분이 물고기 형태를 하고 있다."고 묘사하고 있다. 또『태평어람(太平御覽)』에는 3세기경 작품인『남주이물지(南州異物志)』의 내용을 인용하여 "외부에서 온 선박의 경우 큰 것은 길이가 20여 장에 이르며 6~7백 명을 수용하고 화물은 만곡(萬斛)이나 실을 수 있다."고 하였다. 이를 통해 배의 규모가 매우 컸고, 많은 인적·물적 교류가 이루어졌음을 짐작할 수 있다. 남해 여러 나라에서 중국으로 수출했던 품목으로는 향목, 상아, 바다거북 등 전통적인 동남아 상품과 인도에서 수입하여 중계하였던 것으로 추정되는 홍보석, 유리, 산호 등 사치품도 포함되어 있었다. 그런데 이들 사치품은 주로 남조의 부유한 귀족들이 소비하였을 것으로 추측된다. 한편 해상 루트의 활성화는 인도와의 직접 교류도 가능하게 함으로써 인도로 불법을 구하러 가는 승려들 중에는 바다를 통해 들어가는 경우도 있었고 불교 관련 물품들이 교역되기도 하였다.

5. 실크로드의 전성기 - 당대의 외래문화와 종교

1) 당의 서역 경영

360여 년에 걸친 위진남북조의 혼란을 통일한 수(隋)왕조는 600년 양제(煬帝)가 실크로드의 실권을 장악하고 있던 토욕혼(吐谷渾) 정벌을 감행하여 이 지역에 군(郡)을 설치함으로써 다시 한족의 영향권 안에 들어오게 되었다. 양제는 서역에 사신을 파견하여 관무역의 부활을 꾀하는 한편 서역상인들을 유치하기도 했다. 그러나 수는 고구려원정의 실패로 멸망하게 되고, 서역경영은 당(唐)에 의해 계승되었다.

당 초기의 서역은 서돌궐의 세력이 강성하여 대치 국면을 형성하고 있었다. 이에 당은 투르판(高昌), 카라샬(焉耆), 쿠차(龜玆), 호탄(于闐)을 계속해서 복속시키고 쿠차에 안서도호부를 설치하여 서역경영의 기초를 확립하였다. 이어서 657년에는 서돌궐을 붕괴시키고 지금의 중앙아시아 아무다리아와 시르다리아 강 사이의 소그드 지역(Bokhara~Samarkand~Tashkent에 이르는 지역)에 거주하고 있던 소그드인과 직접 교류하게 되었다. 동·서 교통로상에서 매우 중요한 위치를 담당하고 있는 서투르키스탄 지역은 6~7세기에는 소그드인이 세운 소왕국군이 번영하고 있었다. 소그드인은 이란계 주민으로 소그드어를 사용하고 조로아스터교를 신봉하면서 동·서 교역을 담당하였던 사람들이다. 그들은 천부적으로 장사꾼 기질이 강하여 남자는 5세가 되면 글을 배우기 시작하지만 조금 지나면 집을 나서 상업과 무역의 길로 접어들었다고 한다.

이처럼 당 제국은 타림분지에서 중앙아시아 지역까지 진출하여 소그드인과 직접 교류하게 되면서 7~8세기의 실크로드는 유례없는 번영을 구가하였다. 당대에 중국에 들어온 이란계 주민들을 호인(胡人)이라 불렀는데 수도 장안에는 이들과 함께 들어온 이란풍의 문화가 꽃을 피우게 되었다. 당의 국제적인 성격을 나타내주는 것으로 각종 외래문화와 종교의 유입을 들 수 있는데, 이러한 바탕 위에서 당시 동아시아 최대의 규모를 자랑하는 수도 장안 또한 크게 번성하였다.

2) 당대 유입된 서역풍의 문화

당대에는 소그드인의 활약에 힘입어 서
역을 통해 페르시아를 비롯한 서아시아 일
대의 문화가 많이 수용되었다. 소그드인들
은 유리, 모직품, 보석, 향료, 약재 등을 당
의 수도 장안에 공급하였으며, 반대로 당의
특산품인 비단 등을 서역에 전하였다. 이
들의 영향으로 당대 특히 개원년간(713~
741)부터 호모(胡帽), 호복(胡服), 호극(胡
屐) 등 '호풍'(胡風)이 유행하였으며, 여자
들의 화장법에도 서역풍이 가미되었다. 즉
여자들은 퇴계(堆髻)모양이라 하여 머리카
락을 높이 땋고, 입술에는 검은 기름을 바

당대 호복

르고, 볼에는 혈훈장이라 하여 연지를 반원 또는 원으로 칠하고 눈
가에는 군청색과 남색을 칠하여 아이샤도우를 하였다.

또한 음식 분야에서도 유병(油餅), 호병(胡餅) 등 서역에서 유입된
것이 많았다. 호병(胡餅)은 증병(蒸餅)이라고도 하는데 단맛이 나는
것과 깨를 섞어 조리한 것으로 그 만드는 방법은 『제민요술(齊民
要術)』에 의하면 "밀가루 1말, 양고기 2근, 葱白(파의 밑동) 1合을
간장과 소금에 섞어 말려 삶고 다시 그것을 굽는다."고 되어 있다.

회화 분야에 있어서는 쿠차, 둔황 등에 남아 있는 불교벽화에 이
란과 인도의 영향이 보이며, 음악 역시 서역에서 기원한 서역칠조
(西域七調)가 유행하였다. 또한 한대 이래 서방에서 전해진 환인이

행하는 환술은 수·당시대에 더욱 왕성하게 행해졌으며, 폴로 경기도 들어와 유행하였다. 폴로는 페르시아가 기원이라 하며 서로는 콘스탄티노플에서 유럽으로 전해지고 동으로는 중국, 티베트, 인도, 한국, 일본까지 전해졌다.

3) 당대의 외래종교

한편 당대에는 많은 외래종교가 유입되었다. 외래종교 가운데 가장 일찍 전해진 조로아스터교는 원래 사산조 페르시아의 국교로서 주로 중국에 거주한 페르시아인들이 신봉하였다. 중국에서는 요교(祆教)라 불렸는데 이미 북위시대에 중국에 전해져 당대에 전성기를 구가하였다. 이 종교에서는 세상의 모든 현상을 선신과 악신의 투쟁의 과정으로 보고 있으며, 농업과 목축을 고귀한 것으로 생각하고, 공기, 물, 불, 땅의 4가지 원소를 신성한 것으로 여긴다.

마니교는 3세기 초 이란의 마니(Mani)가 조로아스터교와 고대 바빌론의 종교, 기독교를 참작하여 창시한 종교로 중국에서는 명교(明教)·명문(明門)·모니교(牟尼教) 등으로도 불렸다. 마니교는 한때 사산조 페르시아에서도 상당한 세력을 얻었으나 조로아스터교 신자들의 강한 반대로 자리를 잃고 동방 전도의 길에 나서 측천무후 시기 중국에까지 전해졌다. 이 종교는 다른 종교에도 비교적 관대하였기에 중국에서 유행할 수 있었고 특히 위구르족 사이에서 널리 퍼져 나감으로써 위구르 왕국의 문화적 발전에 영향을 주었다.

431년 에페소 종교회의에서 이단으로 규정되고, 489년 동로마

황제 제노의 탄압으로 동쪽으로 추방
당했던 경교(景敎, 기독교 네스토리우
스파)는 635년 페르시아의 전도단이
장안에 도착한 이래 황제의 보호를
받으면서 발전하였다. 당시 중국에서
는 이 교회를 '파사사(波斯寺)'라 불렀
는데 그것은 아마도 이 종교가 페르
시아로부터 전해진 것에서 이렇게 명
명한 것으로 보인다. 경교는 사산조
페르시아에서 번영한 후 중국으로 유
입되었기 때문에 다분히 이란적인 요
소가 섞여 있었으며, 중국에서 유행

대진경교유행중국비

하였던 사실을 증명하는 것으로 서안의 비림 가운데 있는 「대진경
교유행중국비(大秦景敎流行中國碑)」를 들 수 있다. 높이 9척, 너비
3척 반, 두께 1척 정도 되는 이 비는 상부와 석신, 좌대의 세 부분
으로 구성되어 있다. 중국에서 석비의 건립은 진·한대 이래 하나
의 유행처럼 진행되었는데 경교도 그 영향을 받아 건립한 것으로
보인다.

비에는 교리와 의례 등을 간략하게 기술한 송병서(頌幷序)가 한
자로 기술되어 있고, 경교사들의 명함 직분을 밝힌 부분은 시리아
문자로 기록되어 있다. 이 비는 동양에서 가장 오래된 기독교 관련
비로 경교를 포함한 고대 동방 기독교의 실상을 알려주는 것으로
고대 동·서 문화교류의 일면을 보여주는 중요한 자료라고 할 수
있다.

제5장
불교의 수용과 확산 - 입축승의 활동과 간다라 미술

1. 불교의 중국 전래와 중국화 과정

  실크로드를 통해 많은 문화 교류가 진행되었는데 그중에서 특히 중국을 비롯한 동아시아 고대 세계의 정신문화에 큰 영향을 준 것으로 불교를 들 수 있다. 인도에서 시작된 불교는 동남아시아와 중국, 한국, 일본에까지 전해져 현재까지도 많은 사람들이 이를 따르고 있으며 많은 문화유산을 후세에 남기기도 하였다. 불교는 불(佛, 석가모니)·법(法, 불교 교리)·승(僧, 불교를 믿고 따르는 사람들)의 삼보(三寶)로 이루어져 있다. 불교는 믿음에 있어서 깊이 믿어 의심하지 않은 연후에, 그 믿음의 기초 위에서 이해하고 깨달으며, 다시 그 이해를 근거로 실천하고, 그 실천을 통해 얻은 결과를 가지고 다시 그것을 불교의 교리가 아주 참되고 명확한 진리이기 때문에 세계에 전파하면 모두 따르게 되는 교리임을 강조한다. 불교에서는 세상의 모든 것이 무상하여 영원불변한 것이 없다고 생각한다. 만물의 변화란 인과의 연속으로 사람의 길흉화복은 원인이 있어 생긴 결과이며, 끊임없이 윤회하는 가운데에서 이루어져 일체가 다 무상하므로 강산과 같은 자연계도 매 순간마다 무수히 변화하는 환상이며, 진정으로 변하지 않는 것은 불성뿐이라고 말한다.

실크로드를 통해 불교가 중국에 전해진 것은 대체로 기원 전후로 알려져 있지만 그 정확한 연대에 대해서는 의견을 달리하고 있다. 임계유는 『중국불교사』에서 어환(魚豢)의 『위략(魏略)』, 「서융전(西戎傳)」을 근거로 한 애제(哀帝) 원수(元壽)元年(B.C. 2)에 전래되었다고 본 반면 중국 불교협회의 『중국불교』에서는 황참화(黃懺華)의 글을 인용하여 후한 명제 영평(永平) 7년(A.D. 64)에 전래되었다고 보았다. 이 시기는 파미르 고원을 넘어 한과 중앙아시아의 간다라 지역 상인들과의 교역이 활발하게 전개되었던 시기인데 비단무역상을 따라 불교의 승려가 몰래 중국으로 들어와 전교하였다고 생각된다. 후한 명제(A.D. 58~75) 시기에 황족인 초왕(楚王) 영(英)이 불교를 신봉한 사실이 불교에 관한 최초의 확실한 기록이다. 중국 최초로 불교사원이 설립된 곳은 낙양의 백마사이다.

불교의 전파는 단순히 종교의 전래 그 이상의 의미를 갖는데 그것은 이를 매개로 동·서 간에 많은 문화적 유산이 교류되었기 때문이다. 즉 인도에서 시작된 불교는 중앙아시아 일대에 전해지는 데는 커다란 자연장애물이 보이지 않고 또 이 지역은 교통로가 발달되어 있어서 교류가 많이 이루어지고 있었지만 중국을 비롯한 동아시아권과는 사막과 고원 등으로 막혀 교류가 쉽지 않았다. 그런데 불교가 전해지면서 많은 승려들이 기후와 환경의 악조건을 극복하고 인도와 중앙아시아 일대를 여행하고 그곳의 정보와 문화를 다수 수용함으로써 양 지역 사이의 문화적 거리감을 해소하는 데 크게 공헌하였다.

그러나 불교가 막 중국에 전해졌을 당시에는 황족을 비롯한 일부 특권층의 신앙이었고 일반 민중에까지 깊이 뿌리내리지는 못하였다. 그 후 불교가 중국과 동아시아 전역에 널리 퍼지게 되는 것은 위진남북조라는 혼란한 시기를 거치면서이다. 이처럼 불교가 일반 민중에까지 확산되는 데 많은 시간이 필요했던 이유는 후한시대 정치·사회적으로 큰 동란이 없었고, 유교가 국교로 정해진 이후 사상계를 장악하고 있었던 것이 중요한 요인으로 작용하였기 때문으로 보인다. 중화의식이 강한 중국인들이 외부에서 들어온 종교에 별다른 흥미를 느끼지 못했던 것이다. 그 후 정치·사회적으로 불안정한 시대가 전개됨과 동시에 안세고(安世高)·지루가참(支婁迦讖) 등이 불경을 한문으로 번역하면서 점차 일반인에게 침투하게 되었다.

그럼 200여 년 이상 잠복해 있던 불교가 남북조의 혼란을 틈타 일반 민중에 급속히 파고들 수 있었던 요인은 무엇일까? 가장 중요한 요인으로 중국에 들어온 불교가 중국의 전통사상과 협조하고 접근하려는 노력을 통하여 원만하게 융합해 나간 점을 들 수 있겠다. 다음 윤회사상으로 대표되는 불교의 화복(禍福)에 대한 설명이 이론적으로 매우 정밀하고 실제 이를 검증하기가 매우 어렵다는 점을 들 수 있겠다. 이와 더불어 위진남북조라고 하는 당시의 혼란한 시대상이 불교의 전파에 유리한 조건을 제시하였다고 볼 수 있다. 계속된 동란으로 유민이 발생하고 언제 죽음을 맞이하게 될지 모르는 상황에서 이 시기 사람들이 내세의 안심입명을 구하면서 불교를 찾게 되었다는 점이다. 특히 현세적이고 현실적인 성향이 강한 중국의 전통사상 중에는 내세관이 없기 때문에 그 부분을 불교가 대신하였다고 볼 수 있다.

한편 이 시기에는 전란이 빈번하게 일어났기 때문에 불법으로 전쟁에서 승리를 염원하기도 하는 등 호국불교의 성격을 띠면서 많은 황제들이 불교의 대중화에 노력한 측면도 강하게 작용하였다. 이 시대의 정치지도자들은 축법호(竺法護), 구마라습(鳩摩羅什) 등 고승들을 서역으로부터 초빙하여 불경의 한문으로의 번역 사업을 진행하고 불상과 각종 사원을 설립하기도 하였다. 특히 구마라습은 쿠차 왕실 사람으로 어릴 때부터 간다라 지역에서 불교를 깊이 연구하여 서역에서는 널리 알려진 명승이었는데, 전진(前秦)의 왕 부견(符堅)은 서역정벌군의 출정에 즈음하여 장군 여광(呂光)에게 쿠차국을 복속시켜 구마라습을 발견하면 곧바로 장안으로 모셔 오도록 명할 정도였다.

또한 불교는 어지러운 현실에서 사회를 하나로 통합하고 강력한 중앙집권 국가를 이룩하려는 정치 세력과 결탁하면서 빠르게 확산될 수 있었다. 왕조 교체가 빈번하게 이루어지고 있던 상황에서 군주들은 불교 사상으로 통일적인 사상체계를 성립할 수 있게 됨으로써 국가의 체제를 정비하는 효과도 있었다. 외적과 싸워야 하는 현실 속에서 자국민의 사상을 하나로 통일하는 작업은 필수적인 작업이었던 것이다.

2. 입축승의 세계

1) 불경을 구하기 위해 인도로 간 승려들

불교가 점차 일반에 침투하면서 그 교리에 대한 관심도 점차 높아갔다. 이러한 사회적 욕구를 충족시키기 위해서 초창기 승려들 가운데 상당수가 불교의 본고장인 인도로 향하였으니 그들을 입축승(入竺僧)이라 한다. 이들은 불교의 고향인 천축(天竺, 곧 인도)에 가서 불교 유적을 순례하기도 하고 그곳 사원에서 연구하기도 하며 중국에 없는 경전을 구해 오는 등 중국 불교 발전을 위해 노력하였다. 그들은 笈(짊어지고 다닐 수 있는 책 상자)과 약간의 식량을 등에 지고 입으로는 경문을 외우면서 인도로 향하였다고 하는데 시기적으로는 4세기에서 8세기 사이에 가장 많았다.

입축승 - 법현

우선 위진남북조시대의 대표적인 입축승으로 법현(法顯)이 있다. 그의 세속에서의 성은 공씨(龔氏)이고 지금의 산서성 양원현(襄垣縣) 사람으로 어릴 때 형들이 일찍 사망하자 화가 그에까지 미칠 것을 두려워한 그의 아버지에 의해 3살 때 절에 보내졌다고 한다. 그는 일찍부터 불교의 경전으로 가장 중요한 삼장(경장, 율장, 논장) 가운데 하나인 율장이 빠진 것을 구하기 위해 399년 혜경(慧景) 등

10여 명의 스님과 함께 장안을 출발하여 천축으로 향하였다. 그는 장안을 떠나 둔황을 거쳐 선선국과 우전국을 통과하여 파미르고원을 넘어 인도에 들어갔으며 돌아올 때에는 해로를 이용하였다고 한다. 그런데 둔황에서 선선국까지의 여정이 매우 힘들었음을 다음과 같이 표현하고 있다.

> 위로는 나는 새 한 마리 없고, 아래로는 달리는 짐승도 없다. 아무리 둘러보아도 망막하고 가야 할 길을 찾으려 해도 어디로 가야 할지를 알 수가 없다. 언제 이 길을 가다 죽었는지는 알 수 없으나 오직 죽은 사람의 해골만이 길을 가리키는 표지가 되어 준다.

법현은 인도에서 15년 동안 머물면서 경전의 복사와 연구에 전념하였고 귀국 후에는 『법현전(法顯傳)』(일명 『불국기(佛國記)』 혹은 『법현불국행기(法顯佛國行記)』라 함)이라는 여행기를 남겼는데 그가 지난 루트는 중국에서 인도로 가는 실크로드를 잘 나타내주고 있다. 또한 그의 기행문은 당시 이 지역의 정세를 알려주기도 하는데 예를 들면 선선국에서 곧바로 서쪽으로 나아가지 않고 일단 북쪽으로 나아가 언기(焉耆)를 경유하여 우전으로 누란에서 체르첸, 니야를 잇는 서역남도에 어떤 사정이 있었기 때문으로 추측되고 있다. 그런데 그와 함께 여행에 나섰던 승려들 중 일부는 고창에서 되돌아가기도 했으며 또 다른 이는 천축국에서 죽거나 남아 삶을 영위하기도 하였다. 결국 소기의 목적을 달성한 후 귀국한 것은 법현 한 사람뿐이라고 하니 그만큼 인도로 들어갔던 승려가 많았고 희생자도 많았음을 알 수 있다.

법현 이후 위진남북조시대에는 송운(宋雲), 혜생(惠生) 등이 인도로 들어갔는데 이들에 관한 내용은 『낙양가람기(洛陽伽藍記)』라는 책에 소개되어 있다. 다음 당대의 유명한 고승으로는 현장(玄奘)이 있다. 그는 627년 몇 명의 스님과 함께 천축국에 가서 불교를 연구하고 싶다고 당 조정에 신청하였지만 당시 당나라 조정은 국초의 혼란으로 서역과의 교류를 허용하지 않았기 때문에 그의 신청을 받아들이지 않았다. 이후에도 몇 번 신청서를 제출하였지만 계속 거절당하다가 결국 629년 장안을 출발하여 17년간 여행을 한 후 돌아와 역경사업에 몰두하였다. 그의 여행기인 『대당서역기(大唐西域記)』는 7세기 중앙아시아와 인도에 관한 귀중한 역사지리서로 평가받고 있다. 그의 여행기에는 서역 제국에서 행해지고 각종 관무역의 형태와 각국의 불교에 대한 태도 등을 이해하는 데 중요한

단서를 제공해 주고 있다. 그는 또한 많은 불경의 한문 번역 작업에도 관계하여서 『대반야바라밀다경』을 비롯하여 총 74부 1,335권에 달하였다.

대당서역기

2) 혜초와 『왕오천축국전』

4세기~8세기 중국의 많은 승려들이 구법을 위해 인도(천축)로 갔던 것과 마찬가지로 신라의 승려들도 당을 거쳐 인도로 향하였

으니 그 대표적인 인물이 바로 혜초이다. 16세 전후의 시기(719)에 당에 들어간 그는 723년 중국 광주(廣州)에서 남해의 바닷길을 따라 인도로 들어갔다가 4년 정도 인도 및 서역 지역을 순례하고 727년 장안으로 돌아왔다. 그의 여행 경로는 『왕오천축국전』에 잘 나타나 있는데 이 책은 자서전이자 일종의 여행기로 혜초가 동·서·남·북·중 다섯 천축국을 비롯하여 중앙아시아 및 서아시아 일대를 다니면서 직접 보고 체험한 것을 사실적으로 기록한 것이다. 아쉬운 점은 권두와 권말 부분이 유실되어 그 일정의 전부를 알 수 없다는 것이다. 그렇지만 혜초 여행의 핵심이라고 할 수 있는 인도와 중앙아시아 부분에 대한 여정은 남아 있어서 당시 이 지역에 관한 자료를 제공해 주고 있다는 점에서 사료적 가치가 크다고 할 수 있다.

구체적으로 그의 여행경로를 살펴보면 우선 남해로부터 동천축에 상륙한 후 중천축에 들어가 불교의 4대 성지 가운데 하나로 알려진 석가의 열반처를 둘러보고, 이어서 남천축으로 향하여 용수보살의 신력으로 세웠다고 전해지는 대사원을 둘러보았다. 다음 서천축을 지나 북천축의 간다라 지역을 경유하여 바미얀 석불을 보고, 다시 서쪽으로 들어가 대식국에 들렀다가 동쪽으로 귀로를 돌려 파미르 고원을 넘어 당의 안서도호부가 설치되어 있던 쿠차에 도착한 것으로 되어 있다.

그런데 혜초가 실제로 페르시아와 아랍, 동로마제국까지 여행했는지에 대해서는 약간의 논란이 있다. 그가 직접 방문한 것이 아니라 중간에서 전해 들은 이야기를 글로 옮긴 것이라고 주장하는 것이다. 하지만 그가 직접 이들 국가를 방문하였다고 생각되는 근거가 책 여기저기에서 발견되고 있다. 예를 들면 혜초는 만약 다른 사람으로부터 전해 들은 내용은 그가 반드시 그 사실을 기재하고 있는데 이 지역에 관한 것은 그러한 내용을 찾아볼 수 없다. 또 그가 페르시아나 대식에까지 갔다고 보는 근거는 그 지역에 관한 기술 내용이 대단히 정확하고 실제로 여행했던 지역을 서술하는 방식이 일치하고 있다는 점이다. 예를 들면 혜초가 페르시아나 대식에서는 하느님을 믿고 불법을 모른다고 하였으니 이슬람화가 된 지 70~80년이 흐른 상황에서 이러한 기술은 아주 정확하다고 할 수 있다. 또 왕과 백성들의 옷이 한 가지로 구별이 없으며, 음식을 먹는 데도 귀천을 가리지 않고 공동으로 한 그릇에 먹으며 무릎을 꿇고 절하는 법이 없다는 등 그 생활상을 아주 구체적으로 묘사하고 있다.

한편 혜초는 페르시아와 대식을 다른 두 나라처럼 기술하고 있는데 사실은 오래전에 이미 페르시아 사산조가 아랍인들에게 멸망당함으로써 페르시아란 나라는 더 이상 존재하지 않고 행정적으로 아랍제국(대식)의 한 지역으로 전락하였으며 각 방면에 걸쳐 이슬람화되었다. 따라서 두 지역은 대등한 국가관계가 아니라 중앙과 지방의 종속관계에 놓여 있었다.

혜초의 여행을 통해 이 시기 한반도와 서역 여러 나라 사이에도 문화적인 교류가 진행되었음을 알 수 있다. 중국을 통해 문물과 정보가 전해졌을 뿐만 아니라 직접 중국을 경유하여 서역과 교류하였음을 보여주는 사례라고 할 수 있다. 그리고 실제에 있어서도 아라비아의 상인들이 이미 신라시대에 한반도까지 진출하였던 것으로 보이며, 그러한 정황은 아랍인들이 그린 지도에 신라의 명칭이 보이고 있는 점에서도 알 수 있다. 결국 혜초의 여행은 신라시대 한반도에서의 불교에 대한 열정과 인도 및 중앙아시아·서아시아 지역과의 문화 교류 및 이들 문화에 대한 수용 의지를 반영하고 있다는 점에서 그 의미가 크다고 할 수 있다.

3. 간다라 양식의 중국 전래

실크로드의 개통으로 중국과 인도 사이에 활발한 경제·문화적 교류가 진행되는 과정 중에 불교와 불교미술이 중국에 유입된 것은 종교·예술적 측면에서 중요한 의미를 지닌다. 특히 간다라 미술 양식은 중국은 물론 아시아 전역에 영향을 주었다. '간다라식(Gandhara)' 혹은 '그레꼬 – 부딕(Greco – Buddhic)' 양식으로 불리는 이 불교 미술은 서북 인도의 간다라 지방을 중심으로 기원 전후부터 수세기에 걸쳐 그리스 미술의 영향을 받아 번성하였다.

간다라는 카불·스와트·인더스 세 개의 강이 지나고 북쪽으로는 히말라야·힌두쿠시산맥 등으로 둘러싸인 분지형의 비옥한 지역으로 남동쪽으로는 인도와 서쪽으로는 아프가니스탄과 연결된다. 간다라는 중국 문명의 서쪽, 메소포타미아 문명의 동쪽에 위치해 있으며 인도 문명권에 속하면서도 그 북쪽 끝에 위치해 있어서 그리스·로마와도 활발한 교류가 진행되었다. 이 지역은 B.C. 5세기경부터 페르시아의 지배를 받았고, 알렉산더 대왕이 이곳을 점령한 이후부터는 본격적으로 동·서 문화의 융합이 이루어졌다.

이 지역에서 불교가 흥성한 것은 B.C. 3세기 아쇼카 왕의 후원을 받으면서부터이다. 그리스 색채가 강하게 자리하고 있던 이 지역에 불교가 들어오면서 독특한 문화로 성장·발전한 것이 바로 간다라 미술로 불탑과 불상의 모습을 조각하는 형태로 나타났다. 서방적인 요소가 짙게 배어 있는 점에서 전통 인도의 미술과 구별되지만, 처음부터 부처의 모습을 형상화한 불상을 중심으로 전개된 것이 독특한 점이라 할 수 있다.

간다라식 불상조각 1   간다라식 불상조각 2

이러한 간다라 불상의 특징으로는 다음과 같은 점을 들 수 있다. 우선 불상의 주제는 단독상을 제외한 부조상들은 전생 설화보다 부처님의 생애를 묘사한 불전부조가 주류를 이루고 있다. 이러한 경향은 중인도 지역의 불상조각이 전생 설화가 많은 것과 대비된다. 다음 조각들은 얼굴 모습이나 옷 주름 등이 그리스풍으로 사실성이 강한 특징이 있다. 또 간다라 불상은 머리카락이 고수머리가 아닌 물결모양의 장발이라는 점과 용모는 눈언저리가 깊고 콧대가 우뚝한 것이 마치 서양인과 같다는 점이다. 얼굴의 생김새는 다분히 인간적이며, 착의의 주름이 깊게 새겨졌고, 그 모양이 자연스러워 형식화되지 않았다는 특징을 지닌다. 여기에 토카를 두른 불상은 로마의 황제상과 비슷하고 구체적인 힘을 찬미하는 불전부조, 꽃 동아줄을 멘 에로스 등은 헬레니즘에 바탕을 두고 있다. 이처럼 인도의 양식과 그리스 – 로마의 영향이 혼합되어 새로운 형태를 만들어 낸 것이 바로 간다라 불상조각이다.

그리스 예술의 향기 짙은 불교 미술이 실크로드를 따라 동아시아로 전파되는 과정에서 지역에 따라 양식의 차이가 나타난다. 즉 간다라 지역에서 직접 전파되었다고 생각되는 타클라마칸 사막 남도의 여러 지역(예를 들면 니야, 누란 등)에는 불탑 건축이 많다. 이에 비해 바미얀 방면에서 전파되었다고 생각되는 북도(천산산맥의 남쪽)상의 여러 오아시스 지역에는 석굴 사원(Cave – temple)이 많이 조성되었다. 동굴을 파고 그 안쪽에 불상을 조각하거나 그림을 그리는 것으로 이러한 양식은 중국은 물론 한국 일본에도 영향을 주었다.

중국의 석굴사원은 대체로 4세기경부터 조성되기 시작하여 8세기까지 지속되었으며, 그 후로는 점차 쇠퇴하였다. 시기적으로 가장 먼저 조성된 곳은 간다라 지역에서 가까운 중국 서북의 타클라마칸 사막 주변 지역이다. 5세기를 전후하여 사막 북쪽 천산산맥 남쪽의 카라샬 부근에는 총 236개의 거대한 석굴이 건립되었다. 또 타클라마칸 사막을 지나 동쪽으로 전해지는 과정에서 실크로드의 요충지라고 할 수 있는 감숙성 일대에는 중국 최대의 석굴사원들이 자리하고 있다. 즉 기련산맥(祁連山脈)을 따라 둔황 막고굴, 영정병령사 천수맥적산 석굴 등이 위치해 있으며 옥문 창마석굴, 천양산 석굴 등 많은 사원들이 자리하고 있다.

중국 석굴 사원의 형식은 예배굴과 일반사원으로 이루어져 있는데 이는 인도의 사원이 예배굴과 강당굴, 승방굴로 구성되어 있는 것과 차이를 보인다. 중국의 석굴은 시기와 지역, 신앙의 성격, 용도에 따라 ① 굴 내부에 중심주가 있는 탑묘굴, ② 중심주가 없는 불전굴, ③ 굴 내부에 대형의 주존을 안치한 대상굴, ④ 굴 내의 불단 위에 불상 조각을 설치한 불단굴, ⑤ 승려의 일상생활과 수도를 위한 승방굴, ⑥ 승려의 수도를 위한 선굴로 나누며, 마애 조상은 굴 안에 있는 것은 아니지만 일종의 석굴 사원 유형으로 본다. 또 석굴 내부에는 대부분 다량의 불교 조각과 벽화 작품이 보존되어 있다.

4. 중국의 3대 석굴 사원

1) 사막의 미술관 - 둔황 막고굴

'사막의 미술관'으로 불리는 둔황 막고굴에는 현재 492개의 석굴이 남아 있으며 역대의 조상 2,400여 개, 약 45,000㎡의 벽화를 보

둔황 막고굴

존하고 있다. 막고굴에 대한 본격적인 개착이 시작된 것은 350년 전후로 알려지고 있지만 정사의 기록이 남아 있지 않기 때문에 정확한 연대를 알 수는 없다. 동굴의 벽화와 소조상은 남북조시대의 북조부터 수·당·송·서하·원대에 걸쳐 이루어졌다. 현존 석굴로 가장 오래된 것은 268굴 또는 272굴, 275굴로 추정하고 있는데 이들 석굴은 모두 북량(北凉) 때의 것으로 판단되고 있다. 병령사 석굴과 마이지 산 석굴도 대개 이 시기에 개착되고 있었던 것으로 보이며 이를 통해 당시 하서주랑을 중심으로 중국 쪽 실크로드 상에 석굴 개착 붐이 일어났음을 알 수 있다.

둔황 석굴사원의 석질은 왕모래가 섞여 있는 역암이어서 소조 작품을 만들 수 없다. 그래서 석굴을 조성할 때 운강이나 용문석굴과는 달리 벽면에 흙을 발라 벽화를 그렸고, 각 공간에 흙을 소성하여 소상(塑像)을 만들어 봉안했다고 한다. 소상은 나무 골재에 사막에서 나는 풀 등을 새끼로 꼬아 튼튼하게 하고 강바닥에 침전된 고운 점토에 삼베와 모래를 섞은 것으로 덧붙여 형상을 만들고 여기에 백토로 마감한 후 색채와 금박으로 불상 등을 자연스럽게 장식한 것인데 채색된 소상이라 하여 채소(彩塑)라고도 한다.

둔황의 벽화는 내용이 풍부하고 뛰어난 회화성을 지니고 있어 높은 평가를 받고 있다. 벽화의 형태는 대개 석굴의 벽면에 흙회를 바른 프레스코식의 방법으로 제작되었으며 벽면의 사방과 천장을

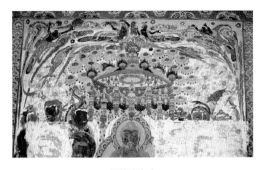
둔황벽화 1

완전히 뒤덮어 가면서 그려져 있다. 또 일부에서는 벽화 안료가 몇 겹이 칠해져 있는 것을 볼 수 있는데 이는 1천 5백여 년의 세월을 내려오면서 보수하거나 퇴색한 경우 그 위에 다시 흙회를 칠하고 그림을 그린 흔적이 그대로 남아 있기 때문이라고 한다.

벽화의 주제는 불교설화도, 불경을 내용으로 하는 불화, 예배도 등과 관련된 것이 많다. 불상을 소재로 하는 불화들은 부처의 설법도가 가장 많으며, 삼세불, 삼신불도 그려졌다. 부처를 중심으로 각종 악기를 연주하거나 무용하는 자태가 장식되어 있으며 둔황 벽화의 핵심을 이루는 갖가지 비천의 형상들이 사방 벽면과 천장에 그려져 있다. 설화도(說話圖)는 석가모니가 득도한 후 첫 번째 설교하는 장면이 많다. 또 공양하는 사람들의 장면을 그린 것도 적지 않은데 행렬의 맨 앞에는 승려가 그려져 있고 각종 소수민족의 의상과 장식이 특색 있게 표현되어 있기도 하며 어느 경우에는 그 사람의 이름이 적혀 있기도 하다. 또한 벽화 중에는 동서 문화교류에 관한

둔황벽화 2

것도 상당수 보이는데 예를 들면 한 나라 시기의 장건이 서역으로 원정을 떠나는 모습을 형상화하거나 무역상이 도중에 도적을 만나는 그림도 있다.

이러한 둔황석굴의 벽화가 비록 상당 부분 손실되었지만 지금까지 온전히 보존되어 올 수 있었던 것은 다음 몇 가지 요인에 기인한다. 첫째, 그 재료가 광물성이나 식물성 등 천연 안료로 제작되어 오랫동안 변색되지 않았다. 둘째, 굴착된 석굴이기 때문에 태양 광선을 적절히 피할 수 있었다. 셋째, 기후가 건조하여 습도에 의한 부패를 방지할 수 있었다. 넷째, 지역적으로 사막 지역에 고립되어 쉽게 파괴될 수 없도록 되어 있었다.

2) 운강석굴(雲岡石窟)

남북조시대 북위 왕조의 수도였던 중국 산서성 대동(大同)의 무주천 북쪽 기슭 1㎞ 이상 뻗은 절벽에 석굴을 파고 조영한 것이 바로 운강석굴이다. 거대한 절벽에 40개가 넘는 석굴군은 단 몇십 년에 걸쳐 개착한 것으로 이곳에는 50만 구 정도의 불상들이 조각되어 있어서 굴과 불상이 잘 조화를 이루고 있으며 모든 불상은 화려하게 채색되어 있다.

운강석굴의 역사는 북위 태무제가 439년 북량(北涼)의 수도 양주를 정복한 후 많은 사람들을 평성(平城, 지금의 대동(大同))으로 강제로 이주시켰는데 그들과 함께 온 승려들 중 한 사람인 담요가 460년 개착하면서 시작되었다. 이때부터 약 50~60년에 걸쳐 석굴

운강석굴

조성이 진행되었는데, 미술 양식은 시기에 따라 크게 3가지 형태로 나뉘는데 각 시기마다 독특한 형태를 보이고 있다. 제1기는 460~465년 담요가 제작한 16굴에서 20굴까지의 것으로 형태가 우람하고 장대하다. 이들 불상에 나타난 양감은 사실적이지는 않지만 두껍고 강인하다. 이들은 북위 초기 불상에서 공통적으로 나타나는 특징으로 불상들의 모습에 박력이 있고 건강한 인체의 양감이 잘 표현되어 있다. 또한 이들 불상들에는 서방 양식의 특징이 짙게 표현되어 있다. 이들 거대 불상들은 바미얀의 마애불처럼 간다라 지역의 거불(35~50m)과 비슷하며, 하체의 옷 무늬 역시 바미얀 대불과 비슷하게 장식되어 있다.

제2기는 465~494년경의 동방굴인 1~3굴과 5~13굴 등 12개의 석굴로 평면은 직사각형의 전·본실에 탑주가 본실 중심에 위치하기도 하며 쌍굴을 대칭적으로 배치하기도 하였다. 불상의 특징으로는 새로운 북위 양식이 등장하였는데 『법화경』이나 『유마경』 같은 불경에서 전거한 것으로 청수상(淸秀像)이며, 불의(佛衣)는 포의박대식(褒衣薄帶式)이 눈에 띈다. 북위 불교가 절정을 이루었던 효문제(孝文帝, 471~499) 치세 중 494년의 낙양(洛陽)으로 천도하기 이전 시기에 해당한다. 이 시기 불상들은 늘씬하고 우아한 형태를 이루고 있는데, 이는 적극적인 한화정책(漢化政策)으로 얼굴이나 신체가 상당히 중국적인 귀족화가 이루어졌으며 불의 역시 중국식으로 바뀌고 있다.

제3기는 494~524년경으로 가장 많은 조각이 이루어졌지만 크기는 중·소형의 것이 많다. 이 시기에는 용문양식과 비슷한 소위 '화화양식(華化樣式)'이 주류를 이루고 있다. 불상의 형태는 2기보다 한층 더 청수해지고 온화하며 우아해진 모습을 나타내고 있다. 고졸한 미소나 반안(半眼)의 명상적이고 신비한 표현이나 장식화가 더욱 진행되어 번잡해질 정도로 형식화가 진행되었다.

운강석굴이 갖는 의미는 서북 변경 지역이 아닌 중국 내지에 건설된 최초의 석굴이라는 점이다. 물론 인도의 영향을 받은 서북 지역 공인들의 참여로 인도 혹은 서역적인 특색이 농후하게 나타나기도 하지만 이후 중국 내륙 각지에 수많은 석굴이 조성되었다. 다음 석굴 불사에 제왕이 국력을 기울여 주관했기 때문에 당대 사회의 실상을 반영하고 있다는 점도 주목할 필요가 있다. 초기 담요 5굴의 경우 '왕즉불(王卽佛)' 사상에 의하여 사회가 움직여지는 것을 반영한 것으로 제왕의 절대적인 힘이 석굴의 형식과 불상 양식에 반영되어 있다.

3) 용문석굴(龍門石窟)

용문석굴은 하남성 낙양시에서 13㎞ 떨어진 이하(伊河)변 용문 단애에 위치해 있다. 북위 효문제가 수도를 평성에서 낙양으로 옮기면서 영령사 등 사찰까지 옮겨 왔지만 운강석굴만큼은 옮겨오지 못했고, 이 때문에 용문석
굴을 개착하게 되었다. 실
제 용문단애에 석굴을 뚫
기 시작한 것은 효문제의
뒤를 이은 선무제(宣武帝,
499~515) 시기이며, 이
어서 동위·서위·북제·
북주·수·당대까지 불

용문석굴

상이 만들어졌다. 석굴의 총수는 1,352굴이며 불상은 모두 14만여
구에 이른다. 용문석굴은 여러 대에 걸쳐 불상을 조각하면서 조상
기(造像記)를 남긴 경우가 많았다. 글이 새겨진 불상들은 당시 불
교의 상황을 알려주는 지렛대 구실을 하며 불상의 양식을 정확히
알 수 있는 자료로 중요하다. 그런데 조상기를 남긴 불상들이 집중
되어 있는 시기는 북위와 당대로 불교의 전성기라 할 수 있다.

　같은 북위시대라 하더라도 용문석굴의 불상 양식은 운강석굴과
는 다른 양상을 보여준다. 우선 운강석굴은 재질인 연한 사암인 데
비하여 용문석굴은 단단한 청흑색의 석회암이어서 대범하거나 활
달하지 않고 치밀하면서도 정적인 양식을 만들어 내고 있다. 구도
측면에서는 무릎의 폭이 보다 줄어들면서 상체가 세장해진 구성을
보여주지만 팔꿈치를 무릎 위에 대거나 묵중한 상현좌의 처리로
안정감을 잃지 않았다. 형태 측면에서도 얼굴이 세장해지고 수척해
져 운강석불에서 보이던 박력과 양감이 사라지고 고귀하고 우아한
모습을 보여주고 있다.

　당대 초기(636~680)의 불상은 구도 측면에서 빈양남동 정벽 5

존상의 예에서처럼 1불 2제자 2보살의 5존상이 높낮이에 따라 둥글게 배치되고 있으며 사자와 인왕상이 좌우대칭으로 배치된다. 상 자체도 상체가 하체보다 큼직하여 건장한 느낌을 주며 이것은 방형대좌에서 보다 두드러지게 나타난다. 형태는 얼굴이 길면서 둥글고 후에는 풍만하며 체구도 장대하고 건장한 편이다.

중기(680~756)는 고종 말기에서 측천무후에 이르는 시기(1기, 680 ~704)와 중종~현종(2기, 704~756)의 두 시기로 나뉘는데 1기에는 불상의 불신이 강조되고 인체미에 가까운 이상적 불상형태를 보여준다. 특히 보살상, 비천상 등은 인체미가 현실감 있게 표현되었고 세련된 아름다움을 나타내고 있다. 제2기는 형태가 좀 더 육감적으로 변하며 완숙미를 보여주고 있다. 그러다가 이후 점차 간략화하면서 조각 수법이 느슨해진다.

후기(756~9세기 초)에 조성된 용문석굴의 불상은 급격히 감소하고 드물게 조성된다. 더구나 현종 때 안사의 난을 거치면서 전란의 와중에 유행했던 밀교의 영향이 용문석굴에도 반영되었다. 그 결과 천수천안관세음보살상, 구고관세음보살상 등이 주제로 등장하고 있다. 얼굴이나 신체의 형태는 비만에 가까운 모습을 보여주며 양감이나 세련미도 점차 없어진다.

제6장

이슬람의 동·서 확장과 문명 충돌

1. 이슬람

7세기 아랍세계에는 이후 세계사에 커다란 영향을 주는 새로운 종교가 출현한다. 이슬람을 기본 이념으로 교조 마호메트(Mahomet, 570년경~632)가 메카에서 아랍 민족 형성의 일차적 동인이 된 '움마(al-Ummah,

이슬람의 종교의식

이슬람 공동체)'를 건설하였다. 이 종교는 세계 3대 종교의 하나로 현재까지 아랍인의 정신세계를 지배하고 있다. 이슬람이란 말은 '절대 순종한다.'는 의미이며, 이슬람 신도를 가리키는 '무슬림'은 '절대적으로 순종하는 사람'을 뜻한다. 이슬람교는 전지전능한 유일신인 알라의 가르침에 대천사 가브리엘을 통해 마호메트에게 계시되어 나타난 것이기 때문에 유대교와 기독교 등 제 종교를 완성시킨 것이라고 주장한다. 그런데 기독교와 유대교가 이슬람과의 관련에서 중요시되는 이유는 개개의 기독교도나 유대교도의 존재나 활약이 아니라 메카의 지식 계급들이 그들의 정신적 환경을 둘러싸고 있던 지고신(至高神)으로서의 알라에 대한 관념을 막연하게나마 알게 되었다는 데 있다.

이슬람을 창시한 마호메트는 어려서 양친을 잃고 고아로 자랐으나 성년이 되어 대상에 참여하여 유대교와 기독교를 접하게 된다. 그 후 '알라'(Allah)신의 예언자가 되라는 계시를 받고 새로운 종교를 전하기 시작한다. 그러나 그의 종교는 메카에서 받아들여지지 않았고 더욱이 박해를 받게 되면서 622년 메디나로 도망하지 않을 수 없었다. 이 사건을 이슬람에서는 '헤지라'(Hegira), 곧 '성천(聖遷)'이라 하며 이 해를 기원 원년으로 삼고 있다. 메디나에서 포교에 성공을 거둔 후 630년 메카에 돌아와 전교 활동의 중심지로 삼았으니 이후 메카는 이슬람의 성지가 되었고, 그가 죽을 무렵 아라비아 인구의 절반 정도가 이 종교를 받아들였다.

이슬람은 단순한 신앙체계가 아니라 '인간의 모든 분야를 포함하는 조화로운 전체'이고 종교와 세속 쌍방을 모두 포괄하는 '신앙과 실천의 체계'다. 이슬람 사회는 종교를 바탕으로 하여 '샤리아(이슬람법)'에 의해 통치되는 정교일치의 사회다. 따라서 이슬람에는 정

치·경제·사회·문화·종교·군사 등 사회의 제반 영역에서 고
유의 사상과 이념·제도가 있다. 이것이 다른 종교와 다른 이슬람
의 가장 큰 특징이다.

　이슬람의 세력이 성장하면서 아랍세계를 하나로 묶는 데 중요한
역할을 한 것은 언어의 통일이었다. 셈족어의 서남어군에 속하는
아랍어는 본래 아라비아 반도 중서부 지대에서 사용된 지방언어였
다. 그러나 이 언어로 『코란』(Koran)이 기록되고 또 이 경전이 오
로지 아랍어로만 송독되면서 무슬림들은 필히 아랍어를 습득하지
않을 수 없게 되었다. 그리하여 동일 어족에 속하는 반도 북부와
이라크, 이집트와 북아프리카, 수단까지 아랍어를 수용함으로써 의
사소통을 가능케 하였다.

부르카를 착용한 이슬람 여인

　이슬람의 광범위한 전파는 이슬
람권이라는 하나의 지역공동체를
탄생시켰다. 여기에는 여러 인종 집
단이 망라되었지만 아랍어를 공유
한 인종 집단은 나름대로의 지역
공동체를 형성하여 상호 교섭과 접
촉의 장으로 만들었다. 이슬람은 범
인류적 보편종교임을 자임하기 때
문에 혈연에 집착하지 않고 족내
혼이건 족외혼을 불문한다. 다만
신앙을 절대화함으로써 교외혼, 즉 비무슬림과의 혼인은 원칙적으
로 금하고 있다.

　또한 『코란』에는 이슬람 공동체 내의 인간들이 지켜야 할 윤리

규범을 수록하고 있는데 그 내용은 ① 알라 이외의 다른 신을 섬기지 않으며, ② 부모를 공경하며, ③ 근친자, 가난한 자, 집을 나선 자에게는 마땅히 베풀어야 하고, ④

이슬람 경전 코란

낭비를 하지 않고, ⑤ 빈곤 때문에 자기 자식을 죽이지 말고, ⑥ 인색하지 말 것이며, ⑦ 간음하지 말 것이며, ⑧ 고아의 재산에 손대지 말 것이며, ⑨ 계약을 지키고, ⑩ 자기가 알지 못하는 일을 행하지 말고, ⑪ 잘난 척하지 말며, ⑫ 부당하게 타인을 죽이지 말 것 등이다. 이 밖에 『코란』에는 술과 돼지고기에 대한 금기도 보이며, '지하드'를 강조하고 있다. 이는 대개 '성전'으로 번역되는데 원래 의미는 '노력'이며 신의 길을 위해 분투 노력할 것을 주문하고 있는 말이다.

2. 이슬람 세력의 동·서 진출

632년 마호메트의 사후 이슬람 사회는 후계자 문제로 내부 갈등을 겪게 된다. 그가 죽은 다음날 이슬람 신자들은 아부 바크르를 새로운 지도자로 선출하였는데, 이때 사용한 칭호가 '칼리프'(Calipf)이다. 그런데 '칼리프'(Calipf)는 부족의 관습에 의해 3대까지 마호메트 가족 밖에서 선출되었다. 이에 마호메트의 가족들은 사위 알리(Ali)를 중심으로 『코란』에 대한 주석을 배격하고 따로 시아파(Shiites)를 형성하였고, 반면 칼리프 선출을 지지하고 주석으로 『코란』 보완을 인정하는 다수의 사람들을 순니파(Sunniites)라 한다. 하지만 칼리프의 선출도 처음 3대뿐이었고 그 이후에는 옴미아드(Ommiads) 왕조가 성립하여 세습되었다.

이슬람의 팽창은 제2대 칼리프인 우마르가 주변 지역에 대한 정복을 개시한 것으로부터 시작되어 3대 칼리프인 오스만은 서쪽으로 비잔틴 제국을 격파하고 시리아, 예루살렘, 메소포타미아 등을 점령하고 동으로는 페르시아 고원을 넘어 사산조 페르시아를 거의 점령하였으나 오스만이 살해되면서 발발한 내전으로 중지되었다. 이어 등장한 옴미아드왕조(660~750)기에 들어와 이슬람은 다시 한 번 동과 서로 대규모의 팽창이 이루어졌다. 특히 알 말리크(재위 685~705) 시기에 들어와 대규모로 진행되어 중앙아시아와 북인도, 모로코, 그리고 이베리아 반도에까지 이르게 된다. 이후 8세기 초에는 에스파냐를 점령하고(711) 피레네산맥을 넘어 프랑크 왕국에까지 진출을 시도하였지만 성공하지는 못하였다.

이 시기 이슬람 정복 사업의 의의는 아랍의 민족적 발전으로 이해할 수 있다. 정복의 진전과 함께 정복지로의 아랍 유목민의 대량 이동이 시작되고 그들은 그곳에 정주하였다. 당시 아라비아 반도로부터 진출한 유목민 수는 정확히 계산할 수는 없지만 초기 쿠파에는 14만 명, 바스라에는 20만 명의 무슬림이 정주한 것을 통해 대정복시대에 많은 무슬림이 반도를 떠나 새로운 지역에 정착했음을 보여준다.

그런데 그동안 이러한 이슬람의 팽창에 대해 흔히 '한 손에 코란, 다른 한 손에는 칼'이라고 해서 무력으로 종교를 강요한 것으로 인식한 경우가 많았는데 이는 서구적 관점에서 이슬람을 비판한 것에 지나지 않는다. 오히려 이슬람은 개종한 자에게는 특전을 주었지만 이교도에게 특별히 신앙을 강요하지는 않았으며 관대히 대하면서 공납만을 요구하였다고 한다. 그리고 그들 정복사업의 목적은 종교 전파보다는 보다 살기 좋은 땅을 찾아 나선 측면이 강하였다.

3. 이슬람의 문화와 동·서 교류에의 공헌

이슬람의 동·서 세력 확장은 그들 자신의 사회·경제 시스템은 물론이거니와 문화적인 측면에서도 많은 변화를 가져다주었다. 이슬람 문화는 그들의 세력 확장에 따라 새로운 문화와 접촉하면서 그 내용이 점차 풍부해졌다. 고대 그리스·로마의 전통을 이어받은 비잔틴 제국의 문화와 불교와 힌두교로 대표되는 인도 문화 및 페르시아 문화, 그리고 중국 문화까지 다양한 문화를 흡수하면서 발전시켰다. 또 동양과 서양의 중간에 위치해 있으면서 양 문명을 잇는 문화 전달자의 역할도 수행하였다.

이슬람 세계에서는 마호메트가 지식의 추구를 강조한 이래 각종 생활에 도움이 되는 지식들을 정리하고 필요한 경우에는 타 문화 세계의 것을 번역하기도 하였다. 그들은 자신들이 정복한 땅, 예를 들면 페르시아, 이집트, 인도 등지에서 찾아낸 모든 고대의 중요

문헌들을 아랍어로 번역·소개하였다. 피정복지의 문화에 대해 이슬람인들은 소중히 다루었고 각지의 학자들을 중용하기도 하였다. 그리고 이 시기에 좀 더 많은 사람들이 지식을 공유할 수 있었던 데에는 751년 탈라즈 강 전투에서 중국 당에 승리를 거두고 포로로 잡아온 사람 중에 제지 기술자가 있었는데 이를 계기로 종이 만드는 공장을 설립하면서 가능해졌다. 번역으로 축적한 지식은 도서관과 학교 시설을 통해 점차 확대되었다. 10세기 말 이집트의 카이로에 세운 '알 아즈하르'는 세계 최초의 대학으로 불리고 있다.

이슬람 문화 중에서 현재까지도 높이 평가받고 있는 것은 과학 분야라고 할 수 있다. 특히 의학에서는 이미 그리스의 수준을 넘어섰으니 안질, 마마, 홍역 등에서 뛰어난 업적을 남겼다. 수학 분야에서는 그리스의 기하학과 인도의 십진 계산법을 받아들여 통합했다. 철학에 있어서는 신플라톤 철학에 열중하여 코란의 해석과 이슬람교의 교리 문제에 이를 적용하는 소위 '아라비아의 학문'을 꽃 피웠다. 그 밖에 천문학도 중요시되었는데 그것은 예배의 시각을 알거나 '단식월(라마단)'의 시작을 알기 위해 중요한 작업이었고, 그리스 학문을 존중한 시대 분위기 속에서 천문학자들이 우대를 받기도 하였다. 지리학 분야도 발달하였는데 특히 주목되는 것은 동방 신라에 대한 기술이 보이고 있다는 점이다. 건축 분야에서는 모스크 양식과 아라베스크 무늬를 탄생시켰다. 우상 숭배를 배척하는 이슬람에서는 인물화나 인체 조각 등이 금기시되었기 때문에 추상화된 아라베스크 무늬로 나타난 것이다.

한편 이슬람의 지배 영역이 워낙 광대하고 그들의 활동 범위가 서로는 비잔틴 제국에서 동으로는 중국과 한국, 그리고 일본에까지 미치면서 양 문명 사이의 문화적 교량 역할도 수행하였다. 그들은 특히 중국의 중요한 발명품을 서구에 전달하였고, 또 그리스 로마의 고전 문화를 잘 보존하였다가 다시 서구 세계에 전해줌으로써 근대 서구의 르네상스에도 커다란 영향을 주었다.

4. 탈라즈 강에서 무력 충돌, 그리고 중국 내 이슬람의 성장

당이 전성기를 구가하고 있을 무렵 아랍에서 새롭게 일어난 이슬람세력이 중앙아시아 지역으로 진출하고 있었다. 이들은 사산조 페르시아를 점령하고 세력은 7세기 후반부터 소그드 지방으로 진출하기 시작하였다. 당시에는 당 제국 또한 서역 경영에 노력하던 시기였고, 더욱이 이곳은 전통적으로 중국과 책봉관계가 체결되어 있던 지역이었으므로 충돌은 불가피하였다. 결국 750년 고구려 유민 출신의 장군 고선지(高仙芝)는 당의 대군을 이끌고 타시켄트를 공략하고 그 국왕을 포로로 잡아와 현종 앞에서 참수하였다. 이에 소그드인들이 이슬람에 원병을 구하였고, 새로운 왕조(압바스조)를 연 이슬람 세력은 이에 응하여 대군을 동으로 옮겼다. 고선지 장군 또한 서역을 확보하기 위해 파미르 고원을 넘어와 탈라즈강(현재의 키르기스스탄 령) 유역에서 전투가 벌어졌다.

751년의 이 전투에서 당은 크게 패배하여 중앙아시아 지역에서 대폭 후퇴하지 않을 수 없었다. 이로써 중국이 그동안 누려왔던 실크로드의 주도권을 이슬람 세력에게 넘겨주고 말았다. 그리고 국제

적으로 주변 문화를 수용하면서 번성하였던 당의 수도 장안 역시
이 사건을 분기점으로 점차 쇠퇴하게 된다. 실크로드에 대한 지배
권을 상실한 상황에서 서역과의 교역에 어려움을 겪게 되면서 장
안의 기능도 축소될 수밖에 없었다. 그리고 그 영향으로 그때까지
수도였던 장안은 이후 중국 역사에서 수도의 지위를 회복하지 못
하였다.

한편 전쟁에서 패한 당은 많은 병사가 포로로 잡혀갔는데, 그중
에는 제지기술자도 포함되어 있었던 것으로 보인다. 이들은 중앙아
시아의 사마르칸트로 보내지고 이로부터 아랍세계에 종이 만드는
기술이 전해지게 되었다. 이곳에 제지공장이 설립되고 종이가 만들
어지기 시작하였는데 마 혹은 아마 등을 원료로 사용하였다. 이후
'사마르칸트의 종이'의 명성은 점차 서방세계로 전해지게 된다. 9
세기 말에서 10세기경에는 이집트에 전해지고 다시 스페인을 거쳐
14세기에는 프랑스에까지 제지공장이 설립되기에 이르렀다.

중국 영하의 이슬람사원 – 청진사

탈라즈 강 전투에서 패
배하여 중앙아시아 지역에
대한 영향력을 상실한 당
은 755년 '안사의 난'이 일
어나자 이번에는 대식 등
서역 제국에 원병을 요청
했고, 이들의 활약에 힘입
어 장안과 낙양을 수복하
였다. 불과 4년 전 탈라즈 강변에서 치열한 전투를 펼친 것을 생각
하면 역사의 아이러니라 할 만한 사건이었다. 그런데 당시의 이슬

람 파병이 가져온 중요한 의의의 하나는 때마침 티베트의 흥기로 귀국길이 봉쇄당하자 중국 정부의 호의로 원군 중 4천~1만 명의 이슬람군이 귀향하지 않고 중국에 정착하였으니 이들이 바로 한족 무슬림, 곧 회족의 시조가 된 것이다. 당시 중국 조정에서는 종실의 구원자인 이들을 특별히 대우하였고 낙양과 장안 등지에서 중국 여인과 혼인을 통한 정착을 허락했다. 760년 행한 호구조사 기록에 의하면 장안에 거주한 아랍 호수가 4천을 상회하였다고 한다. 그리고 이미 그 시기부터 장안에 무슬림을 위한 사원이 세워졌으며, 당대 무슬림 사원은 광주, 천주, 항주 등 동남 연해안 지방에도 존재했다.

당·송 양 대에 걸쳐 중국에는 장안을 비롯한 내지와 광주·천주 등 동남 연해 일대에 많은 아랍인이 정착하면서 무슬림의 활동 영역도 점차 확대되었다. 그러다가 13세기 칭기즈칸의

중국 무슬림의 예배 장면

원정을 시작으로 1258년 바그다드를 함락하고 건국한 일한국이 망할 때까지 약 150년간 파미르 고원 서쪽 흑해 동쪽의 광활한 무슬림 거주 지역이 몽골 제국의 치하에 놓이게 되었다. 이때 원 왕조의 색목인 우대정책에 의해 많은 서역의 무슬림이 중국 내지로 이동하여 정착함으로써 그들의 세력이 점차 확대되었다. 그 후 명대에 이르러 '회회(回回)'는 서역의 일부 지역에 거주하는 부족이나

그곳의 무슬림을 나타내는 명칭이 아닌 이미 뿌리를 내려 정착하고 있는 무슬림 전체의 통칭으로 굳어졌다. 그 결과 이슬람교의 한 역어인 '회회교(回回敎)'란 교명이 출현하게 되었다.

5. 예루살렘을 둘러싼 서구와 이슬람의 문명충돌
─ 십자군 전쟁

1) 전쟁의 동기와 목적

중세 이슬람의 동·서 진출은 눈부신 것이었다. 반면 유럽의 중세는 분열의 시대이자 위기의 시대였다. '신 중심의 시대'로 묘사될 만큼 유럽 전역이 기독교를 신봉한 것은 사실이지만 로마 교황청을 중심으로 하는 가톨릭과 동로마제국의 그리스정교로 분열되어 있었다. 게다가 유럽은 고립되어 있었으니 이슬람 세력이 지중해의 주위를 둘러싸고 있었다. 더욱이 서방의 한 축인 이베리아 반도도 이슬람의 영역이 되고 말았다. 성지 예루살렘도 이미 이슬람의 영토가 된 지 오래였다.

위기의 상황에서 유럽이 선택한 것은 전쟁이었다. 십자군은 로마 교황청이 중심이 되어 이슬람 세력에게 빼앗긴 성지 예루살렘을 되찾기 위해 일으킨 대규모 전쟁이었다. 이 전쟁은 이후 이슬람 세계와 서구 기독교 세계 간의 끊임없는 충돌을 야기하는 매우 중요한 사건이었다. 최근의 9·11테러와 미국의 이라크 침공도 그러한 연장선상에서 파악하기도 한다. 인류 역사상 가장 끔찍한 전쟁의 하나로 기록되고 있으며 종교 문제로 동·서양 문명이 충돌하였다는 점에서도 이 전쟁의 의미는 매우 큰 것이었다. 하지만 전쟁은 종교적 요인이 중요한 원인 제공을 하였지만 그 밖에 여러 가지 다른 요인들이 복합적으로 작용하였다.

전쟁은 1071년 비잔틴 제국이 셀주크 투르크에 패하면서 유럽인들이 예루살렘으로 가는 성지 순례에 어려움을 겪게 되면서

십자군 전쟁

이를 해결하기 위한 수단으로 선택된 행동이었다. 비잔틴 제국의 알렉시우스 1세는 로마 교황에게 군사 도움을 요청했고, 로마 교황 우르바누스(Urbanus) 2세는 이 기회를 이용하여 비잔틴 교회까지 영향력을 확대하고자 했으며 이에 클레르몽 종교회의를 소집하여 '신성한 전쟁'에 대한 협의를 이끌어 냈다. 마침 루움 셀주크가 셀주크 투르크에서 독립하고 이집트도 독립을 선언하는 등 이슬람 세계가 정치적으로 분열 과정에 있었으므로 유럽이 공격을 단행할 수 있는 절호의 기회로 생각하였던 것이다.

다음 종교적인 측면에서 성지 탈환을 목적으로 한 전쟁이 정당화되었다고 한다면 여기에 유럽 특유의 정복욕이 더해짐으로써 실천에 옮겨졌다고 말할 수 있다. 특히 전쟁에 참여하면 면죄부를 얻을 수 있다는 교황의 말에 사람들은 죄를 면죄받을 목적으로 적극

나서기도 하였다. 또 예루살렘을 탈환함으로써 신에 대한 충성을 다할 수 있다고 믿는 사람들 역시 전쟁에 참가하였다. 그들에게 신이 승리를 가져다줄 것이라는 믿음이 더해지면서 침략 행위는 절정에 달하였다. 그들은 전쟁의 명분으로 성지 예루살렘의 회복과 순례를 위한 루트의 안전을 내세웠다. 하지만 사실 예루살렘은 비록 이슬람 세력의 지배를 받고 있었다고 하더라도 그곳의 기독교도들이 박해를 받은 것은 아니었고 심지어 교회까지 세워져 있었다.

이러한 정치적이고 종교적인 요인 외에도 중세 유럽이 가진 구조적인 모순이 전쟁을 일으키는 데 중요한 작용을 하였다. 즉 중세 유럽은 농업 생산력이 증가하고 화폐 경제가 발달하면서 상업도 활성화되었다. 하지만 봉건제도 아래서 한정된 영토를 가진 영주들 사이에 치열한 경쟁이 전개되고 있었고 발달한 상업 도시의 상인들은 더 많은 수익을 올리기 위해서는 새로운 시장의 개척이 절실하였다. 가난한 농민들 역시 힘든 일상을 탈출하고자 하는 욕구가 강하게 작용하였다. 이처럼 전쟁은 정치와 종교, 사회 경제적으로 여러 가지 문제를 안고 있던 중세 유럽 사회가 이를 한꺼번에 해결할 수 있는 좋은 기회였고, 마침 이슬람의 분열을 틈타 진행되었던 것이다.

2) 전쟁의 전개 과정

우르바누스 2세의 부름에 응해서 기독교 대군은 1096년 8월 예루살렘을 목표로 출발하였다. 그리고 이때부터 200년 가까운 시간

동안 십자군이 편성되어 이슬람과의 지루한 전쟁을 치렀다. 제1차 십자군 전쟁은 기독교의 입장에서 봤을 때 7차례에 걸친 원정 중에서 가장 성공리에 끝난 원정이었다고 할 수 있다. 은자 피에르(Peter the Hermit)의 노력으로 수많은 사람들이 여기에 참여하였고, 그들의 성지 회복에 대한 열정은 콘스탄티노플과 안티오크를 거쳐 드디어 1099년 예루살렘을 정복하고 그곳에 예루살렘왕국(1099~1187)을 세웠다. 하지만 1차 원정에서 서방 세계가 승리할 수 있었던 것은 그들의 군사력이 월등해서라기보다는 당시 이슬람 세계가 분열되어 있었고 십자군 원정대의 파괴적인 행동에 이슬람의 세력이 크게 당황하였기 때문이다.

하지만 서방 제국은 이곳을 지속적이고 안정적으로 통치할 수는 없었다. 그 시초는 1144년 셀주크 투르크가 예루살렘왕국 동북방 에데사(Edessa)를 점령하면서 증명되었다. 셀주크 투르크의 에데사 점령은 사실 서방과 이슬람 양 진영에 큰 충격을 주었다. 우선 십자군 국가를 영속적인 존재로 생각했던 이슬람은 그 생각을 바꿔 '지하드'를 결성하여 그 세력을 몰아낼 수 있다고 생각하게 되었다. 반면 서방 세계는 다시 한 번 십자군을 조직하여 이슬람 세력과의 일전을 준비해야만 했다. 2차 십자군 전쟁(1147~1149)은 이렇게 시작되었다. 교황 유게니우스(Eugenius) 3세의 제안에 프랑스의 루이(Lous) 7세와 독일 신성로마제국의 콘라트(Konrad) 3세가 호응하여 원정대를 파견하여 실지 회복을 노렸지만 비잔틴 제국의 도움을 받지 못했고 라틴 왕국의 군주와 제후들 역시 동조하지 않음으로써 실패하였다.

제2차 십자군 전쟁의 실패는 이슬람으로 하여금 서방 세계에 대한 경계심을 더욱 자극하였고 그들의 단결력을 촉진시키는 계기를 만들었다. 특히 셀주크 투르크의 지도자 살라딘(Saladin)은 예루살렘을 비롯하여 많은 영토를 수복하였다. 하지만 서방 세계에 있어 예루살렘 함락 소식은 다시 한 번 군대를 조직하도록 유도하였다. 3차 십자군전쟁(1189~1192, 왕들의 십자군)이다. 먼저 독일의 프리드리히 1세가 출정하였으나 소아시아에서 강물을 건너다 익사하였으므로 되돌아갔고, 영국의 리처드 1세와 프랑스 필립 2세가 연합하여 공격하였다. 하지만 두 왕의 불화로 프랑스 군대가 먼저 귀국하고 영국의 리처드도 살라딘의 저항에 막혀 고전하다가 결국 휴전하고 말았다.

1198년 인노켄티우스(Innocent) 3세가 교황으로 선출되면서 새로운 십자군을 계획하여 실천에 옮긴다. 1202년 시작된 제4차 십자군 전쟁은 하지만 성지 회복이라는 본래의 목적과는 전혀 다른 방향으로 진행되었다. 즉 베네치아에서 출발한 이들은 이곳 상인집단의 이익을 대변했는지 베네치아와 경쟁관계에 있던 도시 자라(Zara)를 공격·점령하였다. 이어서 그들은 베네치아 상인 집단의 또 다른 경쟁 도시이자 비잔틴 상인의 거점인 콘스탄티노플을 공격하였다. 결국 상인을 위한 전쟁이 되어 버린 이 원정은 유럽 세계에 커다란 충격을 안겨주었고 이후 십자군 원정은 유럽인의 호응을 얻을 수 없었다. 1212년의 소년 십자군은 어이없게도 헐값에 노예로 팔려 가기도 하였으며, 연이은 원정도 큰 성과를 거두지 못한 채 실패로 끝나고 말았다.

3) 전쟁이 남긴 유산

신에 대한 신앙에 전적으로 의존했던 전쟁에서 종국적으로 승리를 거두지 못함으로써 중세 서구인들의 신에 대한 믿음에도 상처를 입게 되었으니 이는 십자군 전쟁이 중세 서구 사회에 던진 가장 충격적인 유산이라 할 만하다. 신을 위해 싸움에 나섰지만 동료들의 죽음 앞에서 병사들은 신의 존재를 의심하게 되었다. 더불어 전쟁을 지도했던 교황권의 권위도 실추되었으니 '아비뇽의 유수'는 그 대표적인 사례이다.

십자군 전쟁은 또 중세 유럽을 지배했던 봉건적인 지배 질서체제를 무너뜨렸다. 십자군에 참전한 영주와 기사의 세력이 약화되었고, 전쟁 중에 농노들은 도망하여 도시로 들어갔다. 이에 비해 군주는 영주들의 토지를 흡수하고 원정 중에 나타나기 시작한 민족의식을 바탕으로 왕권을 강화하였다.

한편 십자군 전쟁 중에 비잔틴과 이슬람 세계에 보존되어 있던 고대의 그리스 · 로마 고전 문화를 다시 접할 수 있었던 것은 서구 세계의 행운이라 할 수 있다. 이를 통해 그들 자신이 문화적으로 후진 상태에 놓여 있었다는 사실을 깨달았으며 동방의 문화에 대해 새로운 인식을 가지고 수용하는 계기가 되었다. 이슬람과 비잔틴 지역으로부터 도입한 학문과 예술은 서구인들의 근대적 학문 수립에도 큰 도움을 주었다. 십자군을 통한 동 · 서 세계의 교류와 이를 통한 동방 문물의 수입은 항해 기술의 발달과 세계관에 대한 전환을 가져왔고 이는 결국 근세 이후 서구인의 세계 진출에도 영향을 주었다.

결국 십자군 원정은 그들이 본래 기도했던 성지 회복이라는 거창한 목표 달성에는 실패했지만 역설적으로 이 전쟁은 서구 유럽을 변화시키는 촉매제 역할을 한 것은 분명한 사실이다. 그들에게 새로운 세계, 또 다른 문명 세계가 존재하고 있다는 사실을 알려준 것만으로도 커다란 소득이었으며, 그들이 소유하지 못했던 많은 것들을 이슬람 문화권을 통해 받아들임으로써 중세에서 탈출하는 계기를 마련했던 것이다.

1. 요·금·서하의 실크로드 경영

당 중엽 탈라즈 강 전투에서 패배한 이후 한족 제국의 서역 경영에 허점을 드러내자 티베트가 중앙아시아의 여러 지역을 당말까지 지배하였다. 당에 이어서 10세기 후반 조광윤이 송(宋)왕조를 세웠을 때에는 요와 서하가 독립왕국으로 세력을 확장하였다. 요왕조를 세운 거란(契丹)은 아랍-페르시아어로는 키타이(Khitai), 몽골어로는 키타트(Kitat)로 불리며 요하와 그 지류인 시라무렌 강 사이에 있는 요서 지방에 자리 잡고 있었다. 거란족이 역사 무대의 중심에 등장한 것은 10세기 초 야율아보기(耶律阿保機, 926년 사망)가 정권을 장악하여 나라의 기틀을 충실히 다진 다음 그 후계자가

947년 요(遼)라는 왕조명을 사용하면서부터이다.

한편 당말 이래 혼란을 틈타 하서주랑 지역에 근거지를 잡고 동·서 교역에 참가하고 있던 탕구트족은 이원호(李元昊)가 권력을 장악하면서 크게 성장하여 1020년대에 서하왕국을 건설하였다. 이로써 송·요·서하 3국이 정립하는 형세가 되고 서하와 요는 공동으로 남방의 송을 위협하였다. 이들 중 특히 서하는 영주(靈州)와 하서주랑 지역을 장악하고 11~12세기 동·서 교역을 거의 독점하였다. 그리고 이 시기 동·서 교류에 크게 활약한 민족으로는 위구르족이 있었는데, 그들은 요(遼)의 상경(上京)에 회골영(回鶻營)을 세워 상업에도 뛰어난 실력을 발휘하였다.

요는 중간에 서하를 통해 서역의 여러 나라와 관무역의 형식으로 교역하였다. 요와 교역 관계를 맺었던 나라로는 타림분지의 고창국, 쿠차국, 우전국 등이 있었고, 서아시아의 대식국도 포함된다. 이들 나라들은 3년에 한 번씩 400명에 달하는 대규모 상단을 파견하여 옥(玉), 주(珠), 서(犀) 등을 가져와 거래하였다고 한다. 이러한 귀중품이 동북방에 전해진 것은 요와 금에 그만큼의 수요가 있었기에 가능했다. 서역 여러 나라와 요·금 등 동북 유목 제국 사이의 거래에서 많이 이용되었던 루트는 하서지방에서 오르도스를 횡단하여 산서성 북부에서 내몽고를 거쳐 만주에 이르는 길로 '막남로'(漠南路)라 한다.

이처럼 11·12세기 실크로드의 중심은 하서지방을 경유하여 요와 금으로 가는 길이었다고 말할 수 있다. 그리고 중간에 있던 서하는 캐러밴으로부터 1/10에 달하는 통행세를 거두면서 양 지역을 연결하는 교량 역할을 담당하였다. 하지만 서하 왕국에서는 이러한 지리적 이점을 이용하여 대상들이 운반하는 상품 중에서 최고품을 취했기 때문에 상인들이 고통스러워했다고 한다. 당시 서양에서 이 시기 중국을 나타내는 명칭으로 키타이(Khitai) 혹은 카세이(Cathey) 와 같은 거란을 가리키는 용어를 사용한 것도 이러한 교류의 증가와 무관하지 않을 것으로 보인다. 더구나 이때부터 활발하게 이용된 '막남로'는 요·금·원에 이어 명·청시대까지 중국의 수도가 북경에 있었기 때문에 그 중요성이 점차 증가하였다고 볼 수 있다.

반면 북방의 실크로드를 상실한 한족 제국 송(宋)은 육로를 통해 서역과 교역할 수 없는 상황에서 바다의 실크로드를 통해 동남아시아 및 아랍 여러 나라와 교역을 진행하였다. 그런데 바다를 통한 교역의 활성화는 육로에 비해 교역 품목이 확대되는 장점이 있다. 육로를 이용할 경우 낙타에 짐을 실어야 하는데 무겁거나 부피가 많이 나가는 것 혹은 깨지기 쉬운 품목은 실을 수 없다는 단점이 존재한다. 반면 배를 이용하면 다량의 물건을 적재할 수 있고, 특히 도자기처럼 낙타로 운반할 수 없는 물품까지 교역할 수 있었던 것이다.

한편 이 시기에는 한반도와의 교류에 있어서도 북방이 막힌 상황에서 바다를 통해 이루어졌으며, 종래 많이 이용되었던 산동반도에 이르는 바닷길에 새로

송대 천주 시박사 유지

이 절강성 영파에 이르는 길이 추가되었다. 남송시대부터는 한반도와 동남아뿐만 아니라 멀리 아랍의 상인들이 바다의 실크로드를 통해 중국에 와서 교역하였다. 교류가 활성화되자 중국 정부는 이

에 대한 관리를 위해 광주·천주·항주 등에 제거시박사(提擧市舶司)를 설치하였다. 당시 중국이 아랍인들과 많은 교류가 있었음은 이때부터 동남 연해 지방에 번방(藩坊)이라 불리는 아랍인들의 집단 거주지가 생겨나고 이슬람 사원이 대거 건축되었다는 점을 통해서도 짐작할 수 있다.

2. 몽골의 세계 정복과 교통로의 정비

1) 몽골의 원정사업

1206년 봄 몽골 유목민들은 몽골 고원 중부의 오논 강 발원지 부근 초원에서 테무친을 몽골의 칸으로 추대하고 그에게 '칭기즈'라는 칭호를 부여한다. 12세기 후반 몽골 고원은 유목 집단들이 서로 패자가 되기 위한 싸움을 전개하였는데 몽골 고원 동부의 타타르부가 세력을 떨치다가 금의 공격을 받아 약화된 후에는 중부의 케레이트부와 알타이산맥 부근의 나이만부가 새로이 유력한 세력으로 등장하였다. 그 무렵 몽골부는 상대적으로 적은 부족에 불과하였으나 1205년 나이만부를 중심으로 하여 구성된 반테무친 연합세력을 격파하면서 단기간에 몽골 고원 전역을 통합하였다. 칭기즈칸은 즉위 후 가장 먼저 유목민 집단을 재편성하여 수백 명에서 1천 명의 전사를 차출할 수 있는 95개의 집단, 즉 천호(千戶)를 편성하고, 그 아래에 백호, 십호를 두는 십진법 체제로 조직을 정비하였다.

칭기즈칸

이후 주변 지역에 대한 원정을 단행하여 1209년 고비사막 남부의 서하를 점령하고 1214년 '성하의 맹'을 통해 금(金)의 중도(현 북경 서남부)를 포위하여 금이 기국공주를 몽골 황실에 시집보내고 해마다 은과 비단을 바치는 조건으로 화해하였다. 1219년에는 15만 대군을 이끌고 호라즘 원정길에 올랐는데 이는 몽골의 3차에 걸친 대규모 서역 원정의 첫발이었다. 칭기즈칸의 이 원정은 1218년 그가 450명의 대규모 상단을 편성하여 파견한 상단이 오트라르에 도착했을 때 그곳 수비대장(이날치크)이 몽골의 스파이로 몰아 살해하고 모든 물자를 빼앗은 후 처형한 사건이 계기가 되었다.

1227년 칭기즈칸 사망 후에도 몽골의 원정사업은 계속되어 제2대 황제 오고타이 칸은 금나라를 멸망시키고 재무와 행정을 비롯한 제국의 통치를 위한 기구와 역참을 정비하였다. 이어서 바투를 사령관으로 하는 원정대를 조직하여 유럽으로 향하게 하니 1237년 러시아에 침입하고 이어서 폴란드와 헝가리까지 진격하였으나 1242년 오고타이 칸의 사망 소식과 함께 회군하였다.

오고타이 사망 이후 그의 여섯 번째 부인인 투레게네의 공작하에 1246년 구유크 칸이 등장하였으나 그는 2년 만에 죽고, 3년 후 1251년 뭉케가 계승하였다. 뭉케는 즉위한 후 동생 쿠빌라이에게 이슬람권 정복을 명하여 1258년 바그다드, 1260년에는 다마스커스를 점령하고 시리아를 손에 넣었다. 이로써 서아시아와 중앙아시아 일대에서 번영을 구가하였던 이슬람 제국이 몽골 제국의 수중에 넘어가게 되었다. 이후 몽골의 중국 내륙에 대한 공격도 강화되어 1279년 남송 정권을 물리침으로써 거대한 제국이 완성되었다.

그런데 몽골제국이 이처럼 급속히 세력을 확대할 수 있었던 가장 중요한 요인은 파괴적 위력을 갖춘 기마군단이 있어 가능했는데, 특히 몽골 제국의 다른 기마병과 비교해 월등한 기동력을 가지고 있었다. 몽골 기마군단은 속도를 빠르게 하기 위해 군사 장비를 경량화하고 군대 식량의 무게를 줄이는 방법을 사용하였다. 가벼운 갑옷, 가벼운 화살 등 여러 신소재들을 개발하고 식량으로 육포 등을 이용함으로써 최대한 무게를 줄여 나갔다. 중세 유럽 기사단의 무게가 70kg에 달한 것에 비해 몽골 기마병은 그 1/10인 7kg 밖에 나가지 않았다고 한다. 다른 한편 몽골 제국의 원정에는 이슬람 상인의 경제적 재간, 정보 수집 능력, 지리·경제적 지식, 기술력 등 원조가 결정적인 역할을 하였다. 칭기즈칸이 호라즘 제국에 파견한 사절단이 이슬람 상인이었던 점, 또 호라즘 제국을 공격할 때 석유를 이용한 투척단이나 공성기 등이 이용된 점은 이슬람 상인이 몽골을 지원했다는 반증이라 할 수 있다.

원대에는 넓어진 영토만큼 인적·물적 교류도 확대되었다. 그중 몽골인들은 광범위한 정복 사업의 결과 지리학에 특별한 관심을 보여 이택민의 『세계지도』는 당시 아랍이나 유럽인의 것보다 뛰어났다고 한다. 한편 당시에는 제국의 재정과 경제 영역에서 크게 활동하였던 이슬람교도가 증가하였으니 『명사(明史)』에는 "원대 회회

(回回)가 천하에 골고루 미쳤다.”고 기술하고 있다. 또 천문학이나 의학 음악 등의 분야에서도 이슬람의 영향을 많이 받았다.

2) 몽골의 역전 정비

몽골 제국이 몇 차례에 걸쳐 대규모 원정 사업을 펼친 결과 흑해 주변에서 한반도에 이르는 대영역이 하나의 제국 아래 통합되면서 새로운 시대로 진입하게 되었다. 제국이 유라시아 대륙의 거의 대부분을 장악함으로써 세계가 단일 교역망 속에 편입되었고 동·서 문화교류도 더욱 활기를 띠게 되었다. 이 시기의 활발한 문화적 교류는 대규모의 교통망이 잘 정비되었기에 가능한 일이었다. 그런데 몽골 제국이 이처럼 교통망을 정비한 것은 원활한 제국 통치를 위해 빠른 시간에 정보를 전달하기 위함이었다. 그리고 교통망의 정비는 좋은 말이 있었기에 효력을 발휘할 수 있었다.

몽골 제국은 ‘초원의 길’을 축으로 전통적인 역전제로 연결되어 있던 서아시아의 교통로와 중국의 ‘역체’(驛遞)를 연결하여 유라시아 지역의 도로망을 통합했다. 당시 도로망을 유지하고 관리하는 시스템은 잠치라 불리는 역전제도였다. 그리고 일정한 간격으로 배치된 숙역(宿驛)은 제국 안팎의 대량의 정보와 물자 이동을 보장하기 위해 불가결했고 제국 통치의 바탕이 되었다.

제국의 영역이 확대되면서 잠치의 중요성도 점차 증대되었는데 제2대 황제 오고타이 칸은 자신이 지배하는 영역에 하루 간격으로 숙역을 설치하고 이곳에 말과 사람을 배치하여 칙령의 전달과 물자수송, 정보 수집 등에 이용하였다. 제국의 전령은 숙역마다 준비된 말을 갈아탐으로써 그때까지 10일 행정이던 거리를 하루 만에 주파할 수 있었다고 한다. 이처럼 정보를 빨리 전달할 수 있었던 요인으로 유연한 네트워크의 형성을 들기도 한다. 즉 몽골 제국의 전달 경로는 직선적으로 고정되어 있지 않다. 만약 직선으로 전달 경로가 고정되어 있다면 중간에 어떤 지역에 강이 범람해 홍수가 난다면 거기서 전달은 중단되고 말 것이다. 그러나 역참제는 그때그때 상황에 따라 전달 경로가 바뀐다. 수천 개의 역이 점점이 흩어져 있기 때문에 전달 경로는 가장 빠른 길을 찾아 때에 따라 변경될 수 있었던 것이다.

한편 몽골은 바다의 실크로드도 장악함으로써 교역을 보다 넓은 세계에까지 확대할 수 있었다. 남송을 멸한 몽골이 중국 동남부의 중요한 교역항구를 손에 넣으면서 동남아 지역을 비롯해 멀리 이슬람 상인들까지 몽골 제국과 교류할 수 있었다. 중국과 아랍 세계를 연결하는 바다의 루트는 중국 연해의 항로와 곽수경(郭守敬)이 완성한 갑문식 운하를 통해 원의 수도인 대도까지 연결됨으로써 물자 운송을 원활히 할 수 있었다.

3. 몽골 제국의 사회 · 경제 시스템의 통일

몽골 제국은 지금의 한반도와 중국, 아랍, 유럽, 러시아, 중앙아시아를 하나의 정치 · 경제 · 문화권으로 묶는 체제를 형성하였다.

이로써 국제 교역이 늘어나고 이질 적인 문명 간 통합이 이루어졌다. 경제 통합의 일환으로 몽골제국시 대에는 화폐제도에도 획기적인 변 화가 발생하였다. 칭기즈칸이 정복 한 지역과 나라는 인종도 다르고 종 교도 다르며 언어, 문화, 생활 모든 것이 각양각색이었다. 이들 피정복 국가를 하나로 통일하기 위한 방편 으로 단일 지폐를 유통시켰다. 당시 만든 지폐는 유럽보다 무려 400년

원대의 지폐 - 지원통행보초

앞선 것이다. 물론 지폐가 처음 만들어진 것은 이보다 이른 시기 중국에서 있었다. 10세기 말 상인들 사이에서 예탁 증서 형태인 교 자가 사용되었고, 남송시대인 1170년 공식으로 지폐가 발행되었다. 하지만 지폐가 중국이라는 틀을 벗어나 유라시아 대륙 전체에서 사용된 것은 원대의 지폐가 처음이다. 당시 몽골제국은 금, 은, 동 을 정부가 보관하고 그 보증으로 지원통행보초(至元通行寶鈔)라는 이 름의 지폐를 유통시킴으로써 화폐경제 체제를 확립하였던 것이다.

몽골 제국이 의지를 가지고 지폐를 전 제국에 걸쳐 강력하게 유 통시켰던 사실은 마르코 폴로가 『동방견문록』에서 "지폐의 유통을 받아들이지 않으면 사형을 당하게 되므로 누구 한 사람 수수를 거 부하는 자가 없다. 어느 지방에서든 대칸의 신민인 자는 모두 이 지폐로써 지불받는다."고 지적한 것에서도 잘 알 수 있다. 물론 마 르코 폴로가 말하는 단일 지폐경제권은 제국 안에 존재하는 킵차

크한국, 일한국, 차가타이한국 등도 포함된다. 단일 지폐 경제권의 위력은 대단해서 돈만 있으면 언제 어디서나 어떤 물건이든 사거나 팔 수 있었다.

몽골이 거대 제국을 구축할 수 있었던 원동력은 이질적인 사람이나 문화를 수용하면서 그 어떤 차별도 하지 않는 정책을 펼쳤기 때문에 가능했다. 칭기즈칸을 비롯한 그의 후계자들은 광활한 지역에 걸쳐 다양한 민족과 종교·문화를 수용하는 자세를 취하였다. 이와 관련하여 당시 로마 교황청의 특사 자격으로 중국에 왔던 루브르크는 "몽케 칸이 이슬람의 이맘, 불교의 승려, 무당, 라마승, 기독교 수사들에 둘러싸여 축수를 받고 있는 것을 보았다. 몽골제국에서는 네스토리우스교 신도들이 활동 중이며 적지 않은 몽골 귀족들이 세례를 받았다."고 하였다.

한편 칭기즈칸이 몽골을 통일하면서 칸에 즉위할 때 몇 가지 내부 개혁을 단행하였으니, 우선 사회구성의 원리를 혁신한 천호제(千戶制)를 시행하였다. 이 제도는 기존의 씨족 단위 편제를 해체하고 10명, 100명, 1,000명씩의 단위로 묶고 각 단위에서 공이 큰 사람을 리더로 뽑는 생활조직이자 군사조직이었다. 천호제는 씨족마다 수없이 많은 계급과 직위로 나뉘어져 있던 수직적인 직제를 전면 개조하여 모든 직위를 단 두 단계로 단순화시킨 것이다.

다음 칭기즈칸은 몽골 초원을 통일하면서 성문법의 필요성을 느끼고 이를 제정하였다. 1206년 쿠릴타이의 승인을 받아 반포된 예케 – 자사크(대법령)는 현재 원본이 전해지고 있진 않지만 아라비아나 페르시아의 학자들의 기술이 부분적으로 전한다. 그것은 "서로 사랑하라, 도둑질하지 말라, 위증하지 말라, 노인과 가난한 사람을 돌봐주라."와 같은 인간으로서 마땅히 지켜야 할 것을 정해 놓고 위반하는 자를 다스린다는 것으로 대정벌에 나서는 군대를 유지하는 밑바탕이 되었다.

4. 동·서 여행가와 여행기

칭기즈칸이 전체 몽골 부족을 통합한 이래 3차에 걸친 원정으로 영토가 확대되고 역전제가 잘 정비됨에 따라 동·서 문화교류 또한 활발히 전개되었다. 특히 이 시기에는 동·서를 왕래한 여행가와 여행기가 많이 나타나 동·서양 상호 간의 정보를 제공하였다. 야율 초재(耶律楚材, 1190~1244)는 요나라 왕실 출신으로 금나라에서 벼슬하다가 후에 칭기즈칸에게 중용되어 1219년의 원정길에 함께 나섰다가 돌아와서 『서유록(西遊錄)』을 남겼는데 이는 당시 중앙 아시아의 역사 지리를 이해하는 데 중요한 자료로 평가받고 있다.

장춘진인(長春眞人, 1148~1227)은 금말 원초의 도사로 알려져 있는데, 칭기즈칸의 서역 원정 중 부름을 받고 중국의 동쪽 산동에서 수만 리를 여행해 찾아갔다. 당시 칭기즈칸이 그를 부른 이유는 인생의 황혼기에 접어들어 영원한 삶에 관심을 가지게 되었고 그 방안을 찾기 위해서라고 한다. 불로장생의 비결을 묻는 칭기즈칸에게 세상에 죽지 않는 것은 없으며 대신 생명을 올바르게 지켜 가는 방법은 안다고 하면서 그 방법으로 무위청정의 생활을 지켜 가면서 우주의 본체인 도에 접근해 가는 것이라고 답하였다. 칭기즈칸은 불로장생할 수 없다는 그의 솔직한 이야기를 듣고 오히려 그에게 상을 내리고 정복 과정에서 나라를 다스리는 방법 등에 관해 많은 대화를 나누었다고 한다. 뒤에 그도 기행문인『장춘진인서유록』을 남겼는데 이는 야율초재의 기록보다 더 많은 서역의 정보를 담고 있다고 한다.

상덕(常德)은 쿠빌라이의 이슬람 원정길에 동행하여 기록을 남겼는데 그가 구술하고 유욱이 썼으므로『유욱서사기』라 하는데 여기에는 특히 페르시아 지역의 진귀한 물산에 대한 서술이 많다고 한다.

한편 몽고인이 동유럽과 이슬람세계를 정복하자 로마교황은 서유럽을 보호하고 이들과 제휴하여 예루살렘을 회복할 목적으로 선교사를 파견하였다. 카르피니(Carpini, 1200~1252)는 교황 인노센트 4세로부터 친서를 가지고 몽고황실에 도착하였다. 교황은 친서에서 몽고황제에게 기독교 국가에 대한 침략을 중지할 것과 기독교로 개종할 것을 요청하였다. 그는 몽고황제의 답신을 가지고 무사히 아비뇽에 도착하였으며 후에 여행기를 남겼는데 이때 중국을 차이나로 기술하였다.

1253년 루이 9세는 재차 몽고와 동맹을 꾀하는 한편 몽고의 정세를 살피기 위해 루브루크(Rubruck)를 파견하였다. 그는 키프로스에서 흑해를 경유하는 도중에 바투를 만난 후 카라코룸에 도착하여 몽케칸을 알현하였다. 몽케칸에게 기독교의 교리를 설명했지만 받아들여지지 않자 1254년 귀로에 올랐다. 그는 당시 몽골 제국의 수도였던 카라코룸을 기록한 최초의 유럽인이었다. 그는 여행기에서 당시 중국의 상황을 "고대 '세레스(Seres)'의 땅으로 비단의 아름다움에 세상에 비할 바가 없다. 도시의 성벽은 은으로 되어 있고 성첩은 금으로 장식되어 있다. 백성은 각종 수예에 뛰어나 그 기술을 대대로 전수한다. 의술은 더욱 훌륭하다. 지폐가 통용되었으며 그 위에 몽골 칸의 옥새가 찍혀 있다."고 묘사하였다.

1304년 모로코에서 태어난 이븐바투타는 이슬람교도로 메카 순례의 뜻을 지니고 시리아, 아라비아, 이란, 중앙아시아를 거쳐 인도에서 약 9년간 관리 생활을 하기도 하였다. 그 후 실론과 수마트라, 자바를 거쳐 중국 복건성의 당시 가장 번성했던 무역항의 하나인 천주에 도착한 후 북경까지 이르렀다. 그 후 그는 다시 페르시아, 이라크, 이집트 등을 거쳐 모로코로 돌아가서 기행문을 남겼으니 이는 이슬람인의 눈으로 본 세계의 기술이었다.

5. 마르코 폴로와 동방견문록

원대에는 많은 여행가가 동·서양을 여행하면서 정보를 제공했지만 특히 중국의 정보를 서양에 소개하는 데 가장 크게 공헌한 인물은 마르코 폴로이다. 1254년 베니스 상인의 아들로 태어난 그는 17세 때에 아버지와 삼촌을 따라 동방으로의 긴 여행에 나섰다. 그의 아버지와 숙부는 이미 그가 태어나던 해에 베니스를 출발하여 1269년 이탈리아로 돌아온 경험이 있었다. 이제 청년이 된 자신의 아들을 대동하고 기나긴 여행길에 오른 것이다.

그들은 1271년에 다시 동일한 목적지를 향하여, 마르코 폴로(1254~1324)와 함께 베네치아를 떠난 후 파미르 고원과 오아시스

마르코 폴로가 세상에서 가장 아름다운 다리로 묘사한 노구교

지역의 통로를 따라 감숙성에 도달하였다. 이곳에서 상업관계로 약 1년 동안 체류하였다가 다시 육로를 통하여 북중국에 들어가 북경으로부터 약 270㎞ 떨어져 있는 여름철의 수도 상도에서 쿠빌라이를 접견한 다음에 1275년 드디어 북경에 도착하였다. 이후 마르코 폴로는 상업도시인 양주의 행정 장관에 임명되어 몽고인들의 당양한 요청에 봉사하기도 하였다. 1292년에 선편으로 천주를 떠난 그는 베트남, 자바, 말레이군도, 실로, 말라바르해안, 메크란, 이란의 동남해안 등을 두루 시찰하였다. 그는 1294년에 호르무즈에 도착하였고 다음 해에 4분의 1세기의 세월을 보낸 동아시아의 생활을 회상하며 베네치아에 돌아왔다.

하지만 그는 전쟁에 휩쓸렸고, 포로가 되어 감옥에 수감되었는데, 이곳에서 『동방견문록』이라는 책을 남겼다. 함께 감옥에

마르코 폴로 일행의 회항로

있던 작가 루스티아노가 마르코 폴로의 체험담을 정리하여 중국의 문물을 유럽에 소개하는 계기를 마련했다. 이 책은 그때까지 서구

인들 가운데 어느 누구도 말해 주지 않던 미지의 세계에 대한 실상을 생생히 알려주면서 동방 제국을 소개했다는 데 큰 의미가 있다. 유럽을 제외한 당시의 거의 모든 세계를 포괄적으로 서술한 이 책은 그의 개인적인 느낌보다는 사실 그대로를 알려주려는 데 무게를 두었다.

마르코 폴로는 몽고어 중국어, 위구르어, 티베트어 등을 습득하고 몽골제국 각지를 여행하면서 체험담을 서술하였으니 몽골제국에 대한 귀중한 자료로 가치를 지니고 있다. 여기에는 대도(북경)의 규모와 궁정생활 실태, 그리고 교차, 석탄, 주류, 역전제, 태원부, 평양부, 하중부, 경조부, 한중, 성도, 운남, 티베트 등 당시 중국의 각 지방 사정까지 자세히 알려주고 있다. 또, 천주, 항주 등 국제 무역항의 아름다운 정경과 다양한 상품의 수출입 상황에 관한 것과 이 상품에 부과되는 관세로 대칸이 크게 수익을 올렸던 사정까지도 기록되어 있다. 그리고 중국의 도시 환경이 중세 서양의 도시에 비해 훨씬 깨끗함을 지적하면서 그 이유로 중국에서는 도시의 인분을 비료로 이용하고 있다는 사실도 지적하였다. 하지만 이 책은 몽골의 관점에서 중국문화를 외부적, 물질문명만으로 관찰하고 있다는 한계를 지니고 있다. 그 때문에 중국의 문학이나 철학, 종교와 같은 정신문화에 대한 언급이 빠져 있다.

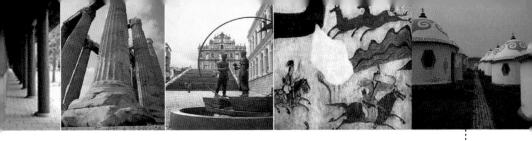

제8장
더 넓은 세계를 향한 동·서의 각축

1. 대항해의 시대는 중국이 먼저 열었다

1) 바다로 간 환관 – 정화

서양에서는 1498년 바스코 다가마의 함대가 아프리카 최남단의 희망봉을 돌아 인도의 캘리컷에 도착하고, 1500년대 들어와 포르투갈인들이 말라카를 점령하고 중국 해안에 출현하는 등 동아시아 지역까지 진출해 왔다. 그러나 이보다 약 1세기 앞선 1405년에 이미 중국의 정화(鄭和, 1371~1435)가 이끄는 함대가 지금의 동남아시아 일대와 인도양 그리고 페르시아와 아프리카 동부 연안까지 항해했다는 사실은 그 규모나 항해거리 등에 비추어 실로 놀라운

일이라 하지 않을 수 없다.

바다로 간 환관 정화

중국의 위대한 항해자인 정화는 그가 환관 출신이었기 때문에 남겨진 자료가 많지 않고 따라서 그에 대한 생애 또한 많이 알려져 있지 않다. 그에 대한 대략적인 인적 사항을 살펴보면 그는 홍무(洪武) 4년(1371) 중국 운남성의 마호메트를 숭배하는 이슬람 집안에서 태어났다. 본래 성은 마씨였고, 명태조 주원장이 이 지역을 점령하는 과정에서 궁중에 환관으로 들어갔다. 그의 아버지 마합지는 이슬람교의 성지인 메카를 순례한 경험이 있을 정도로 믿음이 강한 이슬람 신자였다고 한다.

정화가 영락제의 신뢰를 받을 수 있었던 것은 '정난의 역(靖難의 役)' 당시 군공을 세웠기 때문이다. 이 공으로 영락(永樂) 2년(1404) 정월 영락제로부터 사성의식(賜姓儀式)에서 정씨 성을 받아 이때부터 정화라 일컬어지게 되었다. 영락제가 그를 대함대의 최고 책임자로 임명한 이유는 황제의 자리를 찬탈한 그가 혈연은 물론 관료들까지 믿을 수 없었던 상황에서 측근인 환관을 중용한 것으로 보인다. 그런데 명을 건국한 태조 주원장은 환관의 정치 참여를 강력하게 금지하는 정책을 추진하였고, 심지어 이들의 문자 습득에도 제한을 가하였다. 이처럼 강력하게 환관의 정치 참여를 배제한 이유는 중국의 역대 왕조(특히, 한과 당)가 환관의 정치 개입으로 인해 왕조 멸망의 길로 들어섰기 때문이다. 하지만 영락제가 황제 권력을 찬탈하면서 환관들의 도움을 많이 받았고, 또 황제 권력을 관료 사회를 견제하고 감시하기 위한 목적에서 환관을 중용함으로써 환관들의 활동 영역이 확대되었다.

한편 이슬람 신자인 정화가 항해의 대장에 임명되었던 것은 당시의 항해가 이루어졌던 대상 지역인 동남아를 비롯하여 서남아시아 일대가 모두 이슬람을 신봉하는 국가였다는 점에서 적절한 선택이었다고 생각된다. 이들 국가와 외교 관계를 수립하거나 교역을 행할 때 같은 종교를 신봉하는 사람을 대표로 파견한 것이 효과를 거두었을 것으로 판단된다.

2) 해상원정을 둘러싼 몇 가지 설

영락년간의 명조는 대내외적으로 많은 어려움에 직면해 있었다. 우선 영락제 자신이 황제 권력을 찬탈하는 과정에서 많은 관료들의 반대에 직면하였고 그 과정에서 피를 보기도 하였다. 더욱이 영락제는 자신의 정치적 고향인 북경으로의 천도를 단행하면서 많은 재정적 비용을 감당해야만 했다. 우선 자금성을 새롭게 건축하는 등 북경성 축조에 많은 예산을 투입해야만 했다. 또 북경을 수도로 정하면서 남경을 비롯한 각지로부터 궁전 건축에 필요한 기술자를 포함한 다수의 인구를 북경으로 강제 이주시켰다. 북경 지역 인구 증가에 다른 소비가 증대되었지만 북경 지역의 생산만으로는 이들의 수요를 충족시킬 수 없었다. 부득이 강남지방(양자강 중하류 지역)으로부터 물자를 공급받아야 했으므로 항주에서 북경에 이르는 운하를 새롭게 정비할 필요가 있었고 그에 따른 재정적 수요도 상당하였다. 여기에 수도인 북경은 북방 유목민의 침략을 받을 위협이 많은 지역으로 몽골의 세력이 약해졌다고는 하나 여전히 명에 위협을 주고 있었으므로 장성을 다시 쌓아야만 했다.

이처럼 명조가 재정적으로 어려움을 겪는 중에 대규모 원정대를 결성하여 파견한 것은 특별한 목적이 있었기에 행해진 것으로 볼 수 있다. 더구나 당시 명조는 국가의 기본정책으로 '해금정책'을 조법으로 삼고 실천에 옮기고 있던 시기였기에 그의 원정은 조법과도 배치되는 시도였던 것이다. 정화의 해상원정 이전까지 영락제 또한 홍무제의 정책을 계승하여 민간 상인의 해외 도항을 금지시키는 한편 원양 함선을 국내 수송용 배로 개조하도록 명하였다. 물론 중국적 세계질서를 유지하기 위한 차원에서의 조공무역만은 허용되고 있었다. 이러한 상황에서 이루어진 정화의 해상 원정이기에 출항에 대한 궁금증은 더욱 클 수밖에 없었고, 그동안 학계에서도 다양한 의견들이 제시되었는데 그중 몇 가지 견해를 살펴보면 다음과 같다.

첫째, '정난의 역' 이후 건문제의 행방이 명확하지 않았기 때문에 이를 찾기 위해서라는 견해이다. 영락제의 남경점령과 더불어 건문제는 사망하였으나 의심 많은 영락제는 건문제가 서양 혹은 남양 지역으로 도망갔다는 이야기를 전해 듣고 정화를 파견하여 그의 행적을 찾아내게 했다는 것이다. 하지만 건문제가 살아 있다고 하더라도 몰락한 이전의 황제를 추적하기 위해 이처럼 대함대를 파견했다는 것은 조금은 지나친 해석이라고 생각된다. 둘째, 태조에게 최후까지 맞섰던 장사성(張士誠)의 잔존 해상세력이 왜구 등과 연결되어 명조에 위협이 되었기 때문에 이를 방지하기 위함이라는 견해이다. 셋째, 군사동맹의 체결 가능성을 찾아보기 위해서라는 견해이다. 명초부터 계속해서 중국에 위협이 되었던 중앙아시아의 티무르 제국이 중국을 공격할 계획을 가지고 있었고 이에 인도 등과 국교를 체결하고 공동으로 이에 대응하기 위해서라는 것이다. 넷째, 명의 국위를 떨치고 조공을 유도하기 위함이라는 견해이다. 명의 해금정책으로 종래 중국과 무역하였던 외국이 명정부의 기대와 달리 조공을 해 오지 않자 대규모 항해를 결심하게 되었다는 것이다. 이것은 대항해의 동기와 목적의 일부를 바르게 지적하고 있다고 생각되지만 역시 충분하다고는 할 수 없다.

이상의 몇 가지 설에 더하여 조금 더 현실성 있는 원인으로는 당시 명조의 기본정책인 조공과 해금정책만으로는 국내의 여러 가지 물자에 대한 사회적 수요를 충족시킬 수 없었기 때문에 이를 보충하기 위함이었다고 생각된다. 송·원대부터 중국은 해상무역을 통해 향료와 보석 등을 수입하였는데, 수요가 많았지만 태조 이래 '해금정책'이 조법으로 정해져 있었기 때문에 이를 법으로 풀 수는 없었다. 민간무역이 금지된 상황에서 정부가 주체적으로 외국과 교역하고자 한 것이 정화의 항해로 나타났다고 할 수 있다. 이는 정화가 인솔했던 선대의 명칭이 '서양보선(西洋寶船)', '서양대선(西洋大船)', '서양선(西洋船)' 등으로 불렸던 점, 그리고 항해가 정기적으로 이루어졌던 점을 통해 알 수 있다. 그러나 정화의 항해가 중국의 일방적인 요구에 의해 이루어진 것만은 아니었고, 중국의 문화와 문물에 관심을 가지고 있던 상대국의 이해와도 어느 정도 관련성이 있다고 생각된다.

3) 원정대의 구성과 7차에 걸친 항해

영락 3년(1405) 겨울 정화는 27,000여 명의 선원과 200여 척에 달하는 대규모 원정대를 이끌고 강소성 유가항(劉家港)을 출발하여 첫 번째 원정길에 나선다. 이후 1433년까지 총 7차례에 걸쳐 현재의 동남아시아 지역을 중심으로 인도양을 지나 멀리는 서아시아와 아프리카 동부에까지 이르는 광활한 지역을 방문하였다. 정화의 원정은 함대 규모나 인원, 방문 국가의 수 등에서 이전 시대에는 세계사적으로 그 유래를 찾아볼 수 없을 만큼 대규모로 이루어졌으니 개략적인 상황을 표로 정리하면 다음과 같다.

〈표 1〉 '정화하서양(鄭和下西洋)' 개황

구 분	내 용
함선의 규모	최대 길이 44장, 폭 18장
함선의 수량	대·소 선박 200여 척
참가 인원	매 회 평균 27,000명 정도
시설과 장비	항해도와 나침반, 군대
원정 횟수	총 7회
원정 범위	아시아·아프리카 총 30여 개 국가와 지역
시 기	1405~1433년으로 서구의 지리상 발견보다 반세기 이상 빠름
항해 거리	약 10만 해리(18만 5천km)

그러면 27,000명에 달하는 정화의 함대에는 어떤 사람들이 타고 있었을까? 정화 함대의 4·6·7차 항해에 통역으로 참가했던 마환(馬歡)의 『영애승람(瀛涯勝覽)』에는 영락 11년의 제4차 원정 때에 "관교·기군·용사·통사·민초·매변·서수를 합쳐 2만 7,670명을 헤아린다고 하면서 구체적으로는 관 868명, 군 26,800명, 지휘

93명, 도지휘 2명, 천호 140명, 백호 403명, 호부낭중 1명, 음양관 1명, 교유 1명, 사인 2명, 의관과 의사 180명, 여정 2명, 정사태감 7명, 감승 5명 소감 10명, 내관내사 53명"이 탑승하였다고 기술하였다. 또 명대의 유명한 문인 祝允明(1460~1526)은 『전문기(前聞記)』에서 제7차 원정대의 규모를 "관교・기군・화장・타공・반정수・통사・서산수・의사・철묘・목념・밧줄・탑재를 비롯한 장념・수수・민초인 등 합계 2만 7,550명"이라 기록했다.

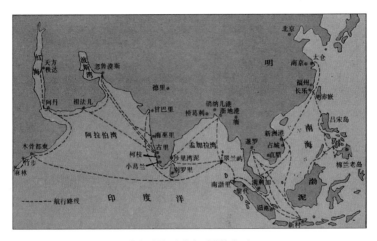

7차에 걸친 정화의 해상원정 경로

승무원의 임무를 보면 정사 태감이 사절단의 중추를 이루었던 것으로 보이며, 이들은 항해 전반을 관리하면서 외교 문제와 무역 등에도 관여했을 것으로 보인다. 배의 항해는 화장(항해사), 타공(조타수) 등이 담당하였고, 음양관은 천체의 운행과 기후의 변화를 예측하는 임무를 띠고 있었다. 화물과 재정 관리를 위해 호부낭중이 같이 탑승하였고 항해 중 일어날 수 있는 의료 사고를 대비해 의관도 동승하였다. 한편 대규모 군대가 함께 탄 것으로 보아 지역 분쟁 등에 적극 개입했을 것으로 추측할 수 있다.

7차에 걸쳐 진행된 정화의 해상원정 상황을 구체적으로 살펴보면 다음과 같다. 제1차 원정은 영락 3년(1405) 겨울부터 영락 5년(1407) 9월까지 계속되었는데 점성(占城, 지금의 베트남 남부)·말라카(지금의 말레이 반도 남쪽 서안)·고리(지금의 인도반도 서안) 등을 방문하였으며 그 결과 이들 국가에서 많은 사신을 보내왔다고 한다. 제2차 원정(1407~1409)에 좌와(爪哇, 지금의 인도네시아 자카르타)·고리·가지(柯枝, 지금의 인도반도 서남단 Calicut·Cochin) 등지를 방문하였다. 제3차 원정(1409~1411)은 앞선 방문 국가를 지나 석란산(錫蘭山, 지금의 실론)을 거쳤는데 그 왕이 공손하지 않아 명의 군사들이 그를 사로잡고, 말라카 국왕을 그곳에 봉하였다고 한다. 제4차(1413~1415)·5차(1417~1419)·6차(1421~1422) 원정에는 페르시아 만과 아프리카 동부 연안까지 진출하였다. 정화의 원정대가 아프리카까지 도달함으로써 이 지역 국가와도 조공 관계가 수립되어 이들 국가에서 중국에 조공 물품을 헌상할 때 중국인이 처음으로 접해 본 것도 있었으니 그중에는 기린도 포함되어 있었다고 한다. 마지막 제7차 원정은 선덕 5년(1430)에 출발하여 1433년까지 계속되었는데 새로 황제가 즉위하였는데도 그동안 방문했던 국가들에서 조공이 없자 다시 출항하였다고 한다.

2. 정화 원정의 영향과 이후 중국이 해상 원정을 감행하지 않은 이유

　정화의 해상 원정은 당시로서는 상상하기 힘든 거대한 규모와 장대한 거리에 걸쳐 이루어진 만큼 중국은 물론 원정대가 방문했던 동남아시아와 서아시아 등에 커다란 영향을 주었음은 분명하다. 우선 중국의 위세를 널리 알리고 그 영향력을 동남아 지역까지 확대하였다는 점을 들 수 있겠다. 더불어 발달된 중국 문화가 바다를 통해 해외로 전해졌는데 그 영향으로 서아시아와 유럽에까지 중국에 대한 호기심을 유발하였다. 예를 들면 중국산 도자기가 이들 지역에서 대단한 호평을 받았으며, 그 제작 기술이 전해지기도 하였다. 또 정화는 이들 지역에서 신격화되기도 하였으니 동남아시아의 자바·수마트라·타이 등에는 정화를 제사 지내는 '삼보묘(三寶廟)'가 세워졌으며, 자바의 한 사원(大覺寺)에서는 지금까지 정화를 숭배의 대상으로 삼고 있다고 한다.

　이러한 점에 더하여 정화의 원정을 계기로 이 지역에 화교 사회가 형성되었다는 사실 또한 중요하다. 원정대에 수행했던 인물들인 마환(馬歡)의 『영애승람(瀛涯勝覽)』이나 공진(鞏珍)의 『서양번국지(西洋番國志)』

삼보묘

등의 저작으로 중국인의 지리적 지식은 인도에서 아프리카 방면까지 미치게 되었다. 그리고 그 결과로서 동남아시아 각지로 진출하는 중국인의 수가 점차 증가하였으니 정화의 해상 활동이 당시 중국 사회에 해외에 관한 깊은 지식과 자극을 주었고, 이것이 중국인의 해외진출을 유도하여 마침내 화교사회(華僑社會)의 출현을 가져왔다.

하지만 정화의 해상 원정 이후 중국은 더 이상 바다를 통한 세계 진출을 도모하지 않았으니 이는 이후의 세계사 전개에도 중요한 전환점이 되었다. 특히 중국을 대신해 서구 사회가 세계를 향해 나아가면서 중국은 근대 이후 서구의 침략에 시달림을 받아야만 했다. 그렇다면 왜 중국은 더 이상의 해상 원정을 시도하지 않았을까? 우선 명의 재정상태의 악화를 들 수 있겠다. 명초 홍무년간부터 진행된 경제의 회복 정책에 따라 각지에서 간전이 개발되는 등 어느 정도 국가의 경제력이 회복되었지만 영락년간의 천도와 북변 방어를 위한 장성의 축조, 대운하 건설에 대단히 많은 예산이 사용되면서 국고에는 전혀 여유가 없었다는 점을 들 수 있겠다. 명의 재정 상황이 악화되었음은 국가 경제정책의 기본인 통화정책의 근간이 흔들리고 있는 것을 통해서도 짐작할 수 있다. 즉 영락년간 국가의 막대한 재정적 수요를 감당하지 못한 정부는 법정화폐인 '대명보초(大明寶鈔)'를 남발하여 이 문제를 해결하려 했으므로 시장에서 화폐의 가치가 하락하고 민간에서는 대명보초보다 은에 대한 신뢰가 높게 나타나고 있다.

다음 정화의 원정으로 동남아 지역의 여러 나라들과 조공관계가 수립됨으로써 더 이상 군대를 파견할 이유가 사라진 점도 중요한 원인의 하나로 생각된다. 또 북변에서 몽골의 계속되는 위협에 시달리게 되면서 자연히 해방보다는 육방에 주력하게 된 점도 들 수 있다. 이와 관련하여 영락제는 친히 다섯 차례에 걸쳐 몽골 공격에 나서기도 하였다. 더욱이 1449년 정통제가 친히 몽골 정벌에 나섰다가 오히려 포로로 잡히는 '토목보의 변'을 계기로 명조는 북변 방어에 치중하게 되었고, 그만큼 바다에 대해서는 관심을 가질 여력이 없어졌다.

하지만 이러한 원인들로 더 이상 해군을 육성하지 않은 것이 결과적으로는 중국의 역사 발전에 역행하였다는 사실을 지적해 두고 싶다. 우선 명조는 가까운 장래에 일본의 조선 침략에 효과적으로 대응할 수 없었다. 즉 명이 원병을 파견하여 수습하긴 했지만 그것은 육전에서의 승리를 발판 삼은 것으로 해전에서는 승리를 거두지 못하였다. 다음 스스로 문호를 굳게 닫고 해금정책을 부활하면서 그만큼 외부의 정보를 접할 수 있는 기회를 상실하게 되었다. 이로써 중국은 서구가 지리상의 발견으로 세계무대로 진출하여 자국의 이익을 확대하려는 움직임에 동승하지 못하였고, 오히려 이들 국가의 침략에 효과적으로 대응할 수 없었다. 19세기 중반이 되어야 비로소 '양무운동'을 통해 서구의 것을 받아들이고자 했지만 그마저도 성공할 수 없었고, 반식민지 상태를 경험해야만 했다.

3. 대항해시대의 개막과 서구의 도전

1) 포르투갈의 중국 발견

　정화(鄭和)의 해상 원정 이후 더 이상의 해외진출을 추진하지 않은 중국과는 달리 15세기 중반 이래 유럽에서는 대항해의 시대가 열리게 된다. 동방에 대한 유럽인의 관심과 호기심은 마르코 폴로의 『동방견문록』과 같은 여행기로 인하여 증대되고 있었으며, 십자군 원정 이후 동방무역의 필요성이라는 경제적 요구, 천문학과 항해술의 발전이라는 과학기술적 조건, 국력의 증강을 위한 팽창의지와 새로운 세계에 대한 모험심 등이 결합되어 바다를 통한 세계 진출을 시도하였다. 그리고 때마침 유럽에의 국가들 중에는 이러한 조건들을 뒷받침해 줄 수 있는 환경이 마련되어 있었다. 즉 중세의 봉건사회가 해체되고 집권적인 통일국가가 형성되어 있었다. 새로운 항로의 탐색과 발견에 필요한 막대한 비용과 그것이 실패하였을 경우의 희생을 감수할 능력은 역시 통일국가를 이룩한 왕권에 구할 수밖에 없었다. 당시 세계 진출에 가장 적극적이었던 국가는 포르투갈과 스페인이었다. 번영을 자랑하던 베네치아나 한자동맹의 도시들은 구태여 새로운 항로를 찾을 필요가 없었으며 영국이나 프랑스는 어느 정도 지중해무역이나 북해무역의 혜택을 받고 새로운 항로를 찾아야만 할 절박한 이유나 필요성도 없었다. 반면에 포르투갈과 스페인은 지중해 무역으로부터 소외되어 있었고, 이슬람에 대한 강한 적개심을 가지고 있었으며 새로운 항로의 발견과 그로 인한 경제적 이득에 대한 강렬한 갈망과 필요성이 있었다.

이에 인도항로의 발견 이후 동양 진출의 선두에 나선 포르투갈은 서양의 국가 가운데 처음으로 16세기 초에 중국과 접촉하게 된다. 물론 처음부터 포르투갈이 중국과 직접 무역을 했던 것은 아니고 몇 단계의 과정을 거쳐 비로소 중국과 거래할 수 있게 되었다. 우선 바스코 다 가마(Vasco da Gama)가 희망봉을 지나 인도양을 횡단한 뒤 1510년 인도의 고아에 도착함으로써 동방으로 향하는 신항로를 개척하는 데 성공한다. 이어 1511년 말래카를 점령하였는데 이곳은 동남아시아의 무역의 중심지로서 대단히 중요한 지역이었고 그때까지 중국과 조공관계를 맺고 있었다. 포르투갈인들은 1511년 이래 점령하고 있던 말래카를 중심으로 중국과의 상업적인 관계를 맺기 위하여 노력을 계속하였다. 그러던 중 1513년 최초의 포르투갈 상선이 중국 광동(廣東)해안에 도착하게 된다. 당시 상선을 이끌었던 알바레즈(Jorge Alvares)는 이름이 알려진 최초의 포르투갈인이었으며, 1514년 둔문(屯門)에 도착한 페레스트렐로(Rafaelo Perestrello)는 상륙을 거부당했으나 그가 가지고 온 물건들은 많은 이익을 남기고 팔 수 있었다. 원래 중국인들은 외국과의 교역을 기피하지는 않았으나, 일본의 해적 때문에 불행한 경험을 하였기에 여타의 외국과의 무역조차도 가능한 한 해안에 접해 있는 섬에서만 행하려 했고, 정상적인 무역을 시도하는 외국인들도 사악하고 위험스러운 존재로 취급하였는데 '불랑기(佛郎機)'라고 불린 포르투갈인 역시 예외는 아니었다. 『명사(明史)』에 있는 불랑기에 관한 내용을 보면, 이들은 교역을 위해 중국을 방문한 것으로 보인다. 또 그들 이방인의 외형에 대한 묘사의 특징은 마치 흉악한 동물을 연상하는 것처럼 기술하고 있다는 점이다.

중국 대륙을 발견한 포르투갈은 좀 더 적극적으로 무역 관계를 형성하기 위해 특사를 파견하였다. 포르투갈 국왕이 파견한 최초의 특사는 안드라데(Fernao Peres d'Andrade)로 1517년 광주만(廣州灣)에 도착하였다. 안드라데 일행은 광주에 도착하자마자 포르투갈 국내 관습대로 예포를 발사하였지만 이는 곧 중국인들의 오해를 유발하였다. 예포발사는 중국인에게는 침략행위로 여겨졌고, 곧 이들을 의심의 눈초리로 바라보게 되었다. 하지만 예포발사 문제를 제외하고 초기에 중국을 방문한 포르투갈인들은 비교적 자중했고, 가능한 한 중국인의 감정을 상하지 않도록 주의를 기울였기 때문에 몇 년 동안은 비교적 평온하게 교역할 수 있었다.

그러나 1519년 사모아 안드라데의 행위는 중국인의 반감을 유발하기에 충분하였다. 즉 그는 아프리카에서의 경험에 따라 중국인을 노예로 데려가기 위해 지방민을 포로로 납치하였으니 이로부터 중국인들 사이에 '양이(洋夷)'에 대한 경계심을 갖게 되었다. 이런 가운데 중국 통상사절로 피레스가 파견되어 마카오에 도착한 이후 약 2년간 광동에 체류하다가 남경에서 명무종(1505~1521)을 접견하기도 하였다. 다음해에 피레스는 북경에 들어갔으나 오랫동안 중국과 조공관계에 있던 말래카를 포르투갈이 침략한 사실을 전해들은 중국 정부는 사신접견을 거부하고 포르투갈 국왕의 국서도 불태우는 한편 사신 일행을 광동으로 압송하여 결국 이들은 옥중에서 사망하였다.

이런 가운데 1521년 수척의 배가 광동만에 나타나서 교역을 시도하였으나 중국인들은 그들에게 공격을 가하였으니 이는 중국과 유럽 간의 최초의 무력충돌이었다. 고아와 인도네시아 군도(群島)에 교역망을 구축하고 있던 포르투갈 상인들은 중국의 엄격한 고립정책으로 통상길이 막히자 일본으로 방향을 바꾸어 남부의 구주(九州)에서 교역을 개시하였다. 이것은 대략 1540년대 초반으로 그들이 바라는 중요한 항구는 장기(長岐)였다. 포르투갈인들의 무역은 우선 중국산 비단을 일본에서 은과 바꾸고, 이 은을 다시 중국의 비단이나 도자기로 바꾸어 말래카를 경유하여 유럽으로 수송하는 중개무역이었다. 포르투갈인들은 이러한 중개무역으로 막대한 이득을 얻었으며, 이 상업은 1640년까지 계속되었고 그 후의 극동정책에 결정적인 영향을 주었다.

2) 마카오의 경제적 성장과 기타 유럽 국가의 도전

중국 정부의 강력한 해금정책에도 불구하고 포르투갈과의 교역을 완전히 단절시킬 수는 없었다. 그 이유는 양국 간 교역이 포르투갈 상인은 물론 중국 상인과 관리들에게도 모두 이익이 되었기 때문이다. 특히 지방의 부패한 중국 관리들에게 포르투갈 상인들은 뇌물로써 접근하였고 이는 상당한 효과를 거두었다. 광주가 폐쇄되자 교역장은 복건성 천주(泉州)와 절강성 영파(寧波)로 옮겨졌다. 이곳에서 포르투갈 상인들은 안전한 교역을 위해 중국인의 감정을 자극하는 행위를 자제하였고 드디어 1530년대 명조 정부로부터 광주에서의 대외무역도 허락을 받아낼 수 있었다.

그런데 당시 중국 정부가 무역을 다시 허락한 것은 중국 국내

사정에 기인한 바도 적지 않았다. 중국 정부 입장에서도 은경제체제로 진입하고 있던 상황에서 포르투갈인들은 중요한 은의 공급자였기 때문에 마냥 거부할 수 없었던 것이다. 즉 법정화폐인 대명보초에 대한 민간의 신뢰가 떨어진 상황에서 이를 대신하여 은이 새롭게 교환 매개체로 등장하였다. 상업과 경제 성장으로 은의 수요는 급증하였지만 중국 국내에서 생산되는 은만으로는 화폐경제체제를 유지할 수 없었는데 마침 포르투갈 상인들이 중남미 지역에서 대량의 은을 공급하였던 것이다.

중국의 폐쇄·고립정책의 장벽을 어느 정도 극복한 포르투갈은 드디어 1557년 마카오(Macao)에 고정교역장을 설치하는 데 성공하였다. 그리고 이 교역소는 포르투갈의 아시아 무역의 근거지로서 수년간 급속도로 발전하였으니 17세기 전반기까지 최고의 전성기를 구가하였다. 당시 대중국 무역에서 독점권을 행사하였던 포르투갈인들은 그들이 취득한 이익을 시설과 산업에 재투자하였고, 상업과 투자의 확대에 따라 중국인들을 채용하기도 하였다. 그 과정에서 중국인들 중 상당수는 가톨릭으로 개종하거나 포르투갈인과 결혼하기도 하였다. 이로써 마카오는 19세기 말까지 포르투갈의 대중국 교역 장소로서 자체의 행정기구를 갖는 등 제한된 권한을 부여받았다.

이와 같이 포르투갈인들은 마카오에서 독점권을 누렸으나 16세기 말부터 변화가 발생하기 시작하였다. 스페인이 마닐라로부터 도전하였고, 1601년에는 네덜란드가 중국에 진출하였으며, 1625년에는 영국이 가세하였다. 이로부터 명조 멸망까지 20여 년간은 사회적 동요로 무역의 쇠퇴가 현저해졌고, 양이(洋夷)들을 동등하게 대

우하고 중국문화의 혜택을 공유하게 한다는 중국 정부의 '대양이평
등정책(對洋夷平等政策)'은 양이 상호 간의 분쟁을 예방하기는커
녕 그들 사이의 적개심을 더욱 조장하는 결과를 초래하였다.

가장 먼저 포르투갈의 동방무역에 도전한 스페인은 필리핀에 근
거지를 확보하고 중계무역을 통해 이득을 취하고 있었다. 하지만
스페인보다 더 큰 위협을 가했던 세력은 뒤늦게 동방무역에 뛰어
든 네덜란드의 도전이었다. 네덜란드는 인도네시아에 거점을 확보
하고 일본 무역에 도전한 지 불과 수년 만에 장기(長岐)의 상인들
에게 인기를 얻었다. 이후 극동에서 포르투갈과 네덜란드 사이에는
군사적 충돌이 빈번하게 일어났고 말래카, 마카오는 물론 일본과의
교역에 영향을 주었다. 17세기 초 극동에서 일어난 포르투갈과 네
덜란드의 전투 상황을 표로 작성하면 다음과 같다.

〈표 2〉 17세기 전반기 동아시아에서 포르투갈과 네덜란드의 세력 다툼

시 기	개 요
1603년	네덜란드 만척한 2척의 포르투갈 상선을 노획
1606년	네덜란드의 말래카 공격 실패
1607년	마카오항을 작은 전함으로 봉쇄하고 일본행 비단 수송선 저지
1608년	네덜란드 공격으로 포르투갈의 정기 일본 항로 폐쇄
1618년	네덜란드 공격을 우려하여 포르투갈은 작은 배를 이용하여 대일교역
1620년	포르투갈의 호송선 피습
1622년	네덜란드의 마카오 봉쇄 실패
1627년	마카오를 다시 봉쇄하려다 실패
1632년	캄보디아 해안에서 포르투갈 선박 습격

포르투갈과 네덜란드의 다툼에 이어서 1625년경에는 영국까지 가
세하면서 극동에서 이들 나라의 싸움은 더욱 치열해져 갔다. 한편

중국은 내부적으로 환관의 가렴주구로 인하여 상업의 일시적인 쇠퇴를 가져왔고 명에서 청으로의 왕조 교체의 시기로 접어들면서 외국과의 교역도 점차 쇠퇴의 길로 접어들게 되었다.

4. 포르투갈 상인 G. Pereira와 그의 여행기

16세기 중반 포르투갈이 동방무역에 심혈을 기울이고 있던 시기에 페레이라(Galiote Pereira)라는 상인이 중국을 방문하였다가 그의 경험을 기록으로 남겼다. 그의 기록은 당시 중국의 상황을 반영하고 있고, 서양 상인에 대한 중국 측의 대응을 알 수 있는 중요한 자료로 평가받고 있다. 기록을 통해 그의 행적을 살펴보면 다음과 같다. 페레이라는 1510~1520년 사이에 출생한 것으로 생각되는데, 1549년 그가 승선하고 있던 무역선이 중국 복건성 남단 해상(詔安縣)에 이르렀을 때 당시 해금정책을 강하게 추진하고 있던 제독절민해방군무・절강순무(提督浙閩海防軍務・浙江巡撫) 주환(朱紈)에 의해 해도(海盜)로 체포되었다. 이 사건을 계기로 주환(朱紈)은 "절(浙, 절강)・민(閩, 복건)의 세력가가 왜구와 결탁하여 이(利)를 취하고 있다."는 상소를 올리자 그의 정적은 황제의 허락을 받기 전에 선원을 죽인 것은 커다란 죄라는 내용의 글을 황제에게 올렸다. 이로 인해 조정에서 심문단이 파견되어 이들에 대한 심문을 진행하였고, 주환은 관직에서 박탈되었는데 결국 분함을 참지 못하고 자살하였다.

한편 포르투갈 상인들에 대해서는 중국 사병을 살해하였다는 죄목으로 4명이 사형에 처해지고 나머지 상인들은 분산되어 광서성으로 보내졌다. 이들 중 일부는 중국 상인의 도움을 받아 광동성 남단의 상천도(上川島)에서 상업을 하고 있던 포르투갈 상인과 연락이 되어 많은 대가를 지불하고 탈출에 성공하였는데 페레이라도 그중 한 사람이었다. 페레이라가 상천도(上川島)에 도착한 것은 1553년 초였다.

페레이라는 1551년부터 중국에서 경험한 것을 기록하기 시작하였으며, 1553~1561년 사이에 글을 완성한 것으로 보인다. 당시 유럽에서는 중국 정보에 대한 호기심이 매우 강한 시기였기 때문에 1563년 그의 글이 유럽에서 출판되었다. 이후 그의 글은 1577년 영어로도 출판되었고, 1989년 중국에 관한 보고서를 정리하였는데 16세기 작품으로 수록되기도 하였다. 그의 보고서는 유럽 상인의 눈에 비친 16세기 중국 모습을 이해하는 중요한 자료로 당시 중국을 방문했던 마테오리치를 비롯한 선교사와는 다른 각도에서 서술하고 있다. 책의 내용은 다음과 같다.

페레이라는 중국이 13개의 성으로 구성되었으며, 각 지역의 관청과 관청, 지역별 특징과 특산물에 대해 언급하였다. 또 그들이 압송되면서 보았던 성(城)의 건축 양식과 도로의 웅장함과 정교함에 놀라움을 표시하고 있다. 농업 경영에 인분이나 동물의 분뇨를 비료로 사용하고 있는 것을 보고 서양의 도시와 비교해 도시 청결에 유용한 방법이라고 소개하고 있다. 지역사회의 주도 계층인 신사에 대해서는 서양의 Sir와 같다고 인식하고 이도 다시 여러 계층이 존재한다는 사실을 기록하였다. 하지만 이들 계층은 좋은 비단 옷을 입고 먹고 마시는 것밖에 모르는 게으른 계층이라고 비판적으로 바라보았다. 이러한 점은 선교사들의 인식과는 다른 측면이라 할 수 있다. 다음 중국인의 신앙체계에 대해서도 언급하고 있는데 그들은 귀신을 숭배하는 것으로 이해함으로써 유학의 사상이나 그 학문의 깊이 등은 제대로 파악하지 못한 것으로 보인다.

1. 예수회와 마테오리치

유럽에서 종교개혁이 일어나고 개신교 세력이 확대되자, 로마 교
황청에서도 이에 대항하여 수도사들을 양성하여 아시아, 아프리카
각지로 선교사를 파견하였다. 선교를 목적으로 가장 먼저 동양에
파견된 사람은 프란시스 사비에르(Francis Xavier, 1506~1552)였는
데, 그는 일본에서 전교활동을 펴다가 1552년 중국 광주만에 있는
상천도(上川島)에 상륙하였으나, 대륙 포교의 목적을 달성하지 못
한 채 객사하고 말았다. 그 후 몇몇 선교사가 중국 진출을 시도하
였으나 실패하고 진정으로 중국포교에 성공을 거둔 인물은 이태리

출신의 예수회 선교사 마테오리치(Matteo Ricci, 1552～1610)이다.

마테오리치는 1572～1573년에 걸쳐 예수회 대학(Jesuit College)에서 수학하고 1578년에는 당시 세계 진출을 도모하면서 예수회의 포교 활동을 적극적으로 지지했던 포르투갈 국왕을 알현하였다. 이어 동방전도의 길에 나선 그는 그해 인도의 고아(Goa)에 도착하여 라틴어와 그리스어를 강의하였다. 1582년에는 말래카를 경유하여 마카오에 도착함으로써 기나긴 중국전도의 첫발을 내디뎠다. 다음 해 루지에리(Michele Ruggieri) 신부와 함께 광주만의 조경(肇慶)에 도착 1610년 북경에서 죽을 때까지 28년간 중국에 머물면서 선교 활동을 전개하였다.

그는 중국에 도착하자마자 중국어를 배우고 중국문화를 이해하고자 노력하였다. 초기에 그는 승복을 입고 불교풍을 따르는 것이 중국 사회에 적응하는 길이라고 생각하였다. 하지만 그의 이러한 판단은 구태소(瞿太素)를 만나면서 바뀌기 시작하였다. 그와 사귀면서 중국 사회를 실질적으로 이끌어 가는 계층이 사대부라는 사실을 깨달은 것이다. 이후 그는 구태소(瞿太素)의 권유를 받아 1594년부터 승복을 벗고 유학자의 모습으로 전교 활동을 전개하였으며 유교의 경전을 익히고, 사대부와 교류하는 가운데 이름도 중국식으로 리마두(利瑪竇)로, 자(字)를 서태(西泰)라 하였다.

마테오리치는 남방의 광동에서 남경과 제령을 거쳐 북경에 들어가는 동안 중국의 지식인들과 교류하면서 전교활동을 위한 기반을 마련하였다. 그동안 주로 주자학적 인사들이나 불승들로부터 저항을 받기도 하였지만, 이탁오(李卓吾)를 비롯한 많은 지식인들과 교우관계를 확립하였고, 그들에게 상당한 영향을 주었다. 특히 서양에서 배운 과학적, 철학적 지식을 전달함으로써 중국적 화이관에 빠져 있던 중국지식인들에게 자극을 주기도 하였다.

1600년 북경에 도착한 마테오리치는 만력제(萬曆帝, 재위 1573~1620)를 알현하고자 했으나 처음에는 거절당하였다. 그 이유는 당시 마테오리치가 진공한 물품 가운데 예수의 십자가상을 환관 마당(馬堂)이 중국 황제를 저주하는 부적으로 오해하여 그를 천진의 감옥에 억류하였던 것이다. 하지만 이를 극복하고 다시 황제 만나기를 청하여 서양의 시계 등 진귀품을 헌상함으로써 환심을 샀으며, 결국 교회설립의 허가를 받았다. 1610년 그가 죽었을 때 황제는 그에게 장지를 하사하였고, 8명의 유럽선교사와 8명의 중국인 수사를 포함해 2,000여 명의 중국인 신도를 확보하였다. 이러한 그의 활동에 대해 1982년 마테오리치의 중국 도착 400주년 기념 「국제리치연구학술회의」에서 교황 요한 바오로 2세는 "기독교와 희랍 문화와의 융합과 관련하여 교부들이 생각했던 것과 꼭 마찬가지로 마테오리치도 기독교 신앙이 중국 문화에 어떠한 해를 끼치는 것이 아니라 오히려 중국 문화를 더욱 풍부하고 완전하게 할 수 있다는 올바른 확신을 가지고 있었다."고 하였다. 이 밖에 '서양과 중국 간의 가장 저명한 문화적 중개자' 혹은 '갈릴레오가 발견한 목성의 12별보다 더 큰 의미를 지닌 또 하나의 세계를 발견한' 것으로 평가하고 있다.

2. 리치의 유학에 대한 접근 태도

리치가 화이관이라는 확고한 중국적 대외관 속에서 포교에 성공을 거둘 수 있었던 것은 사상적 측면에서 유교에 대해 적절히 대처하였기 때문으로 풀이된다. 그가 거둔 포교의 성공은 흔히 '친유(親儒)' 혹은 '합유(合儒)'로 표현할 수 있다. 그는 자신이 심취한 서양 중세의 스콜라 철학의 이론을 중국에서 포교철학의 이론으로 활용했고, 유교에 대해서는 선진유학을 옹호하는 한편, 주자학과 양명학을 비판하는 등의 복합적인 양상을 보여주고 있다.

1595년에 그는 『천주실의』를 출간하여 선진유학의 사상과 천주교의 교리를 조화시켜 나가는 데 최대의 노력을 기울여 선진유학의 '상제'와 천주교의 '천주'는 명칭만 다를 뿐 동일하다는 견해를 폈다. 이는 선진유학에서 '상제(上帝)'를 섬기는 태도와 천주교에서 '천주(天主)'를 섬기는 태도는 다를 바가 없으므로, 선진유학이 바로 천주교와 직결될 수 있다는 논리적 근거가 된다.

리치는 선진유학과 천주교와의 관계에서는 양자 간의 연결을 모색하였다. 그러나 당시 중국사회의 유가를 '속유(俗儒)' 또는 '이단(異端)', 그리고 '선진유학(先秦儒學)의 죄인'으로 비판하였다. 그는 먼저 주자학의 「이기이원론(理氣二元論)」에 대해서 비판하였다. 공허한 '리(理)'가 사물의 근원이 될 수 없다고 하면서, 주돈이의 이(理) 이론을 부정하였는데 만물의 기원을 '천주', 즉 '상제'로 설명하려는 논리에서 이 이론은 용납될 수 없는 것이었다. 그리고 주자학의 형상에 해당하는 기(氣)이론도 부정하였는데, 즉 주자학에서는

木, 火, 金, 水, 土의 오행(五行)의 조합으로 만물이 형성된다고 보는 것이 일반적인 견해인데 그는 水, 火, 土, 氣의 사행(四行)으로 만물의 형상을 이룬다고 하였다.

다음으로 리치는 양명학에 대해서도 비판하였는데 양명학을 선진유학의 타락된 한 형태로 보았다. 왕양명(王陽明, 1472~1529)의 중심사상인 '지행합일(知行合一)', '심즉리(心卽理)'의 이론 등은 그의 포교 논리와 조화를 이룰 수 없는 것들이었다. 따라서 포교활동에 있어서 리치는 양명학의 말기적인 시기에 양명학의 좌파에 접근을 시도하였다. 이탁오(李卓吾, 1527~1602)와도 깊은 교우 관계를 수립하였는데, 이지는 다방면에 걸쳐 그의 포교 사업을 지원해주었다. 리치가 사람을 보내 북경진공에 도움을 요청하자, 그는 당시 친구였던 조운총독 유동성(劉東星)을 통하여 진공을 성사시켜 주었다.

그런데 리치는 이지를 투옥, 자살케 한 장문달(張問達)과 이지의 처벌을 상주한 바 있는 풍기(馮琦, 1559~1604)와 손을 잡는 포교의 태도에 변화를 보이는데, 이는 유·불의 절충적 성격을 띠는 좌파보다는 동림당의 일원인 이들과 교류하는 것이 포교에 유리했기 때문일 것이다. 즉 고헌성·고반룡 등 동림당 인사들은 양명학을 선진유학의 정통으로 보지 않으려는 태도를 보였는데 이는 리치의 유학관과 다음과 같은 공통점을 갖는다. 첫째, 선진유학의 사상을 정통으로 보아 가치기준을 선진유학의 정신적이고 윤리 도덕적인 철학관에 두었고, 둘째, 양명학을 선진유학의 이단으로 보았으며, 셋째, 불교에 대해서도 공박적인 태도를 취하였다. 이러한 공통점은 리치와 동림당이 결합될 수 있는 충분한 이념적 토대라 할 수 있다.

3. 리치의 서양학문 전파와 한인 사대부에의 접근

리치는 유학을 비롯한 중국의 전통 습속을 이해하는 데 그치지 않고 그가 유럽에서 배운 수학·천문학·지리학 등 근대 지식을 전해 주려고 노력함으로써 당시 사회의 지도적인 위치에 있던 사대부 계층과 교류할 수 있었다. 마테오리치가 태양은 지구보다 크다고 했을 때 많은 사람들은 이를 믿으려 하지 않았지만 리치는 이를 아주 정확하게 증명하였다고 한다. 또한 리치는 남경에 있을 때부터 중국의 지식인들에게 세계지도와 지구의를 보여주었으니 이는 중화사상에 젖어 있던 중국인들의 세계관에도 영향을 주었다.

리치가 제작한 지도에 대해 중국인들은 믿지 않으려 했으나 경위선의 정밀함에 수긍하지 않을 수 없었고 마침내는 리치에게 요구하여 한자로 표기된 『산해여지전도(山海輿地全圖)』를 만들도록 하고(1584) 이를 인쇄하여 중국인들 스스로가 널리 보급하였다. 리치는 근대적 방법으로 중국 각 지방을 최초로 실측하였고, 각지의 경위도를 측정하여 세계 지도상에 중국의 위치를 정확히 나타냈다. 리치가 제작한 세계지도는 종래 중국 중심의 천하도적 세계 지도에서 중국 외에 또 다른 세계가 존재하고 있음을 알려주었고 신대륙에 대한 정보도 제공하였다.

서양인 리치의 남경에서의 명성은 흠천감 관리들도 동요시켰다. 당시 흠천감 관리들의 계산은 근거가 희박하고 오류가 많았기 때문에 일식이나 혹성의 움직임은 자주 그들의 예측을 빗나가곤 했다. 이 경우 그들은 천체의 운행은 본래 자신들의 계산이 맞지만 지상에서 마음이 약한 사람의 존재나 이들이 일으킨 흉사 때문에 바뀐 것이라고 설명하였다. 하지만 리치가 나타남으로 해서 그러한 해석은 이제 설득력을 잃게 되었다. 서양의 자연과학의 우위가 당시 중국 지식인들에게 느껴지기 시작한 것이다. 그리고 이러한 서양의 앞선 학문적 지식과 물건들(예를 들면 자명종 등)을 통해 리치는 사대부들에게 접근할 수 있었고, 실제로 한인 사대부들도 서양의 학문과 희귀한 물건에 대한 관심으로부터 시작하여 점차 종교에까지 관심의 대상을 넓혀 가게 되었다.

마테오리치가 중국에서 유학자들과 교제하면서 점차 그들의 습속을 이해하는 과정에서 중요한 저술 하나를 선보이는 데 그것이 바로 『교우론(交友論)』이다. 이 책은 서양의 고전 철학적 잠언·경구를 전문 76항 2,000여 자의 한자로 된 어록식의 간결한 책으로 1595년 남창에서 각인되어 나왔고, 1599년에는 남경에서 인행되었다. 1603년에는 북경에서도 각인되었는데 여기에는 풍응경(馮應京, 1555~1606)이 서문을 쓰기도 하였다. 또 리치 자신이 이태리어로 번역

마테오리치와 서광계

하였고, 1885년 그의 고향 마체라타(Macerata)에서 출판되었다. 『교우론』은 당시 중국 지식인에게 큰 호응을 얻은 것으로 생각되는데 당대 석학이었던 초횡은 "서역의 리치 군이 '친구는 제2의 자신'이라 하였는데 이 말은 매우 신기하고 합당하다."고 평가하였다. 그

리고 리치와 교류했던 이탁오는 이 책을 많이 복사하여 호광의 제
자들에게 읽게 함으로써 중국 사대부 계층에 널리 소개하였다. 결
국 이 책은 리치가 중국 선교 생활에서 가장 필요로 했던 교우 관
계를 강조한 것과 이를 통해 사대부 계층에 접근할 수 있는 계기가
마련되었다는 점에서 매우 중요한 의미를 갖는다.

　마테오리치가 남방의 광동에 도착한 후 점차 북상하는 과정에서
남창에 도착한 것이 1595년이었는데 이곳에서 그는 당대의 유명한
문인들과 함께 당시 성행하고 있던 강학에 참여하였다. 이어 1599
년과 1600년 사이에는 남경에서 당대의 석학 초횡과 이탁오를 만
나 중국 사회와 학문에 대한 교류의 폭을 넓혀 나갔다. 양명학 좌
파 사상가로 여성의 능력을 남성과 동일시하고 남녀평등을 주장하
며 공자의 시비 기준으로 시비를 가리는 것에 대해 비난했던 이탁
오는 그의 저서에서 리치와 세 차례 만난 것으로 기술하고 있고,
리치 또한 그의 회상록에서 이탁오와의 만남을 자세히 서술하고
있으니 그 내용은 다음과 같다.

　　그때(1599) 남경에는 그곳이 고향인 한 귀인(초횡)이 살고 있었는데 그
　는 과거에서 300명의 응시자 중 장원한 학자로 매우 명성이 높았다. 그는
　관직을 박탈당한 후 그의 집에서 학문에 온 정력을 기울이며 사람들의 존
　경을 받고 있었다. 그는 또한 삼교에 대한 강학에도 열중하였는데 그에 관
　한 깊은 식견을 갖고 있었다. 그의 집에는 당시 중국에서 매우 유명한 인
　물이 묵고 있었다. 그는 고관을 역임한 후 화상이 된 이탁오였다. 이탁오
　는 큰 학자로 명예가 컸으며 그가 속한 학파의 제자들로부터 극진한 존경
　을 받았다. 이 두 문인(초횡과 이탁오)은 신부에게 많은 관심을 가지고 있
　었으며 특히 이탁오는 대관들이 그를 방문할 때에도 사전에 허락을 받아
　야 할 만큼 긍지가 높은 사람이었음에도 불구하고 나의 친구가 되었다. 내
　가 중국의 예절에 따라 그를 방문했을 때 그는 많은 문인들과 함께 있었

고 학리 문제로 많은 것을 논의했다. 이탁오는 리치에게 거슬리지 않으려 했고 오히려 서양 선교사들의 교리를 올바른 것으로 설명하려 하였다. 하지만 유감스럽게도 우리는 당시의 토의 내용을 전혀 알 수 없다.

리치의 회상록이나 뒤에 이를 바탕으로 재구성한 헨리 베르나르트 등의 저서에 의하면 이탁오는 리치가 참석한 첫 번째 강학에서 시종일관 침묵을 지키고 있었다고 한다. 그것은 리치의 생각과 달리 그에 대한 경계와 그의 지적 능력을 좀 더 살펴보기 위함이었을 것으로 생각된다. 이후 리치와 이탁오는 몇 번 더 만난 것으로 보이는데 이탁오는 첫 대면에 대해 다음과 같이 기술하였다.

> 마음은 극히 영롱하며 겉으로는 매우 질박하다. 수십 인이 함께 떠들어도 각각의 물음에 대해 잘 대답하며 논쟁이 일어나 시끄러워도 전혀 휩쓸림이 없었다. 내가 본 사람들 중에 그에 비길 사람이 아직 없었다(중략). 하지만 왜 그가 이곳에 왔는지 나는 알지 못하는데 세 차례 그를 만났지만 그 까닭을 아직도 알 수 없다. 만일 그 뜻이 그의 배운 것으로 우리의 주공과 공자의 학문을 바꾸려 한다면 이는 극히 어리석은 일이니 아마도 잘못이 아닌가?

위의 글에서 이탁오가 리치의 인품과 학식에 대해 감탄하고 있지만 천주교와 그가 온 목적에 대해 이해하지 못하고 있음을 알 수 있다. 또한 그의 일반적인 유교 비판과 달리 주공과 공자로 상징되는 중국의 유학을 옹호하고 있는 것도 발견하게 된다.

4. 리치의 눈에 비친 중국 사회

리치를 비롯한 초기의 선교사들은 중국의 사회나 문화에 대해 상당히 긍정적인 눈으로 바라본 것으로 판단된다. 그들은 중국이 회교 사회와 같은 단일한 체제의 적대적인 종교를 갖고 있지 않다는 사실을 발견했고 그들 중 일부는 중국을 우상숭배의 마지막 시대인 로마와 유사한 상황에 처해 있는 것으로 보았다. 리치의 중국에 대한 첫인상은 그가 본국으로 보낸 서간문에 잘 나타나 있는데 "중국은 하나의 왕국이라고 말할 수 없을 것 같다. 중국은 실로 세계 그 자체이다."(1584. 9. 13)고 하였다. 그는 이처럼 거대한 중국의 행정구역과 인구에 대해서도 언급하고 있는데 먼저 행정구역은 다음과 같이 설명하고 있다.

> 중국에는 두 개의 왕실 직계 지역(곧 북직계와 남직계)이 있고, 이 외에 13개의 성이 있다. 이 15개의 성에는 158개의 작은 성, 즉 중국인이 말하는 부가 있으며, 대부분의 부는 12~15개의 성시와 조금 작은 규모의 성진·향촌으로 구성된다. 이 중 247개의 대도시를 주라 한다.

인구는 세금을 납부하는 성년인구가 5천8백55만여 명인데 이 수치는 부녀자와 면세를 받는 자, 예를 들면 사병·환관·황친(종실)·지방장관·학자 등은 포함되지 않는다는 것을 밝히고 있어 당시 중국에서 우면 특권 제도가 있음을 알려주고 있다. 다음 리치는 중국의 물산과 기후를 서양과 비교하여 "한마디로 말하면 토지가 비옥해서 물산이 풍부하므로 외부로부터 물품을 들여올 필요가 없다.

외국과의 통상을 중시하지 않는 것도 이 때문이다. 추운 지방에서 필요한 물건은 물론 온난한 지역의 산물이나 열대 산물도 있으며 보리도 많고 쌀은 더욱 많다. 모든 종류가 다 있다."고 하였다. 또한 쌀의 경작 방법을 소개하면서 서양에 비해 중국이 우수하다고 말한다. 기후와 관련해서는 "유럽과 비교하여 같은 위도라면 겨울의 한파가 특히 심하다."고 하여 대륙성 기후의 특징을 설명하고 있다.

중국의 학문에 대해서 그는 우선 중국인이 박학하다는 것을 지적하면서 의학·자연철학·수학·천문학 등에도 정통하고 서양인과 다른 방법으로 일식과 월식을 정확히 계산한다고 하였다(1584. 9. 13). 그러나 다른 한편 중국 학문의 폐단도 지적하고 있는데 암기의 학문이 원인으로 중국인은 과학을 거의 연구의 대상으로 삼고 있지 않다는 것을 지적하고 있다(1583. 2. 13). 다음 그가 중국어를 처음 접했을 때 중국어와 한자에 대한 느낌을 다음과 같이 말하고 있다.

> 마카오에 지난해(1582) 8월 도착하여 그때까지 해상에서 1개월 이상 있었다. 항해 중에는 큰 병에 걸려 누워 있었지만 신의 은총으로 육지에 오르면서 회복되었다. 바로 중국어의 학습에 착수하였는데 설명하면 그리스어나 독일어와는 전혀 다른 언어라고 할 수 있다. 하나의 발음으로 의미가 다양한 다른 말도 많고, 대로는 네 개의 다른 톤(tone)으로 조금 높게 발음하거나 낮게 발음하는 차이가 존재한다. 문자에 대해 말하면 나처럼 직접 자신의 눈으로 보아 체험한 사람이 아니면 도저히 믿을 수 없는 것이다. 세상에 언어가 있고 사물이 있고 그와 같은 수의 수많은 문자가 있는데 7만을 넘고, 그것이 모두 대단히 다른 복잡한 것이다. 모든 언어는 일음절로 이루어져 있고 쓰는 방법은 그림을 그리는 것과 유사하다. 서양의 화가와 같이 붓으로 쓰고 있다. 장점은 이 문자를 사용하는 국민은 언

어가 서로 달라도 문자나 서적을 매개로 의사소통이 가능하다는 점이다. 서양의 문자에서는 있을 수 없는 일이다. 그 때문에 일본과 샴(태국)과 중국은 각각 별개의 나라로 언어도 다르지만 상호 의사소통이 이루어지고 같은 문자가 각국에서 사용되고 있다.

다음 리치는 문치주의 중국의 정치형태와 관리임용제도에 대해 상당히 긍정적인 눈으로 봤으며 서양에 이 제도를 전달하였는데 특히 18세기 지적으로는 우수하지만 신분적 속박으로 불만을 가지고 있던 계몽주의 사상가들에게 높은 평가를 받기도 하였다. 리치는 중국의 통치 형태에 대해 플라톤이 『국가』에서 이론으로 서술했던 것이 중국에서 실천에 옮겨졌다고 평하였다(1584. 9. 13). 그는 중국의 정치 상황에 대해 "지배자는 철인이라고 말할 수는 없지만 과거제를 통해 선발된 진사가 황제 아래에서 관리로서 일하고 있는데 이들은 중국에서 가장 학식 있는 자들로 가장 많은 문자를 알고 있으며 정부 내에서는 요직을 점하고 있다."고 서술하였다(1583. 2. 13). 그는 중국의 정치체제를 공화정으로 파악하였고, 종실의 정치 참여 방지에 대해서도 상당한 이해가 있었던 것으로 보이는데 이는 1597년 9월 9일의 다음 서간 내용을 통해 확인할 수 있다.

중국은 황제 한 사람에 의해 통치되고 황위는 세습되고 있다. 그러나 이 외의 점에서는 군주정체라기보다는 공화정체에 가깝다. 친족은 황제와의 혈연관계의 정도에 의해 국고에서 충분한 급여를 받는다. 이들은 지방에서는 토지를 받아 호화로운 생활을 영위한다. 하지만 그들은 집안사람 외에 다른 사람에게 명할 수 없다. 이러한 조치는 황족의 반란을 방지하기 위한 것이다.

리치는 중국의 정치에 대해 언급하기 위해서는 우선 중국에서 행해지고 있는 문과계의 학문과 그에 부여된 각종 학위에 대해 언급할 필요가 있다고 지적한다. 그는 이 학문과 학위가 중국 통치의 근간을 이루고 있고 그 점에서 중국은 세계 다른 나라와 다르며 이 나라에서 철학자가 국왕이 될 수는 없지만 적어도 국왕은 철학자들에 의해 지도되고 있음은 확실하다고 하였다. 플라톤의 『국가』를 언급하면서 "사서·오경은 도덕에 관한 내용으로 역대 황제가 정하여 중국 사대부들은 이 서적을 지식의 근본으로 삼고 있다. 도덕학의 학위는 세간에서 가장 존경받는 학위로 이를 수여받은 자는 국정에 종사하게 된다."고 밝히고 다음 수재·거인·진사를 뽑는 과거제도의 과정을 자세히 설명하고 있다.

첫 번째 단계는 국왕으로부터 각 지방에 임명된 제학(提學)이라 불리는 대학자의 감독하에 각 도시의 학교라 불리는 장소에서 행해진다. 이때 부여된 학위는 수재로서 서양의 Maestro에 해당된다. 제학은 해당 지역의 모든 도시를 순회하여 각 시에서 시험을 행하고 정해진 수를 넘지 않는 범위에서 각 시마다 20명에게 수재의 자격을 준다(중략). 두 번째 위는 거인으로 서양의 Licentiato에 상당한다. 이 시험은 3년에 한 번 치러진다. 거인의 위는 문과의 학력이 충분하다고 하여도 모두에게 부여되는 것은 아니며 성적이 우수한 자에게 수여되었다(중략). 세 번째 위는 진사로 이는 서양의 Dottore에 해당한다. 이 시험 또한 3년마다 행해진다. 반드시 거인 시험 다음 해에 북경 궁전에서 행해진다. 채용 예정 인원은 300명이다(중략). 시험 및 선고가 끝나면 합격자는 황궁에 들어간다. 그 대에는 중신들도 참석하며 황제 또한 임석하였다.

이처럼 리치는 시험제도에 대해 아주 상세하면서 정확하게 기술하고 있다. 그는 문관의 임용시험뿐만 아니라 무과의 시험에 대해서도 기술하고 있지만 중국 사회를 이끌어 가는 주요 계층은 역시

문관 시험에서 합격한 학위소지자라고 인식하였다. 이 밖에 마테오 리치는 중국을 정점으로 한 동북아 국제질서인 조공문제에 대해서도 언급하였다. 즉 그는 동방의 3개국, 서방의 53개 이상의 국가, 남방 55개 이상의 국가, 그리고 북방 3개국이 중국에 조공하는 것으로 묘사하였다.

또한 그는 명말의 인쇄 출판업의 발달과 관련하여 중국의 우수성을 강조하였다. 그는 우선 중국의 인쇄가 서양보다 역사가 오래되었다는 것을 지적하고 중국의 인쇄방법과 서구의 방법에 차이가 있는데 그것은 중국의 글자와 부호의 수량이 매우 많기 때문이라고 하였다. 그는 중국 인쇄 방법의 장점으로 다음 몇 가지를 들고 있다. 첫째, 목판은 보존이 가능하고 수시로 문자를 바꾸어 사용할 수 있다. 둘째, 목판은 보수가 매우 용이하기 때문에 첨삭이 가능하다. 셋째, 이러한 방법을 이용하면 인쇄자와 저작자가 수요와 시기에 관계없이 대량의 서적을 인쇄할 수 있고 당시의 수요량을 봐서 수량을 결정할 수도 있다는 점 등이다.

5. 명말 · 청초 리치의 후계자

예수회의 선교 활동은 청초, 순치제(1644~1661)와 강희제(1662~1722) 양 대에 전성기를 구가하였다. 당시는 리치가 활동하던 때보다 더 광범한 활동을 전개하였으며 선교사 중 일부는 청 정부로부터 두터운 신임을 받아 관직에 종사한 자도 있었다. 특히 황제와 인간적으로 유대 관계를 돈독히 하였던 인물로 아담 샬(Adam Schall, 1591~1666)이 있다. 그는 흠천감 감정에 임명되어 순치제의 신임하에 청조의 어떤 간섭이나 제재를 받지 않으면서 선교 사업을 진행할 수 있었다. 하지만 순치제의 사망과 더불어 조정 내의 반천주교 세력에 의해 그 역시 중국 법정에서 중형을 선고받고 그에게 동조했던 중국인 신자까지 박해를 받는 사건이 일어났다. 아담 샬은 우리의 역사와 관련하여 병자호란에서 패한 후 볼모로 잡혀갔던 소현세자와 교류하면서 많은 서양의 정보와 지식을 전해 준 것으로도 유명하다.

순치제 사망 이후 일시적으로 탄압을 받았던 천주교는 강희제가 과거 아담 샬 축출이 음모였음을 알게 되고 그의 명예를 회복시켜 주었으며 1670년 벨비스트(F. Verbiest)를 역시 흠천감 감정에 임명하였다. '삼번의 난'이 발생하자 강희제는 그에게 포를 제조할 것을 명하여 이를 이용하여 난을 제압하는 데 성공하였다. 강희제는 선교사들을 통역관 또는 고문관으로 임명하기도 하였고 서양 선교사들로 하여금 서구의 수학이나 천문학 등을 강의해 줄 것을 요청하기도 하였다. 그리하여 1663년 북경에만 13,000여 명에 이르는 신자가 있었다고 한다. 이처럼 청초에는 많은 선교사들이 중국에 파견되어 활발한 활동을 전개하였으니 이를 간략히 정리하면 다음 표와 같다.

〈표 3〉 청초 선교사의 주요 활동 내용

선교사 명	국 적	주요 활동 내용
아담 샬(Adam Schall)	독 일	천문학·지리학, 대포주조, 『숭정역서』
벨비스트(F. Verbiest)	벨기에	수학·지리학·천문학, 대포주조, 『곤여전도』
부베(J. Bouvet)	프랑스	기하학·해부학·천문학, 강희제 전기, 『황여전람도』
레지스(J. B. Regis)	프랑스	수학·천문학, 『황여전람도』
카스틸리오네(G. Castiglione)	이탈리아	서양화법, 원명원 설계, 건륭제에게 해금 건의(실패)

　18세기에 들어와 예수회 선교사들의 저술이 유럽에서 계속 간행되고, 중국의 풍물과 사정이 유럽에 소개되면서 중국에 대한 관심이 점차 확대되었다. 루이 14세는 베르사유 궁전 안에 「중국미술관」을 설치하였고, 중국식 복장을 하고서 파티에 참석하기도 하였다. 또 그는 1685년 프랑스 예수회사 퐁타네를 단장으로 타샤르, 젤비용, 르 꽁트, 비들루, 부우베 등을 학승으로 파견하였다.

　이들 6명의 선교사는 1687년 7월 영파(寧波)에 도착했으나 양이론자(洋夷論者)인 지방관에 의해 힘든 나날을 보내고 있었다. 이들의 소식을 들은 강희제는 "프랑스 신부들 모두 짐에게 오도록 하라. 수학에 능한 자는 짐의 곁에 남고 다른 선교사는 뜻대로 지방에 가도 좋다."고 함으로써 젤비용, 부우베 양 신부는 강희제에게 수학을 강의하였고, 다른 신부들은 선교활동을 하였다. 또한 이들 중 젤비용은 중국이 러시아와 국경선을 확정한 1689년의 네르친스크 조약에서 중요한 역할을 담당하기도 하였다. 이 조약은 중국이 서양제국과 맺은 최초의 불평등조약인데 양국의 의견이 대립되어 거의 결렬상태에 이르렀을 때 젤비용은 강희제가 러시아인에게 매년 북경으로 무역하러 오는 것을 허락할 의사가 있음을 알고 러시아의 전권대사를 방문하고 이 조약이 러시아를 위해서 궁극적으로 유리한 선에서 양보하고 통상의 이익을 꾀할 것과 러시아가 시베리아를 경략 중이므로 청조와의 일에 나쁜 결과를 미치지 않아야 된다고 하면서 러시아의 양보를 촉구하여 조약이 성사되었으니 이때 선교사는 통역 이상의 역할을 하였던 것이다.

서양과학의 연구에 열중한 강희제는 학승의 부족을 통감하고 부우베 신부에게 명하여 프랑스에서 다른 학승을 초빙하고자 하였다. 부우베 신부는 1697년 강희제가 루이 14세에게 보내는 헌상품인 한적(漢籍) 49권을 가지고 귀국했다가 1699년 3월 10명의 선교사를 동반하고 중국으로 돌아왔다. 강희제는 이들로부터 서양의 근대과학을 학습하였으며, 이들에게 북경과 인근 지역의 지형을 측량토록 하였는데, 정확한 기하학적 원리에 입각하여 측량된 지도를 보고 감탄하여 8년여에 걸쳐 중국지도를 작성토록 하였다.

중국 황실의 환심을 사기 위한 선교사들의 노력은 황실 정원을 꾸미는 과정에서도 중요한 작용을 하였다. 강희와 건륭 황제의 궁정에서 봉사하던 이들은 수많은 호수와 꽃과 나무가 잘 어우러진

폐허가 된 원명원

중국적인 황실 정원에 베르사유 궁전을 모방한 서양식 건축물을 더해 줌으로써 완성도를 더해 주었다. 북경 '원명원(圓明園)'의 유명한 서양루가 그것인데 이는 훗날 사신으로 파견되어 왔던 매카트니(Earl Macartney, 1737~1806)도 정원 풍경의 위대함에 충격을

받았다고 한다. 하지만 이 정원은 그로부터 수십 년이 지난 1860년 제2차 아편전쟁의 소용돌이 속에서 영국 제국주의에 의해 처참히 파괴되고 말았다. 중국 정부는 2007년 현재까지도 이에 대한 복원 작업을 실행하지 않고 있다.

제10장
근세 동·서양의 지식과 사상의 교류

1. 명말·청초의 한역 서학서와 중국인 사대부의 역할

서학(西學)은 종교로서 가톨릭과 학문으로서의 근세 이후 서양에서 발달된 과학과 기술을 말한다. 명말·청초라는 변혁기에 중국에 들어와 활동하였던 마테오리치를 비롯한 서양선교사들은 중국 지식인들을 개종시키고 그들에게 접근하기 위한 방편으로 서양의 우수한 과학기술을 번역·소개하였다. 반면 중국사대부들의 서학에 대한 관심은 서양의 자연과학에 대한 호기심에서 비롯하여 점차 종교로 확대되었다. 예수회 선교사들이 서학관계 한문 서적을 내놓게 된 것은 한인사대부의 협조를 얻어야만 가능한 것이고, 이로써 그들에 대한 접근도 가능했던 것이다.

예수회 선교사들이 가장 활발하게 활동했던 명말·청초 시기는 중국사의 큰 흐름에서 봤을 때 또 한 번의 변혁기에 해당한다. 이 시기는 대외적으로 1590년대 조선에서 발생한 임진왜란에 군대를 파견하는 등 소위 '만력3대정'의 여파로 재정 압박이 가중되자 환관을 동원하여 이 문제를 해결하고자 했지만 그들의 가혹한 징세는 오히려 일반 민중으로 하여금 명조에 등을 돌리는 계기로 작용하여 각지에서 민란이 발생하였다. 경제적으로는 '자본주의 맹아'라 불릴 정도로 면방직업을 비롯한 새로운 형태의 산업이 양자강 하류의 소위 '강남지방'을 중심으로 전개되는 한편 전국적인 유통망을 지닌 대상인집단이 출현하여 상업 또한 활기를 띠기 시작하였다. 또 종래 대명보초의 가치가 하락하면서 은을 중심으로 한 화폐제도가 정착하였다. 사상적으로는 양명학 좌파의 유행과 '실사구시'를 주장하는 실증주의적 학문이 출현하였는데 이러한 경향은 당시 유럽에서 전해진 서학의 영향도 중요한 작용을 했다.

마테오리치와 그 후계자들이 중국 전교의 방법으로 채택한 '문화적응주의'는 특히 상층 사대부 계층에 대한 접근으로부터 시작되었고, 중국 지식인 역시 실용적인 서구 문화에 많은 관심을 가지고 있었기 때문에 이들과 교류하게 되었다. 이러한 교류를 통해 양자는 상대방 문화의 장점을 수용하여 소개하는 데 주저하지 않았으니 이는 당시 중국과 유럽에서의 새로운 문화에 대한 수요 욕구와도 맞물려 상호 작용을 일으킨 것으로 해석할 수 있다.

예수회가 중국에서 선교에 성공할 수 있었던 가장 중요한 요인은 이들이 중국의 사대부들이 읽을 수 있는 서학 관련 한문서적을 만들었기 때문이다. 이는 예수회의 중국 전교 과정에서 이루어진 가장 중요한 특징이고 이러한 작업은 또한 한인사대부의 도움이 있어야만 가능하였다. 특히 한인 사대부들은 선교사들의 한역 작업에 도움을 주면서 각종 서학 관련 서적의 서문을 직접 써서 간단히 소개함으로써 중국인 독자들이 쉽게 접근할 수 있도록 하였다. 이 시기 한문으로 쓰인 서학 관련 서적은 그 종류가 대단히 방대하여 서종택(徐宗澤), 『명청간야소회사역저제요(明淸間耶蘇會士譯著提要)』에서는 210여 종, 양계초(梁啓超), 『중국근삼백년학술사(中國近三百年學術史)』에서는 300여 종, 그리고 최소자, 『동서문화교류사연구』에서는 400여 종에 달하는 것으로 파악하고 있다.

2. 한인 사대부의 서학 인식

1) 한인 사대부의 서학 수용과 그 특징

명말·청초 시기 서학과 관계한 인물은 총 440여 명에 이르는 것으로 파악되고 있다. 이들은 크게 4가지 유형으로 분류할 수 있는데 ① 가톨릭과 학문 모두를 수용한 인물(20~30명), ② 가톨릭(50~60명)이나 학문(60~70명) 중 한 부분만을 수용한 인물, ③ 서학을 배척한 인물(50~60명), ④ 서학의 수용과 배척이라는 문제를 떠나 선교사들과 개인적인 친분관계를 유지했던 인물들과 한역서학서의 일익을 담당한 인물(90명)로 구분할 수 있다.

이들 중 서학 수용에 긍정적인 입장을 견지하였던 대표적인 인물로는 서광계(徐光啓, 1562~1633)와 이지조(李之藻, 1565~1629), 구태소(瞿太素, 1549~?) 등을 들 수 있다. 서광계는 과거시험의 실패라는 인생의 좌절에 의하여 봉교 사인이 되었다. 그는 청년 시절 10여 년을 응시하였다가 실패를 거듭하는 과정에서 심각한 사상적 번뇌와 정신편력을 경험하면서 천주교를 수용한 것으로 보인다. 하지만 첩의 문제로 입교를 주저하기도 하였다. 서광계는 종교와 더불어 천문, 역법, 수학 등 서구과학의 수용을 적극 주장하였으며, 『농정전서(農政全書)』를 저술하여 농업기술의 진흥을 제창하였다. 그는 불교계 인사들이 천주교를 공격하자 이에 대응하여 『변학장소(弁學章疏)』를 지어 불교가 무당 무리하고 아무런 개역의 공이 없는 종교라고 하여 역불을 주장하고 교회와 선교사에 대해 부당한 대우를 하지 말 것을 요구하였다.

이지조는 지리연구로부터 서학에 관심을 갖게 되어 마테오리치와 교우하게 되었고, 1610년 마테오리치로부터 세례를 받을 때까지 첩의 문제로 입교를 연기했던 인물이다. 그는 선교사들이 서학을 한문으로 번역하는 작업에 많은 도움을 주었으며 직접 서(序), 인(引), 정정(訂正) 등을 쓰기도 하였다. 그는 서학 관계 자료를 모아 『천학초함(天學初函)』을 편집하였으며, 전반적인 서양학문의 유용성과 그 수입을 주장하였다. 또 "이 종교가 설령 진실이 아니라 할지라도 적어도 인간 이성의 요구를 충족시키기 위해 놀랄 만큼 잘 고안되어 있다."고 하여 천주교 교리의 치밀함을 논하였다.

구태소는 초기에 리치가 중국의 사회 정황을 제대로 파악하지 못한 상황에서 불교의 가사를 벗고 유학자의 복장으로 유도한 인물이다. 그도 봉교 과정에서 첩의 문제로 주저하였으나 본처가 소생이

없이 사망하자 첩을 처로 취한 연후에 리치로부터 세례를 받았다. 그는 서양 학문 가운데 특히 수학과 기하학, 역학 등에 관심을 보였다. 이 밖에 양정균(楊廷筠, 1557~1627)은 본래 불교 신자였다가 천주교로 개종한 인물인데 세례를 받은 후에는 불교 측의 공격을 방어하는 데 많은 노력을 기울였다. 그의 천주교 인식은 이 종교가 불교와 다르다는 것에 중점을 둔 종교인식에 바탕하고 있다.

2) 서학에 대해 부정적 입장에 선 사람들

마테오리치가 전교 활동을 하면서 불교와 도교를 공격하였기(특히 불교) 때문에 이들 종교의 천주교에 대한 공격도 거세게 일어났다. 또 당시 중국 사회에서 양명학자와 실증주의 학문을 주장하던 인사들과 친하게 지냈던 천주교 선교사들은 상대적으로 정통 성리학에 대해 부정적인 입장을 취하였기 때문에 이들의 천주교에 대한 반발도 심하였다. 그렇기 때문에 성리학과 불교계 인사들을 중심으로 비판적인 여론이 형성되기도 하였다.

천주교의 성리학과 불교에 대한 공격에 대응해서 이들은 공동으로 파사론(破邪論, 중국사상에서의 반가톨릭 운동)을 전개하였다. 성리학의 관학적 권위를 신봉하고 또 그것을 교양의 중심으로 삼았던 사대부들은 천주교가 유교의 존엄을 훼손하는 것으로 받아들였다. 나아가 이들은 천주 숭배를 제일로 하는 천주교의 철학과 군(君)과 부(父)를 최고의 권위로 하는 유교의 도덕 철학과의 사이에 존재하는 근본적인 차이를 직시하면서 중국의 정통 학문을 지키기 위해 천주교를 공격하였다. 그리하여 왕계원(王啓元)은 천(天)과 상제(上帝)의 숭배는 중국경전에서 이야기되고 있는데 감히 서교(西教)에서 이를 구한다고 비판하면서 오히려 공자를 교주로 숭배하는 공교(孔教)를 건립할 것을 주장하였다.

양광선(楊光先)은 천주교가 중국의 신앙이나 학문의 전통을 파괴한 이단사설임을 주장하고 서양선교사들의 추방을 요구하였다. 그는 천주교 신자인 이조백(李祖白)이 『천학전개(天學傳概)』에서 "중국의 조상 복희씨는 사실 아담의 후예나 다름없으며 그가 서에서 동으로 옴으로써 천학도 함께 오게 되었다. 그리고 자손이 태어나 성장하면서 가전호습(家傳戶習)이 생겨났던 것이다."고 한 것에 대해 『벽사론(闢邪論)』을 통해 맹렬히 비판하였다. 그는 소유 이학의 입장에서 "무릇 하늘(天)은 두 '기(氣)'가 엉겨서 이루어진 것이지 창조되어 이루어진 것이 아니다."하면서 천주교를 강하게 비판하였다.

3. 중국문화의 서양전파와 근대서구사상에 미친 영향

1) 중국문화 전달자로서의 예수회 선교사

예수회 선교사들은 16세기 말부터 본격적으로 중국문화를 서양에 소개하기 시작하였다. 1593년 마테오리치가 중국의 경전인 4서(四書)를 번역하여 본국으로 보냈고, 1626년 트리고(Trigault)는 5경(五經)을 라틴어로 번역하여 항주에서 간행하였다. 이처럼 예수회 선교사들의 번역 사업은 그들이 중국에서 활동하는 데 유리한 조건을 만들었고, 유럽 사상계로부터의 중국 문화에 대한 관심과 요구에 응한 결과라 할 수 있다.

청조에 들어와 유교경전이 당시 서양의 공용학술어인 라틴어와 불어로 번역되고, 유럽에서 활발히 간행되었다. 인토르체타, 노엘 등 선교사들은 『대학』, 『중용』, 『논어』뿐만 아니라 『효경』, 『소학』 등을 번역하였다. 또 쿠플레 등은 루이 14세에게 올리는 글에서 유교경전의 역사와 요지 및 중요한 주석서의 소개와 유교와 불교, 도교사상을 구별하였고, 주역의 64괘에 대해서도 설명하였다. 청대 예수회 선교사들에 의해 번역된 중국 학문 관련 문헌을 정리하면 다음 표와 같다.

〈표 4〉 예수회 선교사의 중국 문헌 번역 및 저술 목록

서적 명	역자 · 편찬자	발간연도 및 장소	비 고
Sapientia Sinica(중국의 지혜)	인토르체타, 다 코스타	1662, 강서성 건창부	대학을 라틴어로 번역
Sinarum Scientia Politico – moralis (중국의 정치 · 도덕학)	인토르체타 등	1667, Goa 1972, Paris	중용을 라틴어와 불어로 번역
La Science des Chinois, ou Le Live de Cumseeu(중국의 학문, 공자의 서)	인토르체타 등	1673, Paris	논어의 鄕黨篇까지 라틴어로 번역
Confucius Sinarum Philosophus, sive Scientia Sinesis latine exposita(중국의 철학가 공자)	쿠플레	1687, Paris	쿠플레 등이 편집, 유교 경전의 역사, 불교 · 노장철학과 유교의 비교, 인토르체타 등이 번역한 논어 · 중용 · 대학을 함께 수록
Sinensis impesi libri classici sex (중국의 6고전)	노엘	1711, Prague	사서와 효경 · 소학을 라틴어로 번역한 것으로 최초의 가장 완성된 형태
Philosophia Sinica(중국 철학)	노엘	1711, Prague	노엘의 중국 철학 찬미
Notice du libre chinois nomme Y king, ou libre canonique des changements(역경개설)	비들루		비들루가 주역을 불어로 번역
I – king, antiquissimus Sinarum liber(역경, 중국 最古의 書)	레지스	1834, Vol 1 1839, Vol 2 Stuttgard	레지스가 라틴어로 주역을 번역한 것

18세기에 들어서자 예수회 선교사들의 유교경전에 대한 번역은 4서의 범위를 넘어 5경으로 확대되었다. 특히 1710년 이래 강희제는 부베 등에게 주역을 연구토록 하였다. 또 프레마르는『서경』과『시경』을 번역하고『서경이전시대와 중국신화의 연구』를 저술하여 중국문헌 연구에 중요한 업적을 남기기도 하였다.

17세기 후반에서 18세기에 걸쳐서는 유럽 현지에서 중국에 관한 많은 정보가 서적으로 출판되어 영향을 주었다. 우선 서구인들에게 중국에 대한 지식을 넓혀준 것으로 도판이 많기로 유명한『중국도해(中國圖解)』(1672)가 있다. 이 속에는 특히 중국의 유교에 관한 내용이 수록되어 있다. 다음 예수회 선교사들의 편지를 모은 서간집인『중국통신』은 34권의 방대한 분량으로 1703년부터 1776년까지 아주 오랜 기간 유럽에서 간행되어 중국에 관한 풍부한 지식을 전해 주고 있다. 이 책의 편집자였던 듀 알드(Du Halde) 신부는 직접 중국에 다녀온 적은 없지만 중국에서 보내온 편지들을 소재로 하여『중국제국지』를 간행하기도 하였다. 이 책은 27명의 예수회 선교사의 편지를 모아 4권으로 편찬한 것인데 중국의 지리, 역사는 물론 철학과 종교·문학, 그리고 공자와 강희제의 초상 등 여러 방면에 관한 정보를 취급하고 있는 일종의 백과전서라 할 수 있다.

2) 중국사상이 계몽주의 사상가에 미친 영향

계몽주의 시대로 불리는 18세기의 유럽사상계에는 중국문화의 영향이 깊이 스며들었다. 그 영향은 우선 중세적인 신학의 지배를 벗어나려는 이성과 자연을 내세우는 철학사상에 나타났다. 그들은 인간 행복의 기준을 신으로부터 인간 자신으로 끌어내렸고, 그 행동 원리를 신앙에서 이성으로 바꾸려 하였다. 르네상스와 휴머니즘으로 전개된 인본주의의 영향으로 개인주의 사상이 발전하면서 나타난 경향이다. 반종교적인 입장에 섰던 철학자들은 중국 송대의 학문을 초자연적인 것으로 인식하여 기독교문화보다 우수한 것으로 평가하였다.

라이프니츠는 유럽이 수학이나 이론과학, 그리고 군사적인 측면에서는 우수하지만 실천철학에서는 중국이 우수하다는 것을 지적하였다. 그는 중국 철학에 대한 이해가 진행될수록 중국과 유럽으로 대표되는 동·서 문명의 융합을 강조한다. 유럽은 기독교적 계시신학을 중국에 전할 수 있고, 중국으로부터 자연 윤리적 실천철학과 이성적인 삶의 교류 방식을 배울 수 있다고 주장했다. 그는 정신적 이성을 통해 동·서양이 근본적으로 일치할 수 있다고 믿었다.

가장 열렬한 중국문화의 찬미자였던 볼테르(1694~1778)는 "공자는 내세를 말하지 않았다. 영혼의 불멸을 말하지도 않았다. 또한 영원의 상벌을 인정하지 않았으며, 신에게 계시받은 인간이나 예언자로 자임한 일도 없었다. 한마디로 말해서 공자는 신비를 말하지 않고 도덕을 가르친 것이다."고 하여 기독교의 불합리성을 비판하면서 공자에 대한 경의를 표하였으며, 집 안에 공자의 화상을 모셔놓고 조석으로 예배를 드리기도 하였다. 중국의 정치에 대해서는 황제에게 수시로 간언할 수 있고, 궁중의 책상에는 항상 정치에 관한 반대의견이나 의론을 기입하게 되어 있는 점 등을 들어 긍정적으로 기술하였다. 볼테르는 중국 사상에 대해 우호적인 입장을 취하였으며, 이를 부각함으로써 프랑스 사회의 종교대립을 비판하였다. 그가 프랑스 사회를 비판하면서 중요하게 생각했던 중국의 개념은 관용이다. 그는 중국인의 인간성이 덕과 관용으로 이루어졌다고 표현했다. 볼테르는 중국의 유교사상은 정치이념이 아닌 정치현실로 묘사하고 있다. 그는 "네가 타인에게 당하고 싶지 않은 일을 너 역시 다른 사람에게 행하지 말라."(己所不欲 勿施於人)고 한 공자의 말을 통해 당시 프랑스에서 진행되는 신교도에 대한 탄압을 비판하였다.

몽테스큐(1689~1755)는 중국이 법치가 아닌 인치의 나라로 인식하였다. 삼권분립을 주장하였던 그에게 중국은 삼권분립이 이뤄지지 않은 나라로 보였다. 그는 중국의 황제를 인민들에게 노예적 복종을 강요하는 잔인한 존재로 묘사하였다. 왕조 초기에는 덕성을 강조하지만 왕조 말기로 갈수록 그러한 경향이 점점 줄어들고 있다고 파악하였다. 앞선 왕조의 부패상을 목격한 초창기 황제들은 그것의 문제점을 잘 알고 이를 개선하기 위한 노력을 하지만 몇 대가 흘러가면 다시 부패와 향락을 즐기면서 몰락의 길로 접어드는 악순환을 반복한다고 보았다. 그는 중국의 정치를 공포심을 기반으로 한 전제정치라 비판하여 당시 프랑스의 전제정치를 비판하고자 했던 것이다.

한편 루소(1712~1778)는 중국문명이 우수한 것으로 인식하고 절대군주제에 대한 비판과 더불어 중국정치의 민주적인 성격에 대해 칭찬하였다. 하지만 그는 문명부정론의 입장에서 중국의 발달한 문명도 소수의 이민족에게 지배당하고 마는 무력함을 들어 비판적인 입장을 취하였다.

4. 근세 이후 서양에서의 유교 연구와 그 특징

   예수회 선교사로부터 전해진 중국 사상의 정수인 유교에 대한 서양에서의 연구는 계몽주의 철학자를 거쳐 근대 세계 형성에 심대한 영향을 주었다. 초기 유학에 대한 연구 중 눈에 띄는 특징은 유학의 경전 가운데 사서에 대한 연구가 가장 먼저 이루어졌는데 유독 『맹자』에 대한 연구가 지연되었다는 사실이다. 이처럼 당시 『맹자』에 대한 번역이 지연되었던 이유는 첫째, 분량이 워낙 많고 난해한데다가 둘째, 후손이 없는 것을 최대의 불효로 규정한 것이 천주교 신부들의 독신 서약과 역행하는 측면이 있었고, 셋째, 맹자가 주장하는 성선설이 기독교에서 말하는 원죄설과 배치되었기 때문이다.

   유럽에서 17~8세기가 주로 사서를 번역하고 연구하는 단계였다면 19세기부터는 오경에 대한 번역과 연구가 주를 이루어 1880년대에는 거의 모든 4서 5경이 번역·소개되었다. 그리고 이들 서양어로 번역된 책이 다시 중국과 일본으로 수입되어 영향을 주기도 하였다. 하지만 제국주의 시대로 접어들면서 더구나 아편전쟁 이후 중국을 반식민지로 지배하면서 중국의 유학에 대한 서구인들의 시각도 비판적으로 변모하였다. 특히 유교의 가족주의는 중국이 근대 국가로 나아가지 못하도록 하는 결정적인 장애물이라는 인식을 가지게 되었다. 그러한 가운데 막스 베버 같은 사상가는 서구에서 자본주의가 생성·발전하는 데 비해 중국은 오랫동안 봉건적인 경제체제가 유지되어 발전이 정체되어 있는 상황의 근본 원인을 서구 기독교문명(특히, 프로테스탄티즘의 윤리)의 합리성과 유교 윤리의 불합리성에서 구하기도 하였다.

하지만 최근에는 자본주의의 급속한 확산에 따른 제반 문제들, 예를 들면 환경문제 등이 전 지구사회를 위협하면서 동양 사상에 대한 평가와 해석에 새로운 시도가 진행되고 있다. 인간성 상실과 각종 환경문제를 해결할 수 있는 대안으로 자연과의 조화와 합일을 강조하는 동양의 사상이 유용할 수 있다는 측면에서 접근하고 있다. 또 최근 동양의 소위 '네 마리 작은 용'이라 불리는 한국, 홍콩, 대만, 싱가포르의 급속한 경제성장을 보면서 이들 국가가 과거에 모두 유교 국가였다는 것에 착안하여 유교와 자본주의 발달의 상관관계를 연구하기도 하였다.

이처럼 근대 이후 서양에서의 유교 연구는 연구가 중단된 동양을 대신하여 새로운 각도에서 동양문화에 대한 이해를 시도했다는 점에서 의미가 있다. 특히 한학적인 방법에서 탈피하여 과학적이고 조직적인 연구 방법을 적용하였다는 점에서 평가를 받을 만하다. 또 유교 경전의 번역과 연구는 유교를 전 세계에 전파하는 데 중요한 역할을 했으며, 이들 연구 성과물은 다시 동양으로 유입되어 영향력을 행사하기도 하였다. 하지만 서양의 연구는 기독교 신앙에 입각하여 유교에 대한 우월성을 입증하려는 시도가 많았고, 유교의 또 다른 부분인 인성론이 갖는 공헌을 무시했다는 것과 방대한 자료에 대한 번역과 해석상의 문제점도 지적되었다.

제11장
전례문제를 둘러싼 동 · 서양의 갈등

1. 예수회와 도미니크 · 프란체스코회의 차이

　서양 선교사가 중국에서 선교활동을 하는 데 가장 어려운 문제
는 중국의 전통, 특히 제사와 관련된 문제이다. 마테오리치를 비롯
한 예수회 선교사들은 제사를 우상숭배가 아닌 중국의 전통적인
습속으로 인정하면서 선교활동을 전개함으로써 성공을 거둘 수 있
었다. 예수회는 유럽에서 프로테스탄티즘이 일어나 교황권을 위협
하는 상황에서 1540년 로욜라(Loyola)와 사비에르가 중심이 되어
창립된 교단으로 2년간의 견습 기간과 10년의 수학 기간을 거치도
록 함으로써 학문적으로도 잘 무장이 되어 있었다. 예수회는 포르
투갈 정부의 지원을 받으면서 성장하였는데 인도와 중국, 일본 등

아시아 지역의 포교에 우위를 점하였다.

반면 13세기에 세워진 도미니크회나 프란체스코회 등 소위 탁발 교단은 스페인의 지원을 받았으며, 가난과 구걸을 당연시하고 설교 를 중시하였으며 13~14세기 유럽의 대학 발전에 중요한 역할을 담당하기도 하였다. 하지만 이들 교단에서 사제는 물론 평신도까지 도 쓰고 말하고 사색하는 것을 금지하였고 표면에 나타난 문자만 을 고수함으로써 성서의 정신을 구하려 하였다. 따라서 예수회의 학문·교육을 통해 구원을 얻고자 하는 경향과 대립하였다. 따라서 양 종파의 갈등은 전례문제가 발생하기 이전부터 도미니크회사가 예수회의 종교서적을 종교 재판소에 고발하는 등 이념적 갈등이 존재하고 있었다.

그런데 이러한 교단 갈등의 배후에는 당시 경쟁적으로 새로운 시장을 찾아 나선 포르투갈과 스페인 두 나라의 대립도 중요하게 작용하였다. 즉 예수회는 포르투갈의 보호하에 포교에 필요한 비용 을 지원받고 있었고, 스페인은 예수회와 대립하고 있던 탁발교단을 지원하였던 것이다. 그리하여 예수회가 포르투갈의 힘을 배경으로 중국에서 포교의 성공을 거두었다는 소식을 접한 후 탁발교단 역 시 동방 포교의 꿈을 안고 1630년대부터 중국으로 향하였다. 하지 만 이들은 중국의 제사를 인정하지 않은 채 유럽에서의 전교방법 을 그대로 답습함으로써 큰 성과를 거두지 못하였고 결국 1637년 중국에서 추방당하였다. 유럽에 돌아온 탁발교단은 이 사건을 예수 회의 음모로 보고 1643년 예수회를 종교 재판소에 정식으로 고발 하면서 전례문제가 시작되었다.

2. 전례문제의 전개 과정

17세기 전례문제의 핵심은 중국에서 조상과 공자에 대한 제사문제를 용인할 것인가에 관한 것이다. 그와 더불어 창조주에 대한 명칭 문제도 제기되었는데, 이 문제는 이미 예수회 내부에서도 언급된 적이 있었다. 즉 리치 생전에는 '천주', '상제', '천'이 함께 사용되었으나 그의 사후 '상제'와 '천'은 만물의 창조주를 표현할 수 없다고 하여 롱고바르디(Longobard, Nicolo)는 1618년 이들 명칭의 사용을 금지하고 라틴어 역음의 사용을 주장하였지만, 1621년 예수회의 마카오 회의에서 받아들이지 않았다. 1628년 가정(嘉定)에서 예수회 회의가 개최되어 중국의 경조(敬祖)문제와 명칭문제를 논의한 결과 전자에 대해서는 리치의 방법을, 후자는 롱고바르디의 견해를 수용하여 '천주'만을 사용토록 하였다. 하지만 몽고바르디는 완강하게 라틴어 역음만을 주장하게 되는데 1633년 예수회는 다시 회의를 열어 이전의 명칭을 고수하기로 함에 따라 '상제', '천'도 다시 사용할 수 있게 되었다.

이러한 상황에서 탁발교단은 '상제'라는 용어가 우상의 호칭이라 하여 예수회와 대립하고 더불어 중국의 전통적인 제사문제를 거론하면서 본격적인 전례논쟁이 전개되었다. 전례논쟁은 구체적으로 조종(祖宗)의 위폐를 모시는 것, 그 앞에서 분향하는 것, 그리고 공묘(孔廟)의 제전(祭典)에 참가하는 문제이다. 예수회는 이를 종교적 의미가 없는 전통적인 중국문화 및 사회제도의 계승이라 하여 용인하는 입장이었다. 이에 반해 탁발교단에서는 조상에게서 복을 구하고 공자에게 제사지낼 때 희생물을 바치는 등은 전형적인 종교의 식이라 하여 비난하였다. 이런 가운데 도미니크회사 모랄레스(Morales)가 로마 교황청에 전례문제의 해결을 구하자 1645년 인노센트 10세는 추기경회의를 소집하여 심사한 후 천주교도가 조상과 공자에 대한 제사의례에 참가하는 것을 금지시켰다. 이에 대해 예수회는 알렉산더 7세로부터 1656년 천주교도가 그러한 의례에 참가하는 것을 허가받았다. 이로써 이후 중국 선교사들은 두 가지 서로 다른 방법으로 전교하기 시작하였다.

그 후 전례문제를 둘러싼 양측의 공방전은 17세기 말까지 계속되다가 1693년 로마교황청은 도미니크의 주장이 옳고 예수회의 주장이 그르다는 교서를 공표하기에 이른다. 이에 예수회는 1700년 당시 중국 황제 강희제에게 전례문제에 대한 의견을 묻는 글을 올려 강희제로부터 전례문제에 대한 해석이 중국 도덕의 본질과 합치되는 것이라고 인정받는다. 이러한 예수회의 조처는 유럽에서 불리한 상황에 직면하여 중국 최고 정치지도자의 의견이 자신들에게 도움이 되리라는 기대에서였다. 하지만 상황은 예수회에 결코 유리하게 작용하지 않았고, 1715년 교황령으로 전례문제에 대한 최종 결정이 내려졌는데 그 내용은 다음과 같다.

첫째, 서양에서 천지만물의 주인을 칭할 때는 '데우스(Deus)'를 사용하나 이 명칭이 중국에서는 쓰일 수 없으므로 중국에 있는 서양인과 천주교 신자들은 '천주'를 사용한 것이 오래되었다. 이후에는 '천'과 '상제'의 사용은 금하며, 오직 '천주'만 사용할 수 있다. 만약 '경천'이라는 편액을 아직 달지 않았다면 달 필요가 없고, 기존에 이 편액이 걸려 있다면 이는 마땅히 떼어내야 한다.

둘째, 봄과 가을 두 차례 공자와 조상에 제사지내는 것은 천주교인이 그 주제하는 것을 허용치 않으며 제를 돕는 것도 허락하지 않고, 그 자리에 있는 것도 허용하지 않는다.

셋째, 천주교인인 관원이나 진사, 거인, 생원 등이 매월 초하루와 15일 공자묘에서 예를 행하는 것을 금한다. 혹 새로 임관한 자나 새롭게 진사·거인·생원이 된 자도 마찬가지다.

넷째, 천주교인이 사당에서 예를 행하는 것을 금한다.

다섯째, 천주교인이 집 안이나 묘, 조상지사(弔喪之事)에서 예를 행하는 것을 금한다. 혹 천주교인이 다른 사람들과 함께 모였어도 이는 마찬가지다. 왜냐하면 이단의 일이기 때문이다. 또 천주교인이 "나는 이단의 행위를 한 것이 아니라 보본(報本)의 의사를 표시한 것뿐이요, 나는 신(神)을 구(求)하거나, 면화(免禍)를 구(求)한 것도 아니다"고 말하더라도 이를 불허한다.

여섯째, 천주교인이 중국 규범에 의거해 집에 위패를 두는 것을 금한다. '영위(靈位)', '신주(神主)' 등의 글자를 적은 위패는 불허하며 위패를 두려면 단지 이름만을 적어야 한다. 또 그 옆에는 마땅히 천주교의 효경부모(孝敬父母)의 도를 알리는 것을 두어야 한다.

이로써 예수회의 중국 전교 활동은 커다란 타격을 입게 되었고, 다른 한편 중국 황제와의 관계에도 좋지 않은 영향을 끼치게 되었다. 특히 서구의 학문을 소개하고 청조 정부에서 관료로 활동함으로써 신뢰를 받았던 선교사들의 입지도 좁아지게 되었다.

3. 전례문제에 대한 중국의 반응

예수회는 서구에서 발생한 전례문제에 대해 그들의 입지를 강화할 목적에서 청 황제의 협조를 구하였다. 이리하여 당시 청의 황제인 강희제도 전례문제에 개입하게 되었다. 그런데 중국 황제의 개입은 중국과 유럽이라는 이질적인 문화와 사고방식의 차이를 그대로 반영하면서 천주교의 중국 포교 자체를 위태롭게 하는 결과를 초래하였다. 강희제는 중국 내에 있는 모든 사람은 자신의 명령에 따라야 한다는 생각을 가지고 있었고, 설령 서양인에게 자신 이외의 지배자가 있음을 인정하더라도 문제의 내용이 중국의 전통문화와 관련이 있는 이상 양보할 수 없었다.

강희제 초상

예수회 선교사들도 곧바로 이러한 사실을 알게 되었고 따라서 로마 교황을 수장으로 하는 천주교 기구를 강희제에게는 감추기에 급급하였고, 로마에서의 일도 전하지 않음으로써 천주교에 대한 탄압만큼은 피할 수 있었다. 하지만 교황의 특사가 파견되어 옴으로써 더 이상 황제의 보호를 받을 수 없게 되었다. 더욱이 강희제는 자신의 신민이 자기 이외의 존재에게 정신적으로 의지하고 있다는 사실을 받아들일 수 없었으므로 이 문제에 개입할 수밖에 없었다. 강희제의 중국 천주교도에 대한 생각은 1706년의 「급표(給

票)」에 잘 나타나 있는데 그 내용은 다음과 같다.

> 서양인들은 금후 '마테오리치의 방식'을 따르지 않으면 중국에서 거주
> 할 수 없고 반드시 추방당할 것이다. 만약 교황이 너희들의 포교 활동을
> 허용하지 않았다고 하더라도 너희들은 이미 출가한 이들이므로 중국에 거
> 주하면서 수도하면 된다. 또한 나는 교황이 너희들을 소환하려 해도 보내
> 지 않을 것이다. 너희들이 '표'를 받은 이후에는 중국인과 마찬가지니 안
> 심해도 좋다.

위의 조서에서와 같이 강희제는 중국인이건 서양인이건 중국에
있는 이상 모두가 자신의 신민이므로 로마 교황의 명을 따르는 것
을 용납하지 않았다. '급표'의 이면에는 예수회 선교사들의 힘도 작
용하고 있지만 근본적으로는 중국 내에서는 전제 권력이 존재하는
이상 또 다른 권력이 있을 수 없음을 반영하는 것이라 할 수 있다.

중국에서 전례 논쟁의 파장은 황제에만 그치지 않았다. 만약 천주
교도로서 관직에 종사하는 자가 있어서 그들이 공자나 조상의 제사에
참석하지 않는다면 사회생활에 커다란 지장을 받을 것이고 심지어는
관직을 박탈당할 수도 있었다. 따라서 이 문제는 이후 중국 사회에서
천주교가 점차 쇠퇴의 길로 접어드는 데 중요한 작용을 하게 된다.

4. 청중기의 금교와 쇄국정책

리치에 의한 적응주의적 전교가 성공을 거둔 이래 중국에서 천
주교는 청조 초기의 순치제(順治帝, 1644~1661)와 강희제(康熙帝,

1662～1722) 양 대에 걸쳐 포교의 전성기를 구가하였다. 특히 학문을 좋아하고 호기심이 많았던 강희제는 자신이 알지 못하고는 남을 다스릴 수 없다는 의지와 개인적인 관심에서 서양의 천문 역법의 우수성을 체험하면서 관계하였던 벨비스트(F.Verbiest, 南懷仁; 1623～1688)를 총애하고 더 나아가 제포(製砲)·의약(醫藥) 등으로 관심을 확대하였다. 이후 젤비용의 네르친스크 조약 과정에서 역할을 인정하면서 1690년과 1691년에 선교사들에 대한 환대가 두드러지게 나타나고 있으며 1692년에는 천주교를 공허하기에 이른다.

그러나 실제에 있어서 이때의 천주교 공허는 어떤 종교적인 의미가 존재하는 것은 아니었으며 오히려 정치적인 의미가 내포되어 있었는데, 강희제는 네르친스크 조약에서 젤비용이나 페레이라의 역할에 대한 보상으로서 공허를 내린 것으로 보인다. 강희제는 선교사들을 종교인으로 이해는 했을지 모르지만 종교인으로 대우는 하지 않았고, 황제의 명에 의하여 주어지는 일에 충실한 중국화된 서양인으로 인식하였다. 따라서 그들 종교에 대한 깊은 관심은 없었던 것으로 보이며 이는 결국 전래문제의 발생과 함께 천주교에 대한 탄압으로 나타났다. 강희제 이후 옹정제(1723～1735)부터 포교사업은 급속도로 쇠퇴의 길을 걷게 되었다.

옹정시대는 이미 청조의 기초가 확립되었고, 서양 선교사의 도움을 받아야 할 군사적인 긴장관계도 감소되었다. 더구나 옹정제는 원래 천주교에 크게 동정하지 않았으며, 결정적으로 전례문제의 발생으로 금교의 조치에 이르게 되었다. 특히 중국에서 공자나 조상에 대한 숭배는 국가의 예교라 할 수 있으며 모든 국민들은 이 의식에 참가해야만 했고, 천주교 신자도 예외는 아니었다. 그런데 교황청에서 천주교 신자가 이 의식에 참가할 수 없다는 방침을 정하면서 중국황제와 대립하면서 천주교를 인정했던 강희제마저도 만년에 금교를 고려했던 것을 옹정이 즉위함으로써 실시하였던 것이다. 따라서 천주교는 쓸모없는 종교라는 불신감이 일어나게 되었고, 이러한 불신은 곧 천주교 박해와 연결되는데 옹정(1723~1735)·건륭(1736~1796)·가경(1797~1820)년간에 그 절정을 이루었다.

이러한 천주교에 대한 탄압과 더불어 청조는 강희 말년부터 대외관계에 있어서 점차 폐쇄적인 경향을 띠게 되었다. 강희 56년(1717)에 정해진 규정에서는 남양으로 출항하는 선박에 대해 휴대할 수 있는 미곡의 양을 규제하고 해외이주도 금하였다. 또한 외국에서의 선박 판매를 금지하고 외국으로 출항한 선박은 3년 이내에 귀국할 것 등을 규정하였다. 그리고 10년 후인 옹정 5년(1727)에는 출항하는 인원에 대한 조사와 단속을 엄하게 하는 동시에 양선의 출입을 하문과 광동으로 제한하였다. 물론 영국이나 네덜란드 등의 상선은 처음부터 남부중국으로밖에 올 수 없었으며 사실상 하문(廈門)·대만(臺灣) 및 광동(廣東)에만 드나들면서 무역활동을 하고 있었기 때문에 이 조치자체는 그 당시로서 중대한 전환을 의미하는 것은 아니었다. 그러나 더 광범위한 교역을 요구하던 영국 상인에 대해서는 이는 장차 활동에 대한 커다란 제한이 되었던 것이다.

서양무역에 대한 이러한 제약은 강희 59년(1720) 공행(公行)이라는 특허상의 조합이 광동에 조직되어 외국무역에 대한 절차적인 제약이 가해진 것과 더불어 행해졌으며 건륭 22년(1757)에 이르러서는 드디어 외국 선박의 내항을 광동 한 곳으로 제한하고 다른 지역에서의 교역을 금지하기에 이르렀다. 더구나 광동에서도 외국상관의 외인들의 활동 및 거주에 대해서 갖가지 제약을 가하였고 이후 남경조약이 체결되는 1842년까지 약 80년간 이른바 '광동무역(廣東貿易)' 시대가 열렸다. 이리하여 중국은 청조 중기 이후 서양 선교사들의 활동을 금지하는 한편 다시 쇄국정책으로 문호를 굳게 닫고 외부 세계와 단절되었으니 외부세계와의 접촉은 1840년대 이후 서양의 거대한 제국주의의 세력에 의해서이다.

5. 21세기의 전례문제? - 중국 공산당과 로마 교황청의 갈등

2006년 5월과 2007년 1월 국내 모 신문에 현대 중국 정부와 로마 교황청 사이의 갈등을 주제로 기사가 실렸다. 갈등의 핵심은 주교선임을 둘러싼 문제였다. 현재 중국에는 97개 교구가 있으며 40여 교구에서 로마 교황청의 승인 없이 독자적인 방식으로 주교를 선임한 상태이다. 그런 가운데 2006년 로마 교황청이 중국에서 새로 선임된 주교 2명을 파문하자 중국 정부가 '내정간섭을 중단하라'며 반격에 나서면서 양측이 첨예하게 대립하였다. 이처럼 중국 정부가 강경한 입장을 취하는 것은 청 중기 전례문제가 발생했을 당시 중국 황제가 중국에서 활동하는 선교사는 중국의 법률이 정하는 범위 내에서 또 황제의 통제하에서 선교 활동을 할 수 있도록 한 조치와 일맥상통한다고 볼 수 있다. 즉 종교의 자유를 표면적으로 인정하고 있지만 중국인의 종교 활동에 외부의 간섭을 배제하겠다는 것이 중국 정부의 생각인 것이다. 중국 공산당 정부의 입장이 전통적 중화주의의 연장선에 서 있음을 보여주는 대목이라 할 수 있다.

사실 중국의 공산당 정부와 로마 교황청 사이의 갈등은 이때가 처음은 아니다. 중국 국무원 산하 국가종교사무국은 2006년 5월 6일 성명에서 중국 천주교가 1958년부터 주교선임과 관련해 로마 교황청에 보고했지만 바티칸이 이를 승인하지 않았다면서 교황청의 파문 위협은 중국 천주교인에게 깊은 상처를 남겼다고 지적하였다. 중국 외교부도 로마 교황청을 직접적으로 비판하였는데 유건초(劉建超) 외무부 대변인은 다음 날 성명에서 "바티칸이 중국 천주교의 역사와 현실을 돌아보지 않고 비판을 한 것은 이치에 맞지 않는다."고 하면서 중국 내부의 일에 간섭하지 말 것을 요구하였다. 이런 가운데 중국 천주교 단체인 「중국천주교애국회(中國天主敎愛國會)」와 「주교단」은 중국 천주교는 독자적인 방식, 즉 '자선자성(自選自聖)'에 따라 계속해서 주교를 선임·서품할 것이라고 밝혔다.

2007년 1월에는 중국 천주교단이 10여 개 교구에 대해 독자적으로 주교 임명을 준비 중이라는 기사가 발표되었다. 「중국천주교애국회」의 유백년(劉柏年) 부주석은 "중국에는 40여 교구가 오랜 기간 주교가 없는 상태이다. 주교가 없으면 교회도 없는 만큼 기독교 복음 전파를 위해 중국 천주교회의 전통에 따라 주교를 뽑을 것이다. 10여 개 교구에서 신도들이 주교 후보를 뽑는 작업이 추진되고 있다."고 밝혔다.

한편 중국은 로마 교황청과의 수교 문제에 대해서도 강경한 입장을 견지하였다. 즉 유백년 부주석은 "중국과 로마 교황청의 수교는 로마 교황청의 뜻에 달려 있다."고 전제한 뒤 "중국은 로마 교황청이 대만과 단교하고 '하나의 중국'을 인정할 때 비로소 수교가 가능할 것"이라고 밝혔다. 이로써 중국 공산당 정부와 로마 교황청 사이의 갈등은 점차 깊어지고 있다. 중국에서는 중국적인 방식으로 접근해야 함을 알려주는 상징적인 사건이라 할 수 있다. 이러한 상황에서 로마 교황청의 해법은 무엇일까?

제12장

조선과 일본의 서학 수용과 그 영향

1. 조선 후기의 서학 수용과 배척

1) 조선 후기의 사회 상황과 서학의 전래

한국에서 서학이라는 용어가 처음으로 사용된 것은 이미 신라시대로 당시에는 신라인이 서양의 나라, 곧 인도에 가서 불교와 관련된 학문이나 교의를 구하는 것으로 사용되었다. 그 후 조선 후기에 본격적으로 서학이 소개되었는데, 우리나라의 경우에는 중국과 달리 서양에서 직접 선교사가 파견된 것은 아니었기 때문에 중국을 통한 간접 수용의 형태로 이루어졌다. 조선 후기의 신후담은 서학을 '서태자지학(西泰子之學)', 곧 마테오리치의 학문으로 파악하였다. 또 홍대용은 서학의 본의를 청 강희제 이후 중국에 오는 서양인이 많고 북경에 천주당이 세워지면서 비로소 태동하게 되었다고 보았다. 이처럼 조선 후기 서학은 천주교 혹은 당시 중국을 통해 소개된 서양의 과학을 의미하는 것으로 사용되었다.

조선 후기에는 특히 실학자들을 비롯해 많은 학자들이 관심을 보였는데 그 이유는 무엇 때문일까? 당시 시대 상황과 관련하여 몇 가지 요인을 짚어보도록 하자. 첫째, 임란 이후 사회 체제의 개혁을 요구하는 분위기에서 종래의 성리학을 비판하면서 나타난 새로운 학문에 대한 사회적 요구의 증대를 들 수 있겠다. 둘째, 신분질서가 파괴되고 사회적 모순의 심화에 따른 사회 질서의 전반적 동요로 인해 민란이 발생하였는데 그 과정에서 서학, 특히 천주교 사상이 일반에까지 침투할 수 있었다. 즉 신 앞에 평등하다는 서학의 사회제도에 대한 의식은 신분적 억압을 받던 계층에게는 합리적인 제도로 여겨졌고, 이 점이 권력으로부터 소외된 지식인을 중심으로 여성과 중인층에까지 확산될 수 있었던 요인으로 작용하였다. 셋째, 불교의 쇠퇴와 맞물려 뚜렷한 내세관이 없던 사회에서 천당과 지옥을 가지고 설명하는 서학이 빠른 속도로 확산될 수 있었다.

중국에서 한문으로 번역된 서학 관련 서적이 조선에 전해진 것은 대체로 선조에서 정조시대의 일로 주로 사신의 사행을 통해 이루어졌다. 초기에 조선에 서학을 소개하기 시작한 인물로 허균, 정두원, 소현세자 등을 들 수 있다. 허균은 광해군 때 세 번에 걸쳐 북경을 방문했고 그때마다 많은 책을 구해 조선으로 돌아왔는데 그가 구입한 4,000여 권의 서적 속에 서학 관계 서적도 포함되어 있었을 것으로 추측하고 있다.

다음 정두원은 1630년 사신으로 북경에 갔다가 산동성에서 예수
회 선교사인 로드리게스를 만났다. 리치 이후 예수회에서는 중국뿐
아니라 조선에도 선교를 위해 많은 노력을 기울이던 때였기에 그
는 정두원에게 다량의 서학 관련 물건과 서적을 제공하였다고 한
다. 또 정두원을 따라갔던 역관 이영준도 리치의『곤여만국전도』를
접하고서 중화의식과 서학의 세계관이 다르다는 사실을 인식하게
된다.

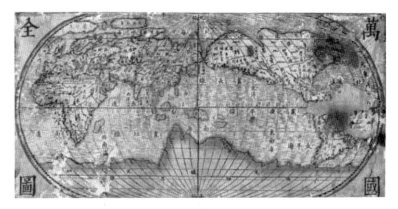

곤여만국전도

소현세자는 8년 동안의 중국 볼모 생활 중에 당시 흠천감으로
청에 봉사하고 있던 아담 샬과 접촉하였다. 그는 귀국하면서 아담
샬로부터 한문으로 번역된 서학 서적과 천주상 등을 받아 조선으
로 돌아왔으나 갑작스럽게 사망하였다. 그의 죽음으로 조선에서는
동생인 봉림대군이 효종에 등극하게 되었고 북벌정책으로 인해 청
으로부터 서학 수용은 큰 진전을 볼 수 없었다.
이 시기 조선에 소개된 서학 관련 서적들은 크게 천주교 관련 서

적과 서구의 과학 기술에 관한 것으로 대별된다. 천주교 관련해서는 마테오리치의 대표작인 『천주실의』가 있다. 상·하 두 권으로 구성된 이 책은 이수광, 유몽인, 이익, 신후담, 안정복 등에 의해 언급되거나 비판되었다. 『칠극(七克)』은 가톨릭에서 말하는 죄종칠단을 극기로 이겨 나가는 일곱 가지 덕에 대해 설명한 책이다. 다음 학문과 관련해서는 『서학범(西學凡)』이 있다. 이 책은 예수회 소속 신부인 알레니(Julius Alleni)에 의해 쓰인 서양 학술 개론서로 서양의 문·리·의·법·교·도 등 여섯 가지를 설명하고 있다. 이밖에 『직방외기』와 같은 지리학 관련 서적을 비롯하여 수학·천문학 등 다양한 분야의 서적이 수입되었다.

2) 실학자의 서학 인식

조선 후기 서학은 주로 실학자들이 많이 언급하고 있다. 서양의 학문과 종교를 모두 수용하는가 하면 종교는 비판한 채 학문만 수용할 것을 주장하기도 하고, 모두를 비판하는 학자도 있었다. 그럼 당시 학자들은 어떤 각도에서 서학을 바라보고 있었는지 대표적인 실학자 몇 명의 관점을 살펴보도록 하겠다.

서학은 남인 가문 출신으로 과거에 실패한 후 후진 양성에 전념하였던 성호 이익에 이르러 학문적 측면에서 연구가 시작되었다. 그는 서학의 각 분야 예를 들면 천문·역법·지리 등에 대한 견해를 그의 『성호사설』에 적고 있는데 특히 천주교와 관련해서는 "서학은 천주를 숭상하는데 천주란 곧 유가의 상제이며, 그 공경하고 섬기고 두려워하는 믿음은 불씨와 흡사하다. 천당지옥설로 권징한다."고 하여 천주교를 불교와 유사한 것으로 파악하였으며 교화적 기능을 가지고 있다고 인식하였다. 하지만 천주교는 불교의 혹세무민과는 다르고, 천주교에서 말하는 천주와 유교의 상제는 서로 비슷하다고 함으로써 보유론(補儒論)적 관점을 피력하였다.

신후담은 비판적 입장에서 『천주실의』를 분석하였다. 그는 "천당지옥설, 정영불멸의 설은 분명 불씨의 설이다. 일찍이 우리 유가에서는 본 적이 없다. 우리는 아직 그것이 불씨와 다른 점이 무엇이고 유교와 같은 점이 무엇인지 알지 못한다. 불씨의 여론을 모았으면서도 도리어 불교를 배척하니 리마두는 우리 유교의 죄인이며, 불씨의 반적이다."고 신랄히 비판하였다. 또한 천주교의 영혼불멸설을 부정하면서 "인간의 영혼은 식물이나 동물의 그것보다는 뛰어나지만 형체가 없어지면 영혼도 필경 없어지는 것이다."고 하였다. 그러면서 그는 유학을 정학으로 지키기 위해 서학을 연구해야 한다고 주장하였다.

안정복은 조상에 대한 제사문제를 제기하면서 서학을 비판하였다. 즉 서학에서 위패를 걸어놓고 제사지내는 유교의 전통을 잘못된 것이라 하면서 조상에 대한 제사를 거부하는 것은 전통적인 예속을 벗어나는 행위라고 하였다. 그러면서 서학도들이 천주상 앞에서 예배하는 것도 가상을 놓고 제사지내는 것과 다름없다고 주장하였다. 천주교를 현세 부정의 종교로 '무군무부(無君無父)'의 비윤리적 사회윤리를 가진 것으로 파악하였다.

반면 정약용, 이벽, 이승훈 등은 천주교를 수용하는 입장에 섰던 인물들이다. 정약용은 천주교 교리를 원시유교의 상제설과 같은 것이라고 이해하면서 유신론적인 입장을 취하였다. 하지만 그가 천주교 신자였는지에 대해서는 아직 논란이 남아 있다. 이벽은 한국 천주교회를 창설한 중심인물로 『성교요지(聖敎要旨)』를 지어 천주교의 교리를 설명하였다. 또 조선 후기에는 한국 최초의 신부로 기록된 김대건 신부가 마카오에서 수업을 받기도 하였다. 중국이나 일본과 달리 선교사가 파견되지 않은 상황에서 포르투갈의 영향력이 미치고 있던 마카오에 가서 수학하였다는 점은 큰 의미를 지닌다고 할 수 있다.

한편 홍대용, 박지원, 박제가 등 소위 북학파로 불리는 인사들은 종교에 대해서는 별 관심을 보이지 않은 반면 서양의 학문과 과학 기술은 적극적으로 수용할 것을 주장하였다. 특히 박제가는 『북학의』에서 선교사들을 데려다 그들의 과학 기술만 배우고 선교 활동은 못하게 한다면 조선이 많은 이익을 얻을 수 있을 것이라고 주장하였다.

3) 서학이 조선에 미친 영향

조선 후기 특히 18세기 학문적으로 발달한 서학은 실학자들에 의해 도입되고 연구되었다. 특히 정권과 유리된 재야학자들에 의해 연구가 진행된 서학은 실리·실증의 합리적이고 비판적인 근대 의식을 구현하는 문화 운동의 관점에서 이질적이긴 하지만 실학의식의 형성과 발전에도 크게 기여하였다. 또한 중국을 통해 서양 학문과 접하면서 종래 어느 정도 중국 중심의 세계관에서 탈피할 수 있는 계기가 마련되었다. 선교사들에 의해 작성된 세계지도는 중국 이외에 또 다른 문명 세계가 존재한다는 사실을 각인시켜 주었던 것이다.

　서양 과학에 대한 연구는 부국안민을 위한 이용후생적 목적에서 실학 발생의 기폭제가 되었고, 서학 관련 종교 서적들은 남인 학자들의 당시 사회의 도덕성 문제를 짚어보는 계기로 작용하였다. 또한 그러한 도덕의식이 종교를 흡수함으로써 소위 종교운동도 일어날 수 있었다. 당시 남인 학자들은 전근대적이고 봉건적인 전통을 지키려는 형식과 규범을 거부하는 근대적 의식과 양반 중심의 봉건적 지배의식과 대립하면서 평등이라는 기반 위에서 서학을 수용하였다.

　서학은 사회적으로 평등의식을 바탕으로 기존의 계급적 질서체제를 부정하는 일반 민중의 의식 형성에도 크게 영향을 주었다. 더불어 인간 본연의 가치와 평등과 같은 문제를 통해 여성의 해방 문제 등 기존의 체제에서는 도저히 언급될 수 없는 문제들에 대한 사회적 관심을 유발하였다는 점에서도 큰 의미를 지닌다고 하겠다.

　하지만 중국이나 일본과 달리 우리나라의 지식인들이 서양 선교사와 직접 접촉하면서 교류한 것이 아니고(물론 중국에 선교사로 파견되거나 볼모로 잡혔던 소현세자와 같은 예외적인 경우도 존재하지만) 중국을 통해 수입된 서적을 바탕으로 학문적으로 접근한 것이기 때문에 몇 가지 측면에서 한계를 지닐 수밖에 없었다고 생각한다. 우선 서양에 대한 전반적인 사회 현상이나 분위기를 파악하는 데 어려움이 있었을 것이고 그들의 학문 세계를 제대로 이해하는 것도 쉽지 않았을 것으로 보인다. 또 서학에 관심을 보였던 실학자들 중 일부가 서양 학문을 단순히 마테오리치 한 사람의 학문세계로만 인식한 데서 알 수 있듯이 서학의 실체를 파악하고 분석하는 데 어려움이 있을 수밖에 없었다.

2. 일본의 서구문화 수용과 근대화

1) 16세기 일본의 국내정세와 천주교 전파

일본에서는 16세기에 들어와 서양과의 만남이 시작되었다. 당시는 일본 열도가 국내적으로 다시 통일되면서 사회·경제적으로 새롭게 재편되는 시기였다. 이 시기 최초로 일본을 방문한 서양의 국가는 포르투갈이었다. 포르투갈이 무역을 목적으로 일본에 도달한 것은 1540년대 초반이었다. 이때 포르투갈 사람들은 일본 무장들에게 조총을 전해 주었는데 이로부터 조총이 전투에 응용되었고, 소문을 전해들은 많은 조총 기술자들이 당시 포르투갈 사람들이 머물고 있던 종자도(種子島)에 와서 기술을 전수받기도 하였다. 1545년경부터 다이묘(大名) 사이에는 이들을 자신의 진영으로 끌어들이기 위한 경쟁이 시작되었고, 포르투갈의 무역상들은 점차적으로 중국인을 제치고 일본 무역의 주도권을 장악하였다. 이런 상황에서 기독교도 자연스럽게 전파될 수 있었다.

일본에 기독교가 처음으로 전파된 것은 1549년 프란시스 사비에르(Francisco de Xavier)에 의해서이다. 그가 동양 전도의 뜻을 지니고 인도의 고아와 말래카를 경유하여 일본에 도착한 후 천황을 배

알하고 포교의 허가를 얻은 후 포교당을 세우기도 하였다. 그는 당시 일본 사회가 봉건체제라는 사실을 인식하고 우선 영주 계층에 접근을 시도하였다. 이후 일본의 신자 수는 점차 증가하여 1582년에 전국의 신자 수 15만 명에 교회는 200개에 이르렀다. 이러한 기독교의 확산에 대해 사원 세력은 각지에서 이에 대항하여 봉기를 일으키기도 했는데 이때 직전신장(織田信長)은 반사원운동을 전개하여 기독교를 보호하였다.

직전신장(織田信長)의 뒤를 이은 풍신수길(豊臣秀吉)은 처음에는 호의적인 태도를 취하였으나 1587년 돌연 '선교사 추방령'을 발표하고 예수회 신부들에게 철수할 것을 명하고 장기(長岐)항을 몰수하여 직할지로 삼았다. 그것은 이 지역 다이묘들이 기독교와 관련하여 무역을 통한 부의 축적을 막고 장기(長岐) 지역의 무역을 통제하여 그 이익을 독점하기 위해 취해진 조치였다. 따라서 선교사에 대한 추방과는 별도로 무역상의 왕래에 대해서는 제제를 가하지 않았다. 이후 풍신수길은 예수회가 일본과 포르투갈 양국 상인의 조정자 역할을 하고 있음을 알고 있었고 상품의 독점 매입에 실패하자 예수회의 활동에 대한 금령을 완화하면서 장기(長岐)를 중심으로 기독교는 다시 포교 활동을 진행할 수 있게 하였다.

이처럼 초기 포르투갈 사람들이 일본에서 포교에 성공을 거둘 수 있던 요인으로는 다음 몇 가지를 지적할 수 있다. 첫째, 외래문화와 사상을 흡수하고자 하는 당시 일본인들의 성향을 들 수 있다. 둘째, 지방 영주들에 대한 포르투갈 사람들의 지속적인 노력의 결과이다. 셋째, 선교와 더불어 기술적인 측면에서 정통한 하나의 해상세력으로서 포르투갈의 이미지가 그들의 무기와 선박을 통해 일본의 무사 계층에 접근할 수 있었다. 넷째, 포르투갈 상인들은 믿을 만한 비단의 공급자였고 일본의 상인들은 그들과의 교역을 통해 많은 이익을 남겼다. 다섯째, 일본의 지식인들 역시 유럽문화에 관심을 가지고 이를 수용하고자 하는 움직임이 강하였다.

2) 17세기 초까지 '남만학'의 성행

일본에서는 17세기 초까지 기독교의 전교 활동과 더불어 서양의 새로운 학문들이 전해졌다. 일본에서는 포르투갈과 이탈리아 사람들을 남쪽 바다에서 왔다는 의미로 이들을 남만(南蠻)이라 불렀고, 이들에 의해 들어온 학문을 남만학이라 하였다. 남만학 중에서 당시 일본인들이 가장 크게 관심을 보인 것은 군사기술과 관련되는 것들이었다. 특히 철포는 다이묘들의 새로운 무기가 되었고, 직전신장(織田信長)은 철포대를 만들어 전쟁에 승리함으로써 전 일본 열도를 통일하는 데 크게 기여하였다.

천문학은 교회의 행사가 대부분 태양력으로 치러졌기 때문에 신자들을 중심으로 보급되었다. 스피놀라(Carlo Spinola)는 1605년 경 도에 학교를 설립하여 천문과 수학을 교육하였는데, 일식과 월식, 천체의 운행 등을 과학적으로 설명하였다. 의학에 있어서는 1557년 풍후(豊後)에서 알메이다(Luis de Almeida)가 의학 강습을 통해 서양 의학을 일본에 전하는 계기가 되었다. 그는 육아원 설치와 나환자 치료 등 사회봉사도 함께 진행함으로써 많은 사람의 호응을 받은 것으로 전해진다. 이를 계기로 일본에서는 남만 의학을 학습하기 위해 쇄국하에서도 유럽에 건너가 학습하기도 하였다.

교육과 관련해서는 기독교를 기반으로 학교가 설립되고 여기에서는 기독교 교리를 비롯해 포르투갈어와 수학, 음악 등도 교육하였다. 아동들의 교육을 위해 1561년부터 초등학교 설립되어 불교의 승려들이 세운 사자옥(寺子屋)과 경쟁하면서 발전을 거듭하여 1583년에는 이미 200여 학교가 생겨났다. 기독교 교육을 위해 세워진 신학교에서는 3단계의 커리큘럼과 3개의 클래스로 나누어 라틴어와 자연과학, 일본문학, 음악, 미술 등을 6년에 걸쳐 교육하기도 하였다.

기독교의 전래와 함께 발달한 남만학은 일본이 근대화로 진입하는 단계에서 최초로 소개된 서양 학문이었다는 점에서 의미가 있다. 일본은 당시 보수적인 경향과 중세의 봉건적 성격이 농후한 상태에서 남만학과 접촉한 것은 커다란 문화적 충격이었고, 이후 근대화의 발판이 되었다. 또 다음 세기에 더 큰 영향을 주었던 '난학' 수용의 전 단계로 작용하였다는 점에서 중요한 역할을 하였다.

3) 17세기 일본의 쇄국정책과 네덜란드와의 관계 진전

17세기 덕천가강(德川家康)이 집권하면서 일본 사회에서 서학과 기독교는 위기를 맞게 된다. 그것은 1613년의 금교령으로 시작되었는데, 이는 기독교가 덕천가강에 반대하는 세력과 결합할 것을 염려하여 취해진 조치였다. 이후 무역을 독점하고자 하는 정책과 결부되면서 엄격한 쇄국정책을 단행하게 된다. 그러면서 1616년에는 무역항도 장기(長崎)와 평호(平戶) 두 군데로 제한하였다. 1622년에는 대대적인 기독교 탄압이 진행되어 선교사와 신자 약 120명이 처형을 당하였다. 이후 일본에서는 1635년까지 약 20년 동안 28만에 이르는 신자가 개종을 거부하다가 처형당하였다. 이어서 스페인 사람들은 강제로 일본을 떠나야 했고, 영국인들은 자발적으로 일본과의 교역을 포기하기에 이르렀다.

쇄국정책의 시행으로 일본 막부는 서양과의 접촉을 제한하였다. 양서의 수입은 금지되었고, 네덜란드어 또한 장기 지역의 봉행소(奉行所)에 소속된 소수의 공인된 통역들에만 한정되어 사용할 수 있었다. 하지만 18세기에 들어와 서양의 국가 중 네덜란드와는 관계를 강화하고 그 학문 소위 '난학'을 수입 연구하기 시작하였다. 그리하여 1720년 장군 길종(吉宗)은 한역서적을 포함한 양서의 수입 금지를 해제하고 화란어와 천문학, 전술 등에 대한 개인적 연구를 권장하였다. 실용적인 성격의 그는 기독교와 직접 관계가 없는 과학 서적의 수입을 허용한 것이었다. 막부의 입장에서는 난학 연구의 허용이 체제 유지에 해가 될 정도라고는 인식하지 않았기 때문에 그들 자신이 실용적인 사고방식을 가지고 탄력적으로 대처했던 것이다.

출도(出島) 상관의 외과의로 있던 켐벨, 시폴트 등은 참례를 이용하여 강호(江戶)에서 일본인과 접촉하고 동식물의 채집, 민정, 풍속 등 연구를 진행하였다. 당시 네덜란드인들이 출도(出島) 외의 지역으로 나가는 것은 원칙적으로 금지되어 있었지만 예외적으로 상관장(商館長)은 매년 1회 장군을 알현하기 위해 장기에서 강호까지 여행할 수 있었다. 한편 일본인들도 네덜란드인 숙소를 방문하여 유럽사정과 의학, 천문학 등의 지식을 습득하였다. 강호에서 이들 네덜란드인과 접촉을 허락받은 사람들은 극히 제한적이었는데 막부의 고관이나 관의(官醫), 천문학자 등이었다.

4) 난학 연구와 그 영향

일본에서 난학은 18세기에 본격적으로 진행되어 우선 어학 분야에 대한 연구가 시작되었다. 초기 일본인들은 네덜란드인과 교류하면서 화란어에 미숙하였기에 포르투갈어로 소통하기도 하였다. 그러다가 서선삼랑(西善三郎)의 『난일사전(蘭日辭典)』 편찬의 기획과 청목곤양(靑木昆陽)의 화란어 사전이 편찬되어 어학 분야의 발달과 의사소통에 기여하였다. 이후 많은 네덜란드 학문이 일본에 소개되었는데 특히 의학 분야의 발전이 두드러졌다. 당시 네덜란드의 외과 기술을 수용한 이들은 그 후 학파를 형성할 정도로 일본에서 영향력이 컸다. 더구나 의학소를 두어 막부의 의관으로 네덜란드 계통의 의사가 채용되고 의관이 난의를 겸할 것을 명하기도 하였다. 더불어 본초학은 의학의 보조 학문으로 발전하였다.

천문학 분야에서도 일본인의 관심이 확대되었다. 장기에 거주하는 상관장은 이러한 일본인의 관심을 알고 헌상품도 성도(星圖)나 지도로 하였고, 그 대가로 장기의 봉행소에서 천체를 관측할 수 있었다. 당시 천문학은 유교나 불교 신자들로부터 공격을 받기도 하였지만 미약하였고, 오히려 일본 지식계에 폐쇄적이고 관념적인 사유방법에서 탈피하여 합리적이고 실용적인 방향으로 나아가야 한다는 시각을 제시하였다. 이후 18세기 말부터 일반 일본인들의 네덜란드 상관들과의 접촉은 훨씬 자유로워지고 서양의 골동품도 수입되었으니 다이묘들은 시계나 망원경을 수집하기도 하였다. 이어서 1811년 막부는 천문대 안에 일군의 양서 번역관을 두고 서구 천문학의 지동설을 비롯하여 만유인력설, 우주생성론 등이 소개되었다.

일본에서 난학은 19세기 초에 이르러 하나의 연구 주제로 정착되었다. 하지만 그에 대한 연구는 사상과 학문 영역에서 진행된 것으로 정치적인 색채를 띠지는 않았다. 의학·천문학·농업·군사 기술 등은 처음에는 그것이 지닌 우월성 때문에 수입되었고 당국의 보호 아래 연구되었다. 그 후 점차 종래 중국에서 전해진 기술과 배후의 유교가 가지고 있던 지위마저도 빼앗아버렸다. 난학이 포함하고 있는 우월성은 기존의 전통적 사상과 정신에 비판을 가하였다. 난학은 서구의 봉건사회를 극복하고 성장한 근대 서구 사회의 산물인 과학을 그 내용으로 하는 것이어서 그 자체가 봉건적인 사고 및 정신과는 다른 성질을 지니고 있었고, 따라서 난학을 수용한 일본인 학자들도 비판적 성향을 띠게 되었다. 예를 들면 전야양택(前野良澤)은 서구 사상의 영향으로 중화사상에 대해 의심을 갖게 되었고, 삼전현백(杉田玄白)은 쇄국에 대해 개국을 주장하기도 하였다. 물론 이들 생각의 심층에는 전통적 사고방식이 여전히 존재해 있으며 그 사고가 관념적 수준에 그치고 있어 객관적이고 조직적인 의견을 구성하지 못한 한계도 존재하고 있다.

제13장
서세동점 – 불평등조약의 체결과
서구의 중국 정보 수집

1. 아편전쟁과 불평등조약의 체결

　18세기 중엽 인도를 정복한 영국은 프랑스와의 7년 전쟁(1756~ 1763)에서 승리함으로써 유럽에서 주도권을 잡았다. 이후 증기기관을 동력으로 하는 방직업을 필두로 산업혁명을 이룩하였다. 영국은 원활한 원료 공급과 시장을 개척하기 위해 세계 각지로 향하였는데 동양에서는 동인도회사가 이를 담당하였다. 영국 상인들은 광동에서 은을 매개로 하여 비단, 차, 도자기 등을 교역함으로써 많은 수익을 올렸다. 당시 중국은 건륭 22(1757)년에 광주 한 군데만을 외국과의 무역항으로 개방하였고, 공행제도를 운영하고 있었다. 공행은 정부 특허상인들의 동업조합으로 외국과의 무역에서 독점권을 행사하였다.

하지만 영국은 미국 독립전쟁과 이 전쟁에 프랑스·스페인 등이 개입하면서 이들 국가에 대한 모직물 수출에 어려움을 겪게 되면서 은의 조달에도 문제가 생겨 동방무역에 타격을 입게 되었다. 더욱이 유일한 개방 항구인 광동은 아열대 지방이어서 모직물 제품이 잘 팔리지 않았으므로 영국 정부는 사절단을 파견하여 북쪽 항구의 개방과 광동 13행에 의한 무역 독점의 폐지 등을 요구하였다. 이에 대하여 청 정부는 영국과 정식으로 외교 관계를 수립할 의사가 없이 종래의 정책을 유지하였다. 이러한 상황에서 영국의 동인도회사는 인도 뱅골만 지역에서 아편을 재배하여 이를 중국으로 밀수하기 시작하였다. 아편 밀수에 대해 청조는 계속 금령을 내렸지만 부패한 지방 관료들 때문에 큰 효과를 보지 못하였고, 1838년에는 1820년에 비해 약 100배 이상 증가하여 사회문제로 대두하였다.

아편 무역은 영국의 경제 성장에 큰 도움을 준 반면 청조는 국민의 건강 문제와 더불어 은이 유출됨으로써 은을 중심으로 한 경제체제에 심각한 타격을 주었다. 이에 청조는 대신회의를 개최하여 이 문제를 논의하였는데 회의에서는 이금파와 엄금파 양측의 의견이 대립하였다. 이금파(弛禁派)인 허내제(許乃濟)는 "아편을 마시는 자는 대개 천민으로 반드시 빨리 죽는 것도 아니다. 중국은 인구의 증가율이 높으니 만큼 호구가 감소될 근심도 없다. 다만 은이 유출되는 것은 국가적인 문제이므로 은으로 아편을 사들이는 것을 금하고 물건으로써 아편을 바꾸는 것은 묵인해야 한다."고 주장한 데 비해 엄금파인 황작자(黃爵滋)는 "1년 이내에 아편 먹는 것을 금하게 하고 1년이 지나서도 그 버릇을 버리지 못한 자는 사형에 처해야 한다."고 강하게 반대하였다.

　1839년 도광제는 소수파였던 엄금파의 임칙서(林則徐)를 흠차대신에 임명하여 광주에 파견하였다. 광주에 부임한 임칙서는 외국 상인에게 아편을 일체 들여오지 않겠다는 서약서의 제출을 명하고 아편 2만여 상자를 바닷물에 버리거나 소각하였다. 이에 영국의 파머스틴 내각은 1839년 10월 중국과의 전쟁을 결정하고 다음 해 중국 해안에 군대를 파견하였다. 임칙서는 서구 문명의 군사기술 면에서의 우월성을 인식하고 결전에 대비하였지만 다른 지역의 사정은 그렇지 못하였다. 역사적으로 북방민족의 침략을 수없이 받았던 중국은 명대 정화의 해상 원정 이후 해군력을 양성하지 않았기 때문에 영국 군대의 대포 앞에 승리할 수 없었고 이로부터 근대 중국의 반식민지화가 시작되었다.

임칙서

　영국과의 전쟁이 불리해지자 청조 정부는 강경파인 임칙서를 파면하고 타협파인 기선(琦善)을 통해 영국과의 교섭을 진행토록 하였다. 영국군의 압력에 기선은 몰수한 아편에 대한 배상과 홍콩 할양 등을 포함한 가조약에 서명하였다. 외교의 실패 소식을 접한 도광제는 기선을 파면하였고, 이를 구실로 영국은 재차 공격을 개시하여 상해를 점령하고 남경을 압박하자 청조는 영국의 모든 요구 조

건을 수용하는 최초의 공식적인 불평등조약인 「남경조약」을 체결
하게 된다. 이후 중국은 서구 열강과 계속해서 불평등 조약을 체결
하게 되는데, 아편전쟁부터 의화단운동 시기까지의 중요 조약 체결
상황을 표로 나타내면 다음과 같다.

〈표 5〉 근대 중국이 서구 열강과 체결한 불평등조약(1842~1901)

조약명칭	조약체결국가	조약체결시기
南京條約	영국	1842. 8. 29
虎門條約과 五口通商章程	영국	1843. 10. 8
望廈條約	미국	1844. 7. 3
黃埔條約	프랑스	1844. 10. 24
上海租地章程	영국	1845. 11. 29
上海英法美租界租地章程	영국·프랑스·미국	1854. 7. 5
天津條約	러시아	1858. 6. 13
天津條約	미국	1858. 6. 18
天津條約	영국	1858. 6. 26
天津條約 및 附約	프랑스	1858. 6. 27
通商章程善后條約	프랑스	1858. 11. 24
通商條約, 通商章程善后條約	독일	1861. 9. 2
通商條約, 通商章程	벨기에	1865. 11. 2
通商條約, 通商章程	이탈리아	1866. 10. 26
上海洋涇濱設官會審章程	영국·프랑스·미국	1868. 12. 28
越南條款	프랑스	1885. 6. 9
緬甸(미얀마)條款	영국	1886. 7. 24
和好通商條約	포르투갈	1887. 6. 26
上海新定虹口租界章程	미국	1893. 7. 22
馬關(시모노세키)條約	일본	1895. 4. 17
英德借款詳細章程	영국·독일	1896. 3. 23
通商行船條約	일본	1896. 7. 21
合辦東省鐵路公司合同章程	러시아	1896. 9. 8
膠(산동)澳(마카오)租界條約	독일	1898. 3. 6
旅大租地條約及續約二件	러시아	1898. 3. 27
粵漢鐵路借款合同	미국	1898. 4. 14
内港行船章程	영국·일본 등	1898. 7. 13
漢口日本專管租界條款	일본	1898. 7. 16
香港英新租界合同	영국	1899. 3. 19
東南保護約款	영국·미국 등	1900. 7
議和大綱	영국·러시아·독일 등	1900. 12. 22
辛丑各國和約	영국·러시아·독일 등	1901. 9. 7

1842년 8월 체결된 남경조약으로 홍콩의 할양이 결정되어 이로부터 1997년 중국에 반환될 때까지 홍콩은 155년 동안 영국의 지배하에 놓이게 되었다. 이 밖에 조약에서는 5개 항구(광주, 하문, 복주, 영파, 상해)의 개항과 공행제도의 폐지, 2,100만 달러(1,500만 냥)에 달하는 배상금 지불 등이 포함되었다. 남경조약 체결 이듬해에는 이를 보충하는 추가조약, 곧 「오구통상장정(五口通商章程)」, 「호문조약(虎門條約)」이 체결되어 영사재판권, 토지임차권, 최혜국대우 인정 등을 명문화하였다.

남경조약과 계속된 추가조약은 이후 서양 여러 나라가 동양을 침략하면서 각종 이권을 탈취하는 수단으로 사용한 불평등조약의 단서를 제공했다는 점에서 중요한 의미를 지닌다. 중국은 그 후 미국, 프랑스 등의 국가와도 조약을 체결하여 위의 내용에 더하여 개항장에서의 교회 설립권과 조계지 설정 등을 서양 제국주의 침략자들에게 제공해야만 했다.

2. 열강의 영사재판권 탈취

영사재판권은 외국의 자본주의·제국주의 세력이 그들의 식민지나 부속 국가에서 불평등조약을 통해 탈취했던 일종의 정치특권이다. 영국 정부가 중국에서 영사재판권을 탈취한 것은 1843년 7월 22일 「오구통상장정(五口通商章程)」을 통해서였다. 즉 '장정'의 제13항에는 "만약 영국인이 피고자인 경우 영국 영사는 영국 법률에 의거하여 죄를 심판한다."고 규정하였다. 이로써 중국은 외국인들에 대해 행사할 수 있는 사법수단의 운영권을 상실하게 되었고 외국인은 중국 내에서 저지른 범죄행위에 대한 중국 법률의 구속에서 제외되었다. 이후 미국, 프랑스, 러시아 등도 청 정부를 압박하여 각종 불평등조약을 체결한다. 중국이 열강과 체결한 영사재판권의 범위와 내용은 시간이 지날수록 넓어지고 다양해졌다. 초기에는 단지 자국 교민들에 대한 영사재판권만을 규정하였으나 점차 그 대상을 기타 외국인과 심지어는 중국인에 대한 사법권으로까지 확대하였다. 1843년부터 1918년까지 75년 동안 중국은 영국, 프랑스, 미국, 독일, 일본, 이탈리아, 스페인 등 18개 국가와 영사재판권을 포함한 34개의 조약을 강제에 의해 체결하였으며, 그중 특히 영사재판권과 관련된 항목은 총 110개 조항에 이른다.

제국주의 열강이 중국에서 영사재판권을 획득하기 위해 가장 많이 사용한 방법은 역시 무력을 앞세운 침략전쟁의 확대이다. 제1차 중영전쟁(아편전쟁)의 결과에 만족하지 못한 영국과 프랑스는 제2차 중영전쟁을 일으켜 1858년 「천진조약」을 강요하여 영사재판권의 범위를 오구통상지에서 중국 내지까지 확대하였다. 일본의 경우 1871년 체결한 「중일수호조규(中日修好條規)」에서는 호혜적인 내용으로 되어 있으나 갑오전쟁 후 1896년 「통상행선조약(通商行船條約)」을 체결하여 일본은 중국에 대해 일방적인 특수한 권리를 주장하였다. 중국이 일본에서 누렸던 영사재판권을 포기하도록 강요받은 것이다. 이로써 일본에 거주하는 중국인들은 일본 법률의 관할을 받게 되지만 중국에 있는 일본인들은 일본 법률의 영향을 받게 되었다.

다음은 회심제도이다. 회심은 주로 조계지 내의 중국인 피고를 심리하는 곳이었는데 단 외국인이 원고인 경우 외국 영사가 관심하는 제도이다. 중국인 간의 안건에 대해서는 중국의 법률에 의거해 심리를 하고 외국 영사가 간여할 수 없었으나, 각국 영사는 '관심(觀審)'의 이름을 빌려 재판에 간접적으로 영향력을 행사하였다. 중국인과 외국인 사이의 안건뿐 아니라 중국인 간의 안건에 대해서도 심리에 실제로 참여함으로써 조약 외의 새로운 침략행위를 감행하였던 것이다.

제국주의 열강은 마음대로 영사재판권을 확대하여 최혜국 조항을 남용하였다. 최혜국 조항이란 본래 상업적인 측면에 국한된 사항으로 비정치적이며 비일방적인 사항이었으나 열강은 이를 정치적으로 확대하여 영사재판권의 측면에서도 일방적으로 사용하였다. 열강과 체결한 조약에는 미국, 일본, 스웨덴, 스위스 등 4개국만이 영사재판권에 대한 최혜국대우 조항이 기재되어 있었지만 실제로는 다른 열강들도 영사재판권에 대한 최혜국 대우를 누렸다.

영사재판권 행사의 구체적 내용은 안건의 특성에 의해 그 규정이 달라진다. 우선 중외혼합안건은 중국에서 영사재판권을 가진 나라의 외국인과 중국인 사이의 소송 안건으로 민사소송과 형사소송으로 나뉘며 모두 피고주의를 원칙으로 한다. 피고주의 원칙이란 외국인이 소송의 원고이고 중국인이 피고인 경우에는 중국법정에서 중국의 법률에 의거해 심판하고 반대로 외국인이 피고인 경우에는 외국의 영사 법정에서 그 나라의 법률에 의거해 심판하는 것을 말한다. 1858년 「중영 천진조약」 제17항에는 "중국과 영국인 사이의 민사소송 안건에 대해 영국 영사는 일체 간여하지 않으나 만약 조정이 이루어지지 않을 경우 중국의 지방관과 영사는 합동으로 공평하고 신속하게 처리한다."고 하여 영국 영사가 사건의 조정과 심리권을 행사할 수 있도록 하였다.

다음 단순안건은 중국에서 영사재판권을 가진 나라 사람들 사이의 안건으로 민사·형사를 막론하고 당사자가 속한 국가의 영사법정에서 심리하고 중국은 이에 간여할 수 없었다. 대체로 이 경우에도 피고주의 원칙이 적용되었으나 중국법원은 철저히 배제되었다. 한편 영사재판권을 소유하지 못한 나라 사람이 피고인 경우에 한정해서는 중국법정에서 심리할 수 있도록 되어 있다.

3. 조계의 설정

조계는 제국주의 열강이 중국을 침략하는 과정에서 탈취한 이권으로 이곳은 외국 자본과 상품의 집산지로서 중국의 입법·사법·행정의 간섭에서 자유로운 중국 속의 또 다른 국가로서 존재했다. 조계의 중문 명칭이 갖는 의미는 우선 '조(租)'는 토지를 빌려주는 것으로 할양해 주는 것이 아니므로 소유권은 중국에 있다는 것이고, '계(界)'는 한계를 획정하는 것으로 외국인은 이 범위를 넘을 수 없음을 나타낸다.

조계 설정에 관한 최초의 조약은 아편전쟁 패배 이후 중국과 영국 사이에 체결한 「남경조약」을 보충하는 1843년 10월 8일 체결된 「오구통상장정」에서 영국인이 개항되는 다섯 항구도시에의 거주권을 요구하고 영국 영사가 지방장관과 협의하여 조계를 획정하고 이를 빌려준다는 조항을 삽입함으로써 강제로 조계 지역을 설정할 것을 암시하였다. 이어서 1845년 11월 29일 체결한 「상해조지장정(上海租地章程)」에서는 영국인의 거류지 경계와 거주지 내에서의 외인 준수사항 등을 규정하였고, 이는 후에 다른 국가와 조계를 체결할 때에도 참고자료로 이용되었다. 1946년 상해에 약 830무(1무=200평)를 영국 조계지로 설정하였으니 열강이 중국에 설치한 첫 번째 조계지였다. 그런데 조약 체결 당시 조계 지역의 경계를 명확하게 확정하지 않았기 때문에 점차 확대되었고, 그에 대해 중국 정부는 뚜렷한 대응을 하지 못했다.

이후 조계 지역은 연해의 개항장을 중심으로 점차 확대되고 또 열강들의 중국 진출 과정에서 계속 증가하였는데 그 종류는 크게 4가지로 분류할 수 있다. 첫째, 전관조계(Concession)는 조계 지역을 관련 외국에게 임대해 주고 해당 국가에서는 외국 거류민에게 전대하여 거주할 수 있도록 한 것이다. 이 경우 해당 외국은 매년 중국 정부에 토지세를 납부하고 외국 거류민은 영사서에 납세한다. 조계 지역 내부는 해당 국가에서 관리하기 때문에 항상 그 나라 영사가 행정장관에 임명된다. 한구조계가 그 전형으로 중국에 설치되었던 조계 중 가장 높은 비율을 점하였다. 둘째, 전관거류지(Settlement)는 중외 쌍방이 협정을 통하여 일정 구역 내에 외국인의 거주를 허용하는 것을 말한다. 이 경우 외국 거류민은 중국 정부에 납세하고 외국 영사에 납부하지 않는다. 이러한 조계의 예로 상해의 프랑스 조계가 있었다. 셋째, 공공조계(International Concession)는 조계의 성질은 전관조계와 같지만 조계 지역을 임대하는 국가가 여러 나라이기 때문에 각국은 해당 지역을 주재하는 영사가 서명한다. 예를 들면 무호(蕪湖) 및 하문(厦門) 고랑서(鼓浪嶼) 공공조계가 이에 속한다. 넷째, 공공거류지(International Settlement)는 그 성질은 전관거류지와 같지만 임차인이 각국 교민으로 중국 지방관서에서 계약서를 발급하며 각국 사람들이 모두 관리에 참여할 수 있다. 상해의 공공조계가 그 전형이다.

조계의 행정 관리 기구로는 공부국(工部局)이 있다. 공부국의 유래는 영국이 조계를 설치할 때 초기에 건축 공정의 일을 맡아보는 기구가 설립되었는데 이후 청조의 '공부' 명칭을 따서 공부국이라 칭하였다. 공부국의 행정은 동사가 담당하였는데 이들은 외국 거류민이 선출하거나(상해공공조계, 천진 영국조계), 영사가 파견한(프랑스 · 일본의 전관조계) 경우도 있었다. 물론 조계의 실질적인 통제자는 각국의 영사였기 때문에 공부국은 영사 아래 소속된 집행기구였던 셈이다. 공부국에서는 경무 · 공무 · 재정세무 · 위생 · 교통 · 교육 등 위원회를 설치하고 시정을 맡아 보았다. 그런데 상해공공조계를 비롯해서 몇몇 조계 지역에서는 소위 「납세외인회의(納稅外人會議)」라는 기구가 있어서 공부국의 동사를 선출하고 공부국의 예 · 결산 비준 및 보고 심사, 공부국에서 정한 부칙의 비준, 공부국 권한의 감독 등의 직무를 수행하기도 했다. 하지만 이 기구는 회의에 참가할 수 있는 납세인의 자격이 너무 높아서 일반 외국인은 참여할 수 없었고 또 외국 거류민의 시정에 대한 참여가 열성적이지 못했기 때문에 회의는 인원 부족으로 유산되는 경우가 많았다.

조계 내에서 공부국의 조직 구성과 활동 범위는 대단히 넓은데 그 구체적인 사항은 다음과 같다. 첫째, 조계 내에는 외국군대가

조계지의 외국군대

주둔하였다. 군대는 정규군과 더불어 '상단(商團)'이라 불리는 조직이 있었는데 이는 지원대이지만 정규군의 편제에 따라 정규군의 장비를 가지며 정규군 군관이 통솔하는 무장 세력이다. 이들은 평시에는 조계 내에 주둔하면서 중국 관원 혹은 군대가 조계 지역을 통과 혹은 진입하는 것을 막고 전시에는 조계를 장악하는 임무를 띠고 있다. 둘째, 경찰조직을 '순포(巡捕)'로 통칭되었는데 적은 경우 수백 명에서 많은 경우 예를 들면 상해의 공공조계에는 5천 명 가까운 인원이 배치되어 범인 체포, 중국인의 무장 해제, 수세 협조 등의 임무를 맡아 보았다. 셋째, 세수활동으로 지세(地稅), 마두연(碼頭捐) 등을 징수하였는데 이는 조계를 관리하는 중요한 재원이 되었고, 해당 국가의 수입원이기도 하였다. 이 밖에도 소방·도로·교량·우정 등을 모두 공부국에서 처리하였고 중국 정부는 이러한 활동에 대해 간섭할 수 없었다.

조계 설립 초기에는 '화양분거(華洋分居)'의 원칙에 의해 조계지 내에 중국인의 거주를 허락하지 않았다. 심지어 '개와 중국인의 출입을 금함'이라는 팻말이 조계지 입구에 세워지기도 하였다. 그러나 비밀결사 단체인 '소도회(小刀會)'의 기의를 계기로 중국인이 상해 조계지로 도망하면서 거주가 시작되어 1853년 500명 정도가 거주하였다가 이듬해에는 20,000명을 초과하였다. 1860년 태평군이 소주와 항주를 점령하면서 상해조계로 피신한 중국인이 급증하여 30만에 이르렀다가 1862년에는 50만에 이르렀다. 청일전쟁 이후에

중국인과 개의 출입을 금한다는 표지판

생긴 조계는 한구(漢口)의 독일 조계지와 같은 몇몇을 제외하면 모두 중국인의 거주를 허락하였다. 하지만 중국인들이 조계 내의 시정에 참여하는 것은 허락되지 않았다. 상해공공조계의 경우 중국인이 절대다수를 차지하였지만 이들은 납세의 의무만 있을 뿐 시정에 참여할 수 없었다. 이 문제에 대해 제1차 세계대전이 끝난 후 '파리강화조약'이 체결되는 회의석상에서 "조계 내의 인민은 대부분 중국인이다. 조계의 수입 또한 중국인으로부터 나온다. 하지만 고랑서 한 곳의 공부국에 지방관이 파견한 임원이 공부국 사무에 참여하는 것을 제외하면 중국인은 참여할 수 없다."고 지적하면서 중국인의 동사에 대한 선거 및 피선거권을 주장하였다. 이어서 1920년 상해 공공조계에서는 '납세화인회'가 발족되어 중국인들의 권익을 찾고자 하였고 이후 중국인의 조계 내에서의 입지는 점차로 강화되었다.

4. 중국에서의 정보 수집 사례와 그 활용

1) 유럽인의 중국 정보수집 동기와 목적

근대의 유럽 지식인 계층에게 있어 세계 인식과 아시아 인식은 불가분의 관계에 있다. 즉 유럽에게 근대는 세계인식으로 확대된 유럽이었기 때문에 아시아는 그중에서 처음으로 유럽의 자기 인식을 위한 해석의 대상이 되었던 것이다. 유럽의 자기 인식을 세계사 인식으로서 출발하기 때문에 아시아를 개념화할 필요가 있었던 것이다. 그것은 자유·평등이라는 사회계약설에 보이는 유럽 사회에 개인적 권리를 확립함과 동시에 진화론에 보이는 사회 변화의 발전 단계를 인식하기 위함이다. 더욱이 자본주의 경제가 지속되는 과정에서 세계 시장을 그 활동장으로 삼고 있던 그들은 기독교에 의해 총합된 '서양＝세계'라는 구도를 설정하기 위해서도 아시아 연구는 절대적으로 필요한 작업이었다.

근대 서양에 있어서 아시아 인식의 동기에는 세 가지의 다른 방향이 존재한다. 하나는 근대 서양을 근대 세계사 중에 위치시킨다고 하는 보편적 세계 인식 혹은 그 중심으로서의 서양사 인식의 필요성으로부터 생겨난 것이다. 그에 의하면 아시아는 서양을 보편화하는 것을 지원하는 역사 개념으로서 구상된다.

아시아 인식을 필요로 했던 두 번째 동기는 통상 및 외교상 활동에 수반한 것이다. 활동 영역을 세계로 확산하고 있던 서양인들은 그들이 외교상에서 좀 더 많은 이권을 쟁취하기 위해서는 미리

해당 국가의 정보를 구하는 것이 절대적으로 필요했다. 또 자본주의가 발전하면서 원료와 시장이라는 두 마리 토끼를 한꺼번에 잡기 위해서도 지역 정보는 필요하였다.

세 번째 동기는 기독교 포교를 위해서이다. 이는 제국주의의 침략과 함께하는 것으로 문화·종교적인 측면에서 중국을 비롯한 아시아 국가를 서구화하는 것이 그들의 이해에도 부합된다는 판단에서이다. 따라서 이 시기 선교사 파견은 종교적 목적에서도 중요한 사업이었지만 그 보다는 자본주의 진출에 도움을 주기 위한 측면이 강하였다. 그런데 이러한 목적과 동기는 중국 사회의 실태와 관계되는 것이고 서양의 이해관계와도 직접적인 관련이 있다.

2) 정기간행물의 발행

서양인들이 수집한 정보는 중국 현지에서 활동하는 단체나 개인이 쉽게 접근할 수 있어야 했다. 그런 의미에서 중국 현지에서 서양인에 의해 수집된 정보는 정기 간행물의 형식을 통해 제공되었다. 중국에서 발행된 최초의 정기 간행물은 1827년 광동에서 출간된 Canton Register이며, 그 밖에 많은 정보물이 중국에서 간행되었는데 초기의 정기 간행물을 표로 작성하면 다음과 같다.

<표 6> 19세기 전반기 중국에서 발행된 정기 간행물

발행시기	정기 간행물 명칭
1827	Canton Register(1843년 Hong Kong Register)
1831	The Canton Miscellancy, The Chinese Courier and Canton Gazette
1832	The Chinese Repository
1833	Eastern and Western Monthly Magazine
1835	Canton Press
1841	Hong Kong Gazette
1842	The Friend China
1845	China Mail

이 중 1832년 발행되어 1851년까지 계속된 The Chinese Repository
에 게재된 기사의 내용을 항목별로 분류하면 다음과 같다. 지리(63),
중국 정부와 정치(81), 세입·육군·해군(17), 중국인(47), 중국사(33),
박물학(35), 예술·과학·제조(27), 여행기(27), 언어·문학(94), 무역
과 상업(60), 선박(26), 아편(55), 광동·외국상관(36), 대외관계(34),
영국관의 관계(38), 영국과의 전쟁(74), 홍콩(22), 미국과의 관계(21),
일본·한국(24), 태국과 동남아(21), 기타 아시아 제국(18), 인도제
도(36), 이교 신봉(43), 전도(102), 의료사절(48), 개역성서(40), 교육
기관(31), 종교(29), 인물기(38), 기타(37)이다.

The Chinese Repository는 중국을 중심으로 아시아 전역을 대상으
로 정보를 조사·수집하였다. 내용 중 가장 많은 수를 점하고 있는
것은 기독교에 관한 것이다. 현지 종교에 관한 기사에서 기독교의
전도, 의료, 교육 등에 이르고 있다. 다음으로 중국의 사회·문화에
관한 기사가 많고 이 밖에 통상·경제관계, 외교·정치관계에 대
해서도 언급되어 있다. 발행은 매월 1회, 발행 부수는 700~1,000
부, 중국을 비롯한 다른 아시아 지역에 머물고 있는 외국인이 주된

독자였다.

　1840년대에 들어와 중국이 영국을 시작으로 여러 외국과 통상 외교 관계를 체결하고 1860년대 이래에는 기독교의 내지 포교가 공인되고 선교사의 증가도 보이고 있다. 이러한 시대적 상황에서 서구인들은 중국을 비롯한 아시아 세계에 관한 다양한 정보를 필요로 했던 것이고 그 과정에서 많은 정보지가 출현하였다. 특히 무역 · 상업 활동에 수반한 재중국 외국인 수는 1890년대 급격히 팽창하였다. 중국의 개항장별로 보면 상해, 천진, 영구, 하문, 한구 복주 순이고 나라별로 보면 영국, 미국, 일본, 프랑스, 독일 순이다. 20세기 초에는 전체에서 상사 1,100개 인원 19,000명에 달하고 있다. 순서는 영국, 일본, 독일, 프랑스 순으로 순위가 변화하고 있다.

　상업과 무역의 필요성과 더불어 중국으로 진출을 도모하고 있던 선교 단체에서도 중국에 관한 사전 지식은 필요했고, 또 이미 중국에 진출해 있던 선교사 단체에서는 많은 정보를 가지고 있기도 하였다. 기독교 포교는 전국 전역으로 확산되었고 나라별로는 프랑스 선교단이 다수를 점하고 있다. 선교사에 의한 중국 사회 말단에까지 보고는 서양의 구체적인 아시아 인식의 큰 정보원이었다. 하지만 이들 상인과 선교사의 보고는 개별 기업과 개개의 선교 활동의 가장 구체적인 기록이지만 반드시 공적으로 간행된 것은 아니었으며 내부 문건이었기 때문에 이것들의 이용은 충분하다고 말할 수는 없다.

3) 해관에서의 정보 수집과 보고

　중국에서의 정보 수집은 중국 외교를 담당하는 외교관과 해관에서 업무를 보았던 관료들의 공적인 활동도 중요한 역할을 담당하였다. 특히 해관에서의 정보 수집과 보고는 중국의 정치·사회·경제 등에 걸친 1차적인 정보를 제공해 주었다. 해관보고는 1853년 상해 소도회의 기의에 의해 중국 측의 강해관(江海關), 곧 상해 세관이 기능을 정지하고 영국, 미국, 프랑스 3개국 영사가 상해도대(上海道臺)에 요구하여 관세를 대신 징수하면서 시작되었다. 이 해관보고는 무역 통계뿐만 아니라 무역 상황과 시장 문제, 거기에 사회문제의 보고를 포함하는 체계적이고 조직적인 것으로 영사 보고의 데이터도 이에 기초한 경우가 많았다. 대체로 10년마다 보고서를 작성하였는데『해관10년보고』에 기재된 내용은 다음과 같다.

① 앞선『해관10년보고』발행 이래 10년간 개항장·지방·성에서 일어난 사건 가운데 중요한 것들
② 무역의 변화: 통상로, 수요·공급, 상품의 종류, 무역액의 변화, 주목할 만한 가격 변동 등의 움직임
③ 관세 수입의 증감: 총액 및 특정 상품의 세수
④ 아편 무역의 상태: 연간 소비량, 품종별 가격, 중국산 아편 가격 및 산지, 중국산 아편과 수입 아편과의 경쟁의 정도
⑤ 무역수지
⑥ 중국인 외국인을 불문하고 해당 항(도시)의 주민의 수, 구성, 성질, 직업 등 특별한 변화

⑦ 제방의 축조, 도로, 경찰, 가로등 등의 개선상황

⑧ 항구로 통하는 수로 상태의 변화

⑨ 항만 시설에 있어 새로이 부설된 것

⑩ 해당 지역에서 일어난 자연재해, 역병, 반란 등과 그에 대한 대응책

⑪ 저명인의 왕래와 그 접대 형식

⑫ 그 지방에서 나온 회시 합격자 수, 장원, 방안, 탐화의 성명

⑬ 해당 지역 독서인의 움직임

⑭ 해당 지역의 수재, 거인의 수, 문맹률, 여성의 교육

⑮ 해당 지역의 자연적 특징, 주요 산물, 주요 제조업, 운반수단

⑯ 해당 항에 있어서 중국 선박의 운반 높이, 정크의 종류, 명칭, 운반품, 왕래하는 항, 항해에 관한 수속, 수익 등

⑰ 토착 금융기관의 소재, 업무형태

⑱ 토착 우편기관의 소재, 업무, 수송망, 우편 비용

⑲ 각 해관 규칙, 직원, 업무량, 분담의 변화

⑳ 외국인의 눈으로 본 해당 지역에 있어서의 육군, 해군, 공업, 재정, 행정 등의 개선 상황

㉑ 선교사의 단체명, 선교사 및 개종자의 수

㉒ 해당 지역에 회관을 가진 지방, 동향·동업 회관의 규약, 구성원의 특권 및 업무 현황

㉓ 해당 지역의 또는 해당 지역 출신의 저명한 관료명

㉔ 출판된 저명한 서적

㉕ 지역사회의 역사와 그 장래

해관10년보고

이 밖에 부록에는 무역통계(선박량, 수출입액, 수출입량, 세수, 귀금속의 수출입, 인구 등), 우편통계 등이 게재되어 있다. 보고사항은 개항장의 경제·사회뿐만 아니라 해당 지역 전체 문제에 미치고 있고 중국의 지역사회에 대한 서양의 치밀하게 조사하여 보고하는 특징을 보여주고 있다.

영사보고와 해관보고는 대량의 정보를 체계적으로 유럽에 제공했던 것이지만 동시에 이들 보고가 공간됨에 따라 중국에게도 '같은 양'에 가까운 정보를 제공하고 있다. 공간을 전제로 하여 보고가 작성된 것도 — 물론 그 배후에는 많은 비밀 정보가 존재했던 것이지만 — 정보의 제 항목이 선동·강화되어 그에 의해서 중국 측에 문제를 제시하고 교섭의 틀을 규정하였다. 역사적 자료를 검토할 때에 정보를 수집하는 측면에서 이루어지지만 해당 정보의 동시대적 작용으로서 수집된 정보가 동시에 상대방 측에도 제공되었다고 하는 측면도 검토해야 한다. 영사보고와 해관보고는 중국에 대한 정보 제공의 측면에서도 중요한 역할을 수행하였던 것이다.

5. 전문 정보 사절단의 파견

중국에 관한 전문 영역의 정보를 수집하고자 할 경우에는 특별히 사절단을 조직하였다. 19세기 말에 영국의 직물도시 블랙번의 상업회의소가 파견했던 사절단은 중국의 직물업에 대해 또 외국 제품의 판로에 대해 전국적인 조사를 진행하였다. 1896년 8월 22일에 블랙번을 출발하여 1897년 9월 3일에 귀국하기까지 중국에서는 1896년 10월 3일 상해에 상륙하여 1897년 7월 9일 홍콩을 떠날 때까지 9개월 동안 상해에서 중경, 성도에 이르고 운남, 귀주를 돌아 광서로부터 광동으로 가는 대규모 조사 여행이었다. 여행 이후 작성된 보고서는 3부로 구성되어 있는데 제1부는 방문했던 도시 및 도시 근교의 사회 경제 상황을 직물업을 중심으로 관찰하고 있다. 제2부는 중국 국내 시장에 관련한 항목별 보고이고, 제3부는 몇 개의 제안을 포함한 결론 부분이다. 이 중 국내 시장에 대한 관심은 다음과 같은 제 항목으로 정리되고 있다.

① 교통 전반, ② 도로, 항로, ③ 과세, 세관, ④ 통행증에 의한 상품의 분배, ⑤ 중국의 통화, ⑥ 경쟁, ⑦ 중국에 있어서의 면방직기, ⑧ 사천성으로의 면포 수입, 교역 수수료와 지불 방법, 토착 은행과 무역 기관, ⑨ 사천, 운남, 귀주에 있어서 토착 면포, ⑩ 사천의 생사 무역, ⑪ 면포의 염색과 마무리, ⑫ 직물의 의장(意匠), ⑬ 사천의 수출 무역: 그 지위와 장래, ⑭ 길드와 무역관계, ⑮ 영사와 상업, ⑯ 매판과 매판제도의 16개 항목으로 분류될 수 있다.

블랙번 상업회의소의 사절은 중국의 국내 시장을 조사하는 중에 재중국 영국 영사가 각 개항장에서 무역활동에 관해 매우 소극적인 역할만을 수행하고 있는 것에 실망했다. 특히 내륙 시장에 있어서 중국의 지방 역인에 의해 부과되는 이금세(釐金稅)는 조약상에서는 지불이 면제되어 있음에도 불구하고 다른 국가 상품에서와 마찬가지로 과세하고 있었으니 외국 상인에게는 최대의 불만이었다. 이 이금세의 타파가 사절의 하나의 결론으로 되었으며 동시에 반드시 영국 상인의 요구를 대변하지 않는 재중국 영국 영사에 대한 비판도 강하였다.

영사의 역할은 다음과 같이 기대되고 있다. 즉 영사는 정치가, 국제법의 확대자, 자국 위신의 보호자, 법률가와 동시에 판사, 자국 무역 상인의 보호자, 이런 역할을 총체적으로 수행하는 것으로 보았던 것이다. 그러나 이금에 관한 몇 개의 사례는 이러한 기대를 충족시키지 못하고 있음을 반증하는 것이었다. 이러한 사례는 상인의 이금 지불을 요구할 때 조약상 불필요한 것임에도 불구하고 이를 지불해야만 하는 사건이 일상화되어 있음을 나타내 주고 있다. 이를 영사에게 건의하여도 소용이 없었고, 개인적으로 직접 상인이 북경의 영국 공사에게 직소하였지만 이 역시 아무런 소득이 없었다. 영사도 1860년대 이래 그전 20년간과 달리 외교관이 상업이나 무역에 열심히 몰두하지 않았다고 술회하고 있다.

6. 기독교 선교사의 정보 수집과 중국 인식

기독교 선교사들이 수집한 정보는 종교가 중국의 민간 사회생활에 관계되어 있는 까닭에 중국의 사회문제와 직접 관계되는 내용을 다수 포함하고 있다. 선교사가 관찰했던 중국인의 종교심, 숭배의 대상에 대한 파악의 결과 중국인은 종교에 대해 관용적인 민족이 아니라고 결론지었다. 구체적으로는 ① 불교·도교·기독교·유대교·이슬람교·공자와 노자 등이 병존하고 있는 점, ② 역사적으로 종교전쟁이 중국에서는 발생하지 않았다는 점을 들고 있다.

선교사들은 특히 중국 선교의 어려움을 호소하면서 중국에서 활동하는 데 따르는 여러 가지 장애 요인에 대해 말하면서 중국 사회를 분석하고 있다. 그들이 직면했던 최초의 장애는 중국인들의 외국과 외국 사람들에 대한 관념이었다. 이와 관련하여 19세기 후반 천진을 방문했던 한 잡지 기자는 "중국에 온 외국인은 중국 측 눈으로 본다면 공물을 가지고 존경을 표시하러 온 것으로 되어 있다. 이 중국의 중화의식과 그에 기초한 세계인식은 매우 일반적인 것이다."라고 서술하였다. 즉 외국인의 중국 입국 동기와 목적에 대해 그들은 중화사상에 입각하여 이들을 맞이하고 대우하려고 했던 것이다.

두 번째로 포교활동의 과정에 직면한 가장 구체적인 어려움은 지방의 유력인사(신사)의 존재였다. 선교사는 만약 향신을 치켜세우지 않으면 교회는 두 시간 만에 파괴되고 말 것이라고 하였으니 중국에서 지방 신사의 위치를 실감하는 대목이다. 결국 선교 활동의 성공 여부는 얼마나 이들 지방 신사를 설득할 수 있는가에 달려 있었던 것이다.

다음 기독교의 포교 활동에 대한 어려움은 외교적으로 1860년 북경조약에 이르러 내지 포교의 자유가 규정되고 명목적으로는 전국 어느 지방에서도 포교 활동이 가능하게 되었지만 실제에 있어서는 여전히 갖가지 어려움에 직면해 있었다. 포교의 구체적 과정에서 교회를 설립할 부지의 확보와 중국인 신도가 종교의식에 참가하는 것을 인정할 것인가 등이 여전히 문제로 남아 있었다. 이것은 중국에서 토지소유 및 가족제도라고 하는 중국의 사회제도의 근간에 관한 부분이다. 그래서 이러한 사회적 제약의 배경에 존재했던 중국인의 윤리·도덕·종교심의 특징이야말로 선교사의 포교 활동에 직면한 세 번째의 그리고 최대의 어려움이었다.

미치(Michie)는 중국인의 도덕심에 대해 "중국인의 도덕심은 지금까지 기독교가 대면했던 다른 어떤 민족과 다르다. 우선 첫 번째로 중국인은 종교에 열광하지 않는 민족이다. 당대 이래 그 어떤 왕조에 있어서, 즉 과거 1,000년간 순교자의 피로 대지가 붉게 물든 적이 없었고, 종교전쟁에 의해 중국의 연대기가 오염된 것도 없다."고 하였다. 그러면서 그는 사대부를 구속하는 유교를 서양의 사상과 비교하여 "공자에 의해 창조된 장대한 윤리 체계는 중국에서 독점적 지위를 점하고 있다. 피타고라스에서 스펜서에 이르는 서양의 철학자들은 추상적인 이상주의적이다."고 하여 서양 사상의 추상성에 비해 중국의 경우에는 현실적인 것을 지적하고 있다.

중국에서 활동했던 선교사들은 중국인의 사회생활을 최종적으로 규율하고 있는 것은 '효'라고 생각하였다. '효'는 중국인의 생활뿐만 아니라 가족과 국가도 규제하고 있는 것으로 파악하였다. 그들은 중국사회가 생사에 관계없이 양친을 존경한다고 하는 것을 체계화시키고 있다고 보았다. 따라서 기독교 포교 활동은 중국 사회를 지배하는 원칙에 직면하여 기독교의 이념으로 접근하는 것이 매우 어렵다는 사실을 깨달았고 윤리문제와 관련하여 이들은 서양인의 중국 인식에 크게 기여했다고 말할 수 있다.

제14장
근대 중국의 자기반성과 반제국주의 운동

1. 서양정보의 유입과 반성

19세기 중국도 점차 서양에 관한 정보를 입수하기 시작한다. 그들의 서양에 대한 정보원은 크게 ① 외교 루트를 통한 정보, ② 상업 활동을 통한 정보, ③ 기독교 포교와 관련된 정보로 나눌 수 있다. 19세기 후반부터의 양무정책에 있어서 대외교섭을 위한 창구로 1861년 총리각국사무아문이 설립되어 외교 루트를 통한 국제관계에 관한 정보가 제공되기 시작하였다. 이로부터 중국도 국제 외교 추진의 필요에 의해 적극적인 정보 수집을 도모하게 되는데 이 과정에서 다각적인 서양 정보들을 수집할 수 있게 되었다. 이에 더하여 북경 동문관(同文館)에서는 외국어 교육과 외국 서적에 대한 번역 작업을 진행하였고, 중국 최초의 양무기업인 강남제조국(江南製造局)이 1851년에 상해에 설립되었는데 이곳에서도 서구의 자연과학과 국제법 등에 관한 번역·출판이 이루어졌다.

동문관의 번역은 마틴(Martin)이 중심이 되어 국제법(만국공법), 나폴레옹법전, 화학, 정치경제학 등에 미치고 있다. 다음 강남제조국은 가장 일찍 설립된 군수 기계공장으로 이홍장을 비롯한 양무파 관료가 중시했던 소위 양무기업이다. 이곳에서는 1874년부터 1879년 사이에 70여 종에 달하는 번역이 이루어졌다. 항목별로 번역된 책의 수량을 보면 역사와 정치(3), 지리(1), 자연과학과 철학(4), 수학(18), 천문과 기상(3), 역학과 공학(6), 항해술·전술·포술(18), 지질학(2), 화학(5), 약학(1), 잡지(5), 공예(13) 등 과학기술 관련 서적이 대다수를 차지하고 있다.

외교 루트를 경유한 정보 외에 정보원인 상업 활동을 통한 정보와 기독교 포교활동을 통한 정보는 사회생활을 더 많이 반영하고 있다. 이 두 분야에서 중국이 쌓은 정보는 외교 루트를 통해 축적한 정보에 비해 오래되었고 중국 측의 서양인식의 정보량 또한 풍부하였다. 상업 활동으로부터 입수한 정보는 마카오의 포르투갈 상인, 광동의 영국 상인들로부터 얻은 것으로 그 역사는 16세기까지 거슬러 올라가고, 기독교에 의한 정보 수집은 그보다 오랜 역사를 지니고 있다고 말할 수 있다.

이에 더해서 19세기 후반에는 학교를 설립하고 유학생을 파견하는 등 노력을 기울였다. 1867년 설립된 선정학당(船政學堂)에서는 14세 이하의 소년을 학생으로 선발하여 선박의 제조와 운행에 필요한 과학 기술을 가르쳤다. 이어서 1880년대 전보학당(電報學堂),

수사학당(水師學堂), 무비학당(武備學堂) 등이 설립되어 항해술과 군사기술을 학습하였다. 또 마건충(馬建忠)·엄복(嚴復) 등 후에 양무파 혹은 변법파의 관료로 활약하는 이들이 서양에 파견되어 교육을 받은 후 귀국하여 실업과 교육에 관계했다. 마건충(1845~1900)은 강소성 출신으로 양무를 창도하고 이홍장의 막우로서 외교와 실업 분야에서 수완을 발휘하였다. 1875년 파리에 유학하여 학위를 취득하기도 하였다. 1882년에는 조선의 대미·영·독 수호조약의 체결을 중개하고 임오군란 때에는 대원군을 체포하기도 하였다. 1883~1884년 청·불전쟁 종결의 교섭에도 참여하였다. 또 이 사이 상해기기직포국(上海機器織布局)과 윤선초상국(輪船招商局) 등의 양무기업의 경영에도 참가하였다. 저술로는, 『적가제기행(適可齋記行)』이 있다. 마건충은 『적가제기언(適可齋記言)』에서 프랑스 유학시절의 견문을 기반으로 유럽의 제도와 법률을 소개하고(비판적인 의견도 있음) 실업진흥에 의한 '부민(富民＝富國)'의 실현 및 철도건설을 행하는 것, 그리고 그 자금은 외국 차관에 의존하지만 그에 수반한 이권을 제공하지 않는 등의 전문적이고 구체적인 방안을 제시하였다.

엄복(1853~1921)은 복건 출신으로 복주조선창 부설의 해군학교를 졸업한 후 1877~1879년 영국에 유학하여 해군 기술을 배우고 유럽의 정치·경제·사회·사상을 습득하여 중국을 부유하게 할 방책을 수립하였다. 귀국 후 이홍장에게 등용되어 북양수사학당(北洋水師學堂)에서 교육에 종사했다. 그간 청일전쟁에서 패배한 중국에 대한 경세의 책과 서양의 입헌제, 진화론을 번역·소개하였다. 그는 근대 서양의 사회·경제·정치·사상에 관한 기본 문헌을 번역하고 자신의 견해를 부가하였다. 그의 사후에 편찬된 『엄기도시문초(嚴幾道詩文鈔)』(전 5권)은 그의 변법 부강의 논책을 다루고 있다. 변법 개혁, 즉 서양의 제도와 정책을 적극적으로 도입한 개혁을 통해서 중국의 부강을 실현할 수 있다고 하였다.

〈표 7〉 엄복의 주요 역저 목록

서 명	원서명	원저자	원서 출판연도	번역시기	출판연도
中國敎案論	Missionaries in China	A.Michie	1892	1894~1895	미상. 1899년 이후
天演論	Evolution and Ethics and other Essays	T.S.Huxley	1894	1894(?)~1896	1898
原富	An Inquiry into Nature and Causes of the Wealth of Nations	Adam Smith	1776	1897~1900	1901~1902
群學肄言	The Study of Sociolgy	H.Spencer	1873	1898~1903	1903
群己權界論	On Liberty	J.S.Mill	1859	1899	1903
社會通詮	A History of Politics	E.Jenks	1900	1903	1904
法意	L'esprit des Lois	C.L.S.Montesuieu	1743	1900(?)~1909	1904~1909
穆勒名學 (上)	A System of Logic	J. S. Mill	1843	1900~1902	1905
名學淺說	Logic the Primer	W.S.Jevons		1908	1909

2. 양무운동 - 불완전한 개혁의 실패와 후폭풍

아편전쟁에서 패배한 직후부터 중국의 일부 지식인들은 서양의 군사적 우위에 대한 인식을 명확히 하고 중국의 대응 방안을 모색하기 시작하였다. 그러한 인식의 시발점은 위원(魏源)의 『해국도지』

(海國圖志, 1844)에서의 문제 제기이다. 위원은 이 책에서 중국이 서양의 오랑캐를 제압할 방법으로 '이이제이'(以夷制夷)를 제기한다. 여기에서 '이이제이'란 '사이장기이제이(師夷長技以制夷)', 곧 오랑캐의 장점을 스승 삼아 이로써 그들을 제압하는 수단으로 삼아야 한다는 것을 의미한다. 소위 '사이사상(師夷思想)'으로 "사방 오랑캐의 장점을 잘 배우면 그들을 제압할 수 있지만 그렇지 못하면 오히려 그들에게 제압당하게 될 것(善師四夷能制四夷, 不善師四夷 外夷制之)"이라는 내용이다. 그러면서 중국이 배워야 할 서양 오랑캐의 장점으로 화기와 전함을 비롯하여 각종 양병과 관련된 군사 방면을 거론하고 있다.

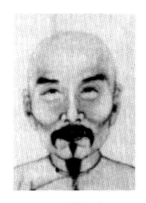
위원

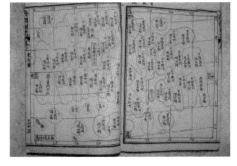
해국도지

그 후 애로우전쟁, 태평천국과의 전쟁에서 효과적으로 대응하지 못한 청조는 1860년대 들어 일부 관료들을 중심으로 서양식 군비를 도입하고 기계제 군사공업을 일으키며 일반 공업도 발전시킬 것을 주장하는 소위 '양무운동'을 전개하기 시작하였다. 공친왕(恭

親王), 계량(桂良), 문상(文祥) 등은 1861년 1월 13일 시국을 논하면서 여섯 가지 조건을 상주하였는데 여기에서 "치국의 도는 자강에 있으니 시세를 살펴본즉, 자강은 연병을 요체로 삼아야 하고 연병은 또 무기 제조를 요체로 삼아야 한다(查治國之道在乎自強, 而審時度勢, 卽自強以練兵爲要, 練兵又制器爲要)."고 주장하였다.

태평군 진압 시 영국군과 함께 작전하면서 외국 무기에 대한 이해가 깊었던 이홍장(李鴻章) 역시 "천하의 일은 궁한 즉 변해야 하고 변한 즉 통한다(天下事窮卽變, 變卽通)."고 하면서 영국 등이 중국의 동남 해안으로 우수한 무기를 가지고 쳐들어 온 것은 중국 3,000년 동안 전례가 없었던 일이라고 하면서 변혁의 필요성을 제기하였다. 좌종당(左宗棠)도 "중국이 자강하는 길은 정치를 밝게 하고 군대를 잘 훈련시키는 것도 중요하지만 우선 윤선을 만들어 외국이 자랑하는 것을 우리의 것으로 해야 하므로 배를 만드는 데 소요되는 돈을 아끼지 말아야 한다."고 주장하였다. 또 장지동(張之洞)은 '중체서용(中體西用)'을 말하면서 "중국의 전통적인 학문, 즉 고전을 연구하는 것이 근본이어서 이 고전이야말로 중국인답게 만드는 것이다. 즉 중국인의 정신이다. 그리고 유럽의 학문과 기술은 실제에 쓰이는 것이다."고 하여 중국의 정신문명을 지키면서 서구의 기술문명 도입을 주장하였다.

이처럼 양무파 관료들은 서양식 근대 공업 특히 군사적인 측면에서 중국이 변화해야 함을 인식하고 강남제조국, 금릉기기국, 복주선정국, 천진기기국의 4대 공장을 건설하였다. 이어서 1874년 일본의 대만 진출을 계기로 해군을 신설하였다. 이와 함께 외국 자본주의의 진출에 대비하기 위해 일반 공업의 건설에도 주의를 기울여 윤선초상국, 한양제철소 등을 건설하기도 하였다. 하지만 이들 기업은 창업 당시에는 국가의 자금을 이용하고 경영은 양무파 관료 중심으로 이루어져 다른 민간 기업을 억압하거나 경영에 실패하여 도산하는 등 많은 문제를 양산하기도 하였다.

양무운동은 실행에 옮긴 지 30여 년이 지난 시점에서 실패한 것으로 드러났으니 이는 1894년 청일전쟁에서 패배함으로써 증명되었다. 청일전쟁은 조선에서의 동학농민혁명을 진압하는 과정에서 조선이 청에 군사 요청을 하자 일본이 갑신정변 이후 청과 일본 사이에 체결한 「천진조약」(1885)에서 "이후 조선에서 변란이 일어나 군대를 파견할 경우 사전에 상대방에 사실을 알리고 협조를 구한다."고 하는 조항을 들어 일본도 군대를 파병함으로써 시작되었다. 당시 청은 군수공업을 중심으로 각종 서구식 공장 제도를 도입하여 무기 생산에 박차를 가하는 등 준비하였지만 같은 시기 역시 서구식 근대화를 추진하면서 '탈아'를 부르짖던 일본과의 전쟁에서 패하고 말았다. 그러면 30년 이상 근대화를 추진했던 청이 같은 동양권 국가인 일본에마저 패하게 된 근본 원인은 어디에 있을까? 일본은 유신관료가 막부를 타도하여 정부의 주도권을 장악하고 천황의 지도 아래 강력하게 서구화를 추진한 데 비해 청조는 서양의 제도와 문화의 우수성은 간과한 채 단순히 기술적인 측면에서의 서구화를 시도했고, 더구나 완고한 보수파와 공존하며 그 제약 아래서 양무운동을 추진하였기에 실패할 수밖에 없었다.

서구 열강에 이어 같은 아시아에 있으면서 역사·문화적으로 많은 영향을 주었다고 생각한 섬나라 일본에까지 패한 것은 청 정부에게는 커다란 충격이었다. 다른 한편 열강의 중국에서의 이권을

시모노세키 조약 체결 당사자

둘러싼 경쟁도 한층 가속화되었다. 우선 일본은 전쟁 승리 후 「시모노세키(馬關) 조약」을 통해 조선의 자주국임을 승인할 것과 요동반도와 대만, 팽호도(彭湖島) 할양, 개항장에서 일본인이 공장을 세우고 제조업에 종사할 수 있도록 하며 배상금을 받기로 하는 등 본격적인 대륙 진출을 시도하였다. 이러한 일본의 움직임에 위기감을 느낀 러시아, 독일, 프랑스의 소위 '삼국간섭'을 유발하였다. 이 삼국간섭을 주도한 국가는 러시아로 일본이 요동반도를 점령할 경우 그들이 꿈꾸던 동쪽의 부동항을 통한 해상 진출에 방해로 작용할 수 있다는 판단에서였다. 결국 이 사건 이후 일본과 러시아의 대립이 첨예하게 나타났으며 이는 '러일전쟁'으로 귀결되었다.

삼국간섭으로 일본의 중국 진출을 효과적으로 저지한 서구 열강은 중국에서 많은 이권을 가져갔다. 우선 러시아는 은행(露淸銀行)을 설립하여 경제적인 측면에서 대중국 진출을 강화하는 한편 로바노프(Lobanov)와 이홍장 사이에 비밀조약을 체결하여 동북아시아(러시아 중국 동북, 조선)에서 일본의 침략에 공동으로 대응할 것을 규정하였다. 또 시베리아 철도를 중국의 흑룡강성과 길림성을 통과하도록 하고 그 건설권을 노청은행에 주도록 하였다. 독일은 1897년 산동성에서 비밀결사 단체인 대도회(大刀會)가 독일인 선교사

두 명을 살해하는 사건(후에 의화단 운동으로 확대)을 계기로 산동반도로 들어가 교주만(膠州灣)에 대한 99년 조차권과 산동철도의 부설권과 광산 채굴권 등을 얻었다.

이처럼 삼국간섭 이후 서구 열강은 중국에서 각종 이권을 빼앗으면서 중국을 반식민지 상태로 몰아넣었다. 이에 중국에서는 두 가지 측면에서 이를 극복하고자 하는 움직임이 있었는데 하나는 상층 지식인 중심의 변법을 통한 개혁운동이고 다른 하나는 아래로부터 일반 민중들의 반제국주의 운동인 것이다. 전자는 강유위를 중심으로 한 입헌운동으로 나타났고, 후자는 의화단을 중심으로 한 반기독교운동으로 표출되었다.

3. 입헌운동의 추진과 실패

청일전쟁 패배 후 중국 지식인들 사이에서는 유럽의 물질문명, 즉 과학이나 기술·기계만을 배우고 받아들이자는 양무운동의 한계를 깨닫고 유럽의 정치제도도 우수하다는 것을 인식하고 이를 받아들이고자 하였다. 중국의 전통적인 정치제도를 변혁함으로써 자강을 기도하고자 하는 운동이 일어났으니 이를 변법운동이라 한다.

당시 변법운동을 주도한 인물은 강유위(康有爲)로 그는 청불전쟁의 패전 후 일본의 명치유신에 주목하여 정치제도 개혁에 의해 부국강병을 이룩할 수 있다고 주장하였다. 이에 양계초 등 지지자들과 함께 『중외기문(中外紀聞)』 등의 신문·잡지를 발행하는 한편 강학회(强學會)를 조직하여 유럽과 일본의 정치·교육제도 등을 소개하며 개혁의 시급함을 계몽하였다. 또 엄복은 T. S 헉슬리의 『진화와 윤리』를 번역하여 해설을 붙인 『천연론(天演論)』을 통해 물경(物競, 생존경쟁)·천택(天擇, 자연도태)의 법칙이 지배하는 이 세계에서 중국이 살아남기 위해서 서학(西學)에는 있으나 중학(中學)에는 없는 자주적인 정신을 길러 개혁할 수밖에 없다는 사실을 강조하였다.

강유위

강유위는 광서제에게 청조가 위기를 벗어나기 위해서는 전제주의 정치 체제를 입헌군주제로 전환해야 함을 역설하면서 일본의 명치유신처럼 황제 자신이 주도적으로 개혁을 추진해 나가야 함을 역설하였다. 이에 광서제도 호응하여 1898년 6월 11일 무술변법을 발표하고 강유위, 양계초, 담사동 등 변법파를 중용하였다. 무술변법의 내용은 ① 과거의 근본적 개혁(팔고문 폐지), ② 근대적인 대학·중·소학교와 각종 전문학교 설립, ③ 신식육군의 건설, ④ 불필요한 관원의 정리, ⑤ 민간 상공업과 농업의 진흥, ⑥ 운수와 교통기관(특히 철도) 정비, ⑦ 유럽의 삼권분립제를 모방한 책임내각제의 채용 등이다.

하지만 서구의 정치제도를 도입하고 그 기초 아래 군대와 각종 산업을 진흥시키고자 했던 변법파의 노력은 서태후를 필두로 한 완고한 보수진영의 반발로 성과를 거두지 못하였다. 즉 변법에 반대하는 수구파의 움직임에 담사동이 강학회 회원이었던 원세개에게 도움을 요청하지만 원세개는 오히려 이 사실을 서태후의 심복인 영록(榮祿)에게 보고함으로써 변법운동은 100일 만에 막을 내리고 담사동 등 젊은 관료 6명은 처형당하고 강유위와 양계초는 일본으로 망명하였다. 변법운동의 실패로 이제 한인 지식인들은 청조에 대한 희망을 잃고 혁명을 도모하기 시작한다.

4. 근대 최초의 아래로부터의 저항 – 태평천국운동

태평천국운동은 근대 중국에서 민중이 중심이 되어 일으킨 최초의 반제국주의 운동이었다. 이 운동은 아편전쟁의 패배와 그에 따른 조약 체결로 청조의 위신이 약해진 상황에서 배상금과 전쟁 비용 등으로 재정적으로 어려워진 정부가 일반 민중에 대한 가혹한 수탈을 자행하자 그에 대한 반발로 일어났다. 그런데 이 운동이 이전 중국에서 일어났던 대규모 민중 기의와 많은 점에서 유사한 점을 가지고 있으면서 또 특이한 점은 운동을 주도했던 홍수전(洪秀全)이 기독교 교리를 이용해 비밀결사 단체를 조직했다는 점이다.

객가(客家) 농민(중농)의 아들로 태어난 홍수전은 과거시험에 실패하고 광동의 거리를 헤매다가 『권세양언(勸世良言)』이란 기독교 교리를 설명해 놓은 책을 구하였다. 그는 이 책에서 영감을 얻어 1850년 가을~겨울에 걸쳐 광서성 자형산 남쪽

홍수전

계평현 금전촌에서 기독교 교리와 중국의 민간신앙을 혼합하여 「배상제회(拜上帝會)」란 비밀결사를 만들어 그 세를 점차 확대해 나갔다. 유일절대신인 천부황상제(天父皇上帝, 여호와와 같은 것)에 대한 신앙과 헌신으로 이루어져 있는데 홍수전은 자신이 천부상황제의 둘째 아들로서 그리스도의 동생이라 칭하였다. 그는 천부가 지구상에 구세주는 네 번 보냈다고 말한다. 그것은 ① 노아의 홍수, ② 이스라엘 민족의 애급에서의 탈출, ③ 그리스도의 속죄인데 속죄가 있은 후 유럽은 천부를 노하게 하지 않는 정당한 길을 가고 있는 데 비해 중국은 1∼2천 년 이래 악귀가 판치고 있다. 특히 만주족이 집권한 후 더욱 사신(邪神)을 믿고 사람들은 지옥으로 떨어지게 되었다고 하면서 ④ 천부, 즉 상황제가 중국을 구하기 위해 둘째 아들인 홍수전을 중국에 보냈다고 하였다.

초기에는 종교적·윤리적(음행, 음주, 아편, 주술 금지 등) 색채가 강하여 회개하면 모든 사람이 서로 화목하여 일체의 대립이 없어지는 '대동(大同)'의 세계가 실현될 것이라고 주장하였다. 하지만 하카 농민에게 수용되어 가는 과정에서 토속적인 일신교로 바뀌게 되었다. 그러면서 홍수전에 대한 신격화를 도모하였는데 그는 천부의 둘째 아들이며, 첫째 아들인 그리스도의 동생으로 지상에 내려와 「참된 주」가 되어 백성을 구원할 사명을 상제로부터 받았다고 선전하였다.

드디어 1850년 여름 광서 지역과 광도 서부 지역의 신도들을 중심으로 무장한 연후에 변발을 장발로 고쳐 청조타도의 의지를 표명하였다. 이어서 1851년 봄 홍수전은 상제의 명에 따라 천왕으로 즉위하고 국호를 태평천국으로 하였다. 이후 그 세가 점점 커져 1852

년경에는 호남성을 지나 1853년 남경을 점령하였다. 태평천국이 이처럼 단기간에 세를 확장할 수 있었던 것은 기독교에서 주장하는 평등의 관념과 3년간 토지세를 면제하고 부세를 가볍게 하며 빈부를 고르게 하겠다는 등 구호가 설득력을 얻을 수 있었기 때문이다.

하지만 남경을 점령하고 이곳을 천경으로 삼은 이후부터 태평천국 지도세력의 호화로운 생활과 권력투쟁, 그리고 제국주의 열강의 개입 등으로 위기를 맞게 된다. 특히 남경 일대는 열강의 중국 진출의 교두보였던 상해와 가깝고 차의 생산지이자 열강의 주된 상품 시장이었기 때문에 제국주의 열강은 사태를 방관할 수 없었던

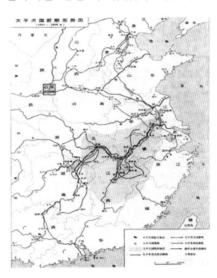

태평천국 형세도

것이다. 더욱이 태평천국 운동이 진행되고 있는 동안에도 제국주의 열강은 소위 '애로우호 사건'을 빌미로 다시 한 번 침략전쟁을 감행하여 1858년의 「천진조약」과 1860년 「북경조약」을 통해 외교사절의 북경 상주와 기독교 선교의 공인 등 이권을 탈취하였다.

청조 정부도 1860년대 들어 태평천국에 대한 진압을 시작하였는데 그 중심에 선 인물은 호남 출신의 관료 증국번(曾國藩)이 통솔하는 상군(湘軍)이었다. 증국번은 '이교로부터 유교를, 모든 사람은 형제라는 평등윤리로부터 가부장제 신분윤리를, 공유제로부터 사유제를, 바깥사람(광서, 광동)의 유린으로부터 호남을 지키자'는 슬로

건을 내세우고 진압을 주도하였고, 여기에 열강의 군대도 함께 참여함으로써 태평천국 운동은 실패로 막을 내리게 되었다. 이 운동은 서구의 기독교 윤리를 기본으로 하여 일으킨 근대 중국의 첫 번째 농민운동이었다는 점에서 높은 평가를 받고 있다.

5. 근대 중국의 반제국주의 · 반기독교운동

1) 제국주의와 함께 들어온 기독교

청 중엽 전례문제와 쇄국정책을 계기로 기독교는 중국에서 자취를 감추었다. 하지만 100여 년의 시간이 흐른 뒤 다시 중국 사회에 발을 들여놓게 되었다. 그런데 이때의 전교 활동은 이전 마테오리치를 비롯한 예수회 선교사들이 명말 · 청초 시기에 중국에 들어와 행한 방법과는 많은 차이를 보이고 있다. 즉 예수회는 상인들을 따라 동양 전교의 길에 나섰고, 중국의 전통문화를 긍정하는 바탕 위에서 전교 활동을 전개한 반면 근대의 기독교는 제국주의와 함께 들어와 선교 활동을 하였고 중국문화를 이해하려는 노력은 많이 기울이지 않았다. 오히려 힘에 의한 전교의 성격이 강하였다. 이에 현대 중국에서는 이 시기의 전교 활동에 대해 상당히 비판적인 입장에서 바라보았는데 '제국주의 침략을 위한 선견대'로 인식하였던 것이다.

제국주의 열강은 그들의 침략 행위와 그 결과로 행했던 불평등조약을 통해 전교 활동도 점차 확대해 나갔다. 1842년의 남경조약 체결은 중국에서 많은 이권을 가져간 것과 아울러 중국에서 전교 활동을 행할 수 있는 가능성을 연 사건이었다. 결국 청조는 1844년 미국인의 중국 개항장 내에서의 교회 설립을 허락하였다.

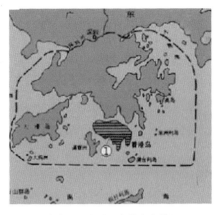

남경조약 때 영국에 할양된 홍콩

이어서 1846년에는 프랑스가 선교 활동 금지의 해제와 이전 청조가 강제로 몰수한 교회를 중국인 신도에게 돌려줄 것을 요구하였다. 1860년 제2차 아편전쟁에서 승리한 프랑스는 선교사의 자유로운 토지 임대와 건축(교회) 설립의 허락을 받아냈고, 이로부터 중국에서 전교 활동은 이전에 비해 훨씬 자유롭고 활발하게 전개되었다.

이처럼 제국주의의 강요에 의해 전교 활동을 허락하였기에 그 부작용도 적지 않았다. 특히 일부 선교사는 정복자의 위치에서 중국의 법을 어기면서 중국의 전통적인 풍습을 무시하면서 강압적인 방법으로 선교 활동을 함으로써 일반 민중의 반발을 사기도 하였다. 특히 조상 숭배와 유교에 대한 선교사들의 태도는 지역의 유력한 신사 계층의 반발을 사기도 하였고, 지방 행정의 인사권까지 개입하고자 했던 행태는 지방 관료의 저항을 불러오기도 하였다. 따라서 그들의 기대와 달리 중국인 신자의 수는 크게 늘지 않았으니 1869년 중국의 기독교도는 겨우 6천 명에 불과하였다.

2) 근대 중국의 구교운동과 그 원인

힘에 의한 강제를 동반한 제국주의 열강의 기독교 전파 사업은 수월하지 못하였다. 특히 당시 선교사들은 많은 노력에도 불구하고 중국인 신도 수가 크게 늘지 않는 이유를 중국인들의 오랜 전통, 즉 공자와 조상숭배 사상 때문이라고 생각하여 공자 공격에 전력을 기울였다. 중국인들에게 유학의 영향력을 없애는 데 주력하였던 것이다. 하지만 이들의 공자와 유교에 대한 비판은 오히려 지방 신사 계층의 반발을 샀고 전교 활동을 더욱 어렵게 만들었다. 따라서 19세기 중반 반기독교 운동의 중심은 이들 지방 신사들을 중심으로 전개되었다고 할 수 있다.

이런 가운데에서도 기독교는 조금씩 그 세력을 넓혀 나갔지만 그들의 세력이 확대됨과 더불어 그들에 대한 반감 또한 점차 증가하였다. 특히 일반 중국인들이 반감을 갖게 되는 가장 중요한 요인은 만약 기독교 신자와 일반 중국인 사이에 어떤 법률적인 문제로 다툼이 일어났을 경우에 발생하였다. 즉 당시 영사재판권을 탈취하였던 열강은 일방적으로 기독교 신자의 편을 들어주었기 때문에 그에 따른 반발도 그만큼 크게 나타났던 것이다. 이에 정일정(丁日晶)은 "천주교 선교사는 가는 곳마다 옳고 그릇됨을 가리지 않고 많은 회중을 모으는 것을 능사로 여긴다. 우민이 소송에 불리하거나, 빚을 지고 교회당으로 도망간다는 사실도 알지 못한다. 선교사는 한편의 말만 듣고 기독교인을 비호함으로써 소송에 불리한 자가 유리한 자로 되고 빚을 갚아야 하는 자는 갚지 않아도 된다."고 하면서 일반인들의 기독교와 선교사에 대한 적대적 감정의 원인을 적절히 지적하고 있다.

선교사와 기독교인들은 제국주의를 등에 업고 지방에서의 행정과 통치 권력에 영향력을 행사하려 했기 때문에 지방 관료들 역시 선교사 활동에 부정적이었다. 하지만 제국주의 열강의 청조 정부에서의 영향력 확대로 인하여 청조도 반기독교 운동을 주도하는 민중에 대한 처벌을 강화하기 시작하였고, 이를 진압하는 관료에 대해서는 우대하는 등의 정책을 폈기 때문에 지방 관료들의 기독교에 대한 투쟁은 한계를 지닐 수밖에 없었다. 따라서 1870년대부터는 주로 지방의 신사가 중심이 되어 일반 민중이 참여하는 형태의 반기독교 운동이 주를 이루었다.

그러면서 중국 민중들의 기독교 신자와 선교사에 대한 적대적 행위도 점차 늘어났다. 선교사들이 몰매를 맞거나 재산을 빼앗기기도 하며 심지어 살해당하는 사건도 일어났다. 예를 들면 1870년 여름 천진에서는 프랑스 영사 앙리 퐁타니에가 위협하는 수많은 군중에게 발포하자 이에 격분하여 그와 그의 부관이 살해되고 함께 왔던 무역상도 화를 면치 못하였다. 가톨릭 성당이 불타고 10여 명의 수녀들 역시 옷이 벗겨진 채 살해당하였다. 이 사건은 제국주의와 기독교에 대한 중국 민중의 반감을 단적으로 드러낸 것이라고 할 수 있다. 이에 프랑스는 즉각 보복을 가하였고, 청 정부도 폭동으로 사망한 인원과 같은 16명의 중국인을 사형하였다. 또한 청 정부는 25만 냥의 보상금을 지불하고 천진 지부와 지현에 대한 종신형이라는 처벌을 내리고 프랑스에 사과 사절단을 파견하는 것으로 문제를 수습하였다.

1898年7月8日，太原，Ernest Atwater与Elizabeth Graham（第二排，1900年8月15日在汾州夫妇同时被杀）的婚礼，
台阶最前就坐的是英国浸信会的Edwards夫妇，在新婚夫妇身后的是（左至右）
George Williams（1900年7月31日在太谷被杀），
Underwood, Alice Williams, Howard Clapp（1900年7月31日在太谷被杀）
Louise Partridge（1900年7月31日在太谷被杀）
George Farthing牧师的家庭教师Ellen Stewart。

중국에서 피살된 선교사 일행이 결혼식 때 찍은 사진

3) 의화단과 제국주의 열강

1894년 청일전쟁에서 패배한 청조에 대해 제국주의 열강의 중국 내에서의 이권 쟁탈은 더욱 가속되었고 그에 따른 일반 민중의 제국주의와 기독교에 대한 반감 역시 점차 심화되었다. 이러한 가운데 대규모의 반제·반기독교 운동이 산동 지역에서부터 시작되었으니 바로 의화단운동이다. 의화단이 산동 지역에서 하나의 세력으

로 부상하기 시작한 것은 1898년이다. 물론 이전부터 산동지방에서
도 몇몇 비밀 결사를 중심으로 간헐적으로 선교사와 중국인 신자
에 대한 공격이 진행되고 있었지만 1899년 통합을 이루고 '의화단'
이라 칭하면서 그 세를 확장하였다.

그들은 먼저 중국인 신자들이 누리던 각종 특권의 철폐를 요구
하면서 기독교 세력에 대한 공격을 시작하여 그들의 재산을 약탈
하고 살해하기도 하였다. 이에 독일 등 열강은 청에 압력을 가하여
지방관의 파면과 진압을 요구하였다. 그러자 의화단에서도 '부청멸
양(扶淸滅洋)'이라는 슬로건을 내세우며 제국주의 열강과의 투쟁을
결의하면서 양자의 싸움은 불가피하였다.

1900년 의화단의 세력은 점차 확대되어 산동에서 직예(하북)를
지나 6월에는 북경과 천진까지 진입하였다. 의화단은 열강이 중국
침략 과정에서 탈취한 철도와 전선을 파괴하였지만 제국주의 열강
의 침략을 못마땅하게 생각하고 있던 일부의 청조의 관료들은 오
히려 이들의 활동을 묵인하거나 심지어 동조하기도 하였다. 그러면
서 의화단 세력은 더욱 확대되었고 북경에서는 독일 공사와 일본
공사관을 살해하고 공사관 지역을 포위하기에 이르렀다. 이에 독일
을 비롯한 일본·영국·프랑스·미국·러시아·오스트리아·이탈
리아 8개국 연합군(약 3만 6천 명)이 공동으로 출병하였다.

의화단과 열강이 대치한 가운데 청조 내부에서는 의화단 진압을
주장하는 대외협조파와 의화단을 이용하여 열강에 대항하자는 대
외항전파로 의견이 대립하였다. 당시 실권을 장악하고 있던 서태후
는 열강이 광서제(光緖帝)의 친정을 도모한다는 정보를 듣고 후자를
지지하였다. 하지만 이홍장 등 양무파 관료는 오히려 열강과 「동남

의화단

보호협정」을 체결하는 등 협
조체제를 유지하였다. 따라서
청조의 군대는 의화단을 지원
하지 않았고 조직적으로 훈련
이 잘된 연합군에 의해 8월
중순에 북경이 점령당하였다.
당시 북경을 점령한 연합군은
북경에서 약탈과 만행을 저지
르고 수많은 유물을 입수하여
본국으로 돌아갔다. 한편 한
때 의화단을 지지했던 서태후
는 서안으로 피신하면서 의화
단에 대한 철저한 진압을 명
령함으로써 자신의 안전만을 도모하였다.

의화단을 진압한 열강은 1901년 9월 서안으로 피신한 광서제와
서태후를 대신하여 이홍장과 「북경의정서(北京議政書: 辛丑條約)」
를 체결함으로써 중국의 반식민지화를 가속화하였다. 구체적인 조
약 내용을 보면 "사건을 일으킨 관리를 처벌하고 각국에게 사과한
다. 백은(白銀) 4억 5,000만 냥을 1940년까지 39년간 연 이자율 4
리로 원리 합계 9억 8,000만 냥을 배상한다. 이를 위해 해관세(海
關稅)·상관세(常關稅)·염세(鹽稅) 등을 차압한다. 베이징 동쪽
교외에 있는 민간거주지를 외교관 지역으로 설정하고 각국에서 군
대를 주둔시켜 관리한다. 대고(大沽)에서 베이징에 이르는 포대(砲
臺)를 파괴하며, 북경에서 산해관(山海關) 사이의 철도 옆 주요 지

점 12곳에 각국의 군대를 주둔시킨다. 총리각국사무아문(總理各國事務衙門)을 외무부로 고치고 6부(六部)보다 위에 두어 대외업무를 담당하게 한다. 중국인이 조약 체결국을 적대시하는 조직을 결성하거나 그 조직에 참가하는 것을 금지하며, 이를 어기는 자는 사형에 처한다. 성의 관리자는 관할 지역에서 조약 체결국 국민이 상해를 입는 사건이 발생하면 곧 이를 진압해야 하며, 이를 어길 경우에는 그 관직을 박탈하고 다시는 임용하지 않는다." 등이다.

6. 의화단 운동 이후 선교 활동의 변화

의화단 운동이 진압된 후 열강과 선교 단체는 중국 민중과의 충돌을 예방하기 위한 몇몇 조치를 취하였다. 우선 1903년 8월 영국 정부는 중국에 있는 모든 선교회에 통보하여 선교사가 신도들을 위하여 소송에 간섭하는 행위를 금지시켰다. 프랑스 또한 1906년 1월 청 정부에 프랑스 선교사와 관련된 사건만을 처리하겠다는 뜻을 전달하고 아울러 다른 국가의 선교사에 관한 안건은 관련 국가의 공사관과 교섭해 줄 것을 요청하였다.

다음 선교 활동에서 가장 크게 마찰을 빚었던 중국의 전통 문화와의 접점을 찾기 위한 노력도 펼쳤다. 특히 중국인들의 정신적 지주인 공자에 대한 평가를 제고하였다. 그리하여 일부 선교사는 중국인들에게 예수와 공자 중 하나를 선택하도록 강요하기보다는 양자가 상호 보완적인 관계에 있음을 강조하였다. 이는 특히 기독교에 적대적이었던 지방 신사층의 반감을 완화하기 위한 방편으로 중국 선교 활동에 있어서 매우 중요한 정책의 전환이었다.

의화단 운동은 중국에 파견된 선교사로 하여금 중국 민중의 반제국주의 성향을 깨닫게 해 주었고, 그들의 중국 내 선교 활동 방법의 전환을 가져오는 계기가 되었다. 즉 이후 선교는 힘에 의한 강제보다는 중국인들에 대한 선진적인 교육과 문화 향상에 노력하여 자연스럽게 기독교에 접할 수 있도록 유도하였다. 그래서 예전의 단순한 교세 확장 노력에서 탈피하여 서구식 교육기관을 설립하고 인재를 육성하는 데도 전력을 기울이게 되었다. 그들은 대학교를 세우고 서양의 교육을 중국인에게 전하는 것이 반기독교 정서를 완화하는 가장 좋은 수단이라고 생각했던 것이다. 1903년경부터 각지에 이들 선교사 단체가 중심이 된 대학들이 설립되어 일시적으로 중국에서 기독교에 대한 반감은 줄어든 것으로 보였다. 하지만 1920년대부터는 또 다른 서구의 이념인 사회주의 사상이 중국인에게 영향을 주고 선교사들의 활동과는 관계없이 서구 제국주의의 중국에서의 침략 행위는 계속 진행되었기 때문에 그에 대한 반발도 계속되었다.

제15장
신문화운동과 서구 사조의 수용

1. 『신청년』과 북경대학

1911년의 신해혁명으로 2,000년 이상 지속되어 온 전제주의가 막을 내리고 새롭게 '민국'이 탄생하였지만 중국 사회의 반식민지 상태는 지속되고 있었고, 또 손문으로부터 정권을 탈취한 원세개는 자신이 황제가 되려는 음모를 꾸미고 있었다. 이러한 상황에서 중국의 새로운 지식인들은 양무운동이나 변법운동과는 또 다른 측면에서 중국이 갖고 있는 문제점을 분석하고 앞으로 나아가야 할 방향이 무엇인가에 대한 고민을 시작한다. 신문화운동은 이러한 과정에서 나타난 일련의 중국 문화에 대한 반성과 서구의 문화 수용을 주창하는 움직임을 말한다.

1919년 5·4운동을 전후한 시기
에 나타난 신문화운동을 추진한 중
심 세력은 상해에서 잡지 『청년잡지
(靑年雜誌)』(이후 『신청년(新靑年)』
으로 개명하고 북경에서 발행함)를
발간했던 진독수와 1917년 1월 북경
대학에서 새로운 교장(총장)으로 취
임한 채원배를 중심으로 결집된 신
지식인들이었다. 진독수가 『신청년』
을 창간했던 가장 중요한 목적은 사

잡지 신청년

람들의 기본사상의 변화, 특히 도덕의 변혁을 통해서 문화개혁을
촉진하는 것이었다. 그는 견실한 문화적 기초 없이는 정치와 사회
적인 개혁은 성취될 수도 또한 유지될 수도 없다고 생각하였다. 이
에 그는 『신청년』 창간호에 『경고청년(敬告靑年)』이란 제목의 글에
서 청년들에게 "자주적일 것이며 노예적이지 말라, 진보적일 것이
며 보수적이지 말라, 세계적일 것이며 쇄국적이지 말라, 실리적일
것이며 허문적이지 말라, 과학적일 것이며 상상적이지 말라."고 함
으로써 중국의 청년들이 가져야 할 자세를 역설하였다. 중국의 젊
은 지식인을 일깨우기 위해 만들어진 잡지 『신청년』의 창간호는
이후에도 지속적으로 인쇄되어 발행부수가 1만 부에 달하였다.

채원배는 치부와 관직승진의 수단으로서 존재하던 경사대학당(京
師大學堂) 이래의 기풍을 일신하여 사상적 자유에 입각한 학문연
구의 본산으로서 북경대학의 발전을 도모하였다. 특히 학문의 자유
를 보장하기 위해 자유주의적, 진보적 원칙에 입각한 개혁을 단행

채원배

하여 학생들의 개인적인 정치활동 참여를 허용하고 학생자치 및 학생단체의 설립을 인정하였다. 그가 교장으로 재직하고 있는 동안 이대조(李大釗, 1889～1927)·호적(胡適, 1891～1962) 등을 초빙하여 북경대학의 학풍을 새롭게 함으로써 신문화운동의 추진세력을 결집하였다.

북경대학의 개조와 『신청년』의 발행과 더불어 당시 지식인들이 신문화운동을 전개할 수 있었던 배경에는 이 시기를 전후하여 계속해서 서구사상이 중국에 소개되어 토론하기 시작하였던 점도 간과할 수 없는 중요한 요인이다. 헉슬리(Huxley,

5·4운동

1887～1975)를 비롯하여 베르그송(Bergsong, 1859～1941), 듀이(Dewey, 1859～1952), 러셀(Russell, 1872～1970) 같은 서구 사상가들의 서적이 번역 소개되면서 중국 사회에 접목시키기도 하고 이를 이용해 중국의 전통 문화에 대해 신랄한 비판을 가하기도 하였던 것이다.

2. 전통에 대한 비판과 '반유교투쟁'

진독수를 비롯한 새로운 지식인들은 중화문명이 서양 제국주의의 침략을 받고 반식민지에 처하게 된 현실을 비판하면서 그 원인을 중국의 낡고 보수적인 전통문화에서 찾았다. 이들의 전통문화에 대한 비판은 그들의 대표적인 문화랄 수 있는 유교에 대해 가장 먼저 신랄한 공격을 가하면서 시작되었다. 그들은 유교를 전통적 질서와 사유의 주된 수행자로 간주하면서 모든 진보에 대한 방해물로 생각하였다. 유교에 대해 가장 열렬히 비판했던 사상가는 일본에서 법학을 공부하고 그곳에서 서구 사상을 접했던 오우(吳虞, 1872~1949)였다.

오우와 그의 저서 『오우문록』

그는 명말의 사상가로 유학자들의 위선을 비판했던 이탁오의 전기인 『명이탁오별전(明李卓吾別傳)』을 발표하여 사람들에게 그의 존재를 확인시켰다. 또 1917년부터 잡지 『신청년』에 「가족제도가 전제주의 근거가 된다는 것을 논함(家族制度爲專制主義之根據論)」, 「사람을 잡아먹는 것과 예교(吃人與禮敎)」, 「유가가 주장한 계급제도의 해(儒家主張

階級制度之害)」,「노자와 장자의 소극혁명(老子與莊子之消極革命)」
등의 논문을 계속해서 발표하여 유학과 중국의 전통사상에 대한
공격을 가하였다.

오우는 유교윤리의 고상한 개념 뒤에는 다만 가장 천박한 이기
주의가 숨겨져 있으며, 연장자에 대한 공경에 근거한 전통적 가부
장적 가족질서는 가장에게 늘 봉사하며 다른 가족을 잔인하고 이
기적인 방법으로 억압하였다고 갈파하였다. 또 황제를 비롯한 지배
자 계층은 자신들의 권력과 부귀를 확장하기 위해 일반 민중의 희
생을 강요하였다고 보았다. 호적은 이처럼 유교에 신랄한 비판을
가한 오우에 대해 '맨손으로 공가점을 타도하려 한 사천성의 영웅'
이라 평가하였다.

유교에 대한 비판은 연속해서 가부장적이고 남성 중심적인 문화
에 대한 비판으로 이어져 여성해방운동을 촉진시키기도 하였다. 그
리하여 당시 사회적으로 큰 문제가 되었던 전족을 비판하고 여성
들에 강요했던 정조의 허구성에 대해서도 맹렬한 공격을 가하였다.
특히 호적은 여성들의 정조문제와 관련하여 "중국 남성들은 공공
연히 창기와 교제하고 첩을 두고 돌아다니면서 그들의 부인에게는
정조와 도덕을 요구한다. 재혼한 부인은 사회적 교제에 있어서 거
의 자격을 상실한다. 반면 재혼하거나 여러 부인을 가진 남자는 그
의 사회적 지위에 조금도 지장을 받지 않는다. 그것이야말로 최대
의 불의가 아니겠는가?"고 하여 남성들의 위선을 신랄히 꼬집었다.
이러한 전통문화에 대한 자기반성은 문학 방면에도 적용되어 호
적은 1917년 1월 1일 『신청년』에 「문학개량추의(文學改良芻議)」
를 발표하여 "말은 반드시 (그 속에) 구체적인 내용을 가져야 한다.

옛사람들(의 형식과 내용)을 모방하지 말아야 한다. 문법을 강구해
야 한다. 낡은 구절이나 상투어를 버리는 데 힘써야 한다. 인용을
하지 말고, 대구법(對句法)을 사용하지 말아야 한다. 속자·속어의
사용을 피할 필요가 없다."고 하면서 구어체 문장의 사용을 주장하
였다. 더불어 중국문자는 근대적 요구에 적합하지 않으니 표음문자
로 대치되어야 한다는 주장도 제기되었고, 북경대학 중국어문학 교
수인 전현동(錢玄同)은 "만일 유교를 타파하려 한다면 사람들은 우
선 중국의 문자를 타파해야 한다."고 말하면서 그 대안으로 에스페
란토어의 사용을 주장하기도 하였다.

노신

근현대 중국의 저명한 문학가인 노
신 또한 중국인의 낡은 정신을 변혁
해야 함을 강조하였다. 본래 의학을
전공하였던 그가 1906년 이를 포기
하고 문학에 헌신키로 하였던 것도
바로 그 때문이었다. 노신은 이와 관
련해서 "아무리 강한 체력과 건강한
몸을 가졌다 해도 무지하고 나약한
국민은 감각이 없는 물질이나 처형
자들을 위한 관객 밖에 될 수 없는
것이다. 그러한 사람들이 병으로 많
이 죽는다 해서 뭐 그리 슬퍼할 일이 아니다. 그러므로 우리에게
첫 번째로 중요한 일은 그들의 정신을 변화시키는 일이다."고 강조
하였다. 1918년 5월 15일 『신청년』에 소설 「광인일기」를 발표하였
는데 이 작품은 중국 사회와 문화를 중국 민족의 썩어빠진 성격에

의하여 완전히 부패한 것으로 인식하고 있다. 노신에 의하면 중국인의 정신을 변화시키는 가장 중요한 요소는 중국인의 마음에 있는 혼란한 사상과 그러한 사상이 퍼지게끔 한 유가와 도가의 책을 완전히 제거하는 것으로부터 시작해야 한다는 것이다.

3. 과학과 민주의 제창

유교에 대해 일차적으로 비판했던 신문화 운동의 주역들은 도교와 불교 역시 미신적인 것으로 중국의 역사 발전을 방해하는 것으로 보았다. 그러면서 중국의 전통문화를 대신할 새로운 가치로 서구의 '과학'과 '민주'를 제창하였다. 과학은 미신에 대한 반대 개념으로 사물을 객관적으로 보고 판단할 수 있도록 도와주며, 민주는 예교와 도덕에 바탕을 둔 전제주의에 대한 반대를 의미한다. 신문화운동 시기 중국 지식인들은 과학과 민주를 찬양하면서 이를 중국어로 번역할 때에도 과학, 즉 Science는 '새선생(賽先生)', 민주, 즉 Democracy는 '덕선생(德先生)'이라 하였으니 그들이 변화시키고자 하는 중국 사회의 모습을 반영한다고 할 수 있다.

그들은 '사람을 잡아먹는 예교와 도덕'으로는 서양식 근대 국가를 만들 수 없기에 철저한 타파를 주장하였다. 그러면서 진독수는 민주와 과학은 서로 보충하고 서로 발전할 수 있도록 하며 서로의 조건이 된다고 보았다. 민주제도가 없으면 과학도 신속하게 발전할 수 없으며 과학사상이 없으면 민주공화국의 제도도 기초를 튼튼히

할 수 없다고 하였다. 그가 편찬한 『신청년』은 다른 진보적인 잡지와 마찬가지로 서구의 자연과학을 소개하는 그들을 많이 게재하여 사람들로 하여금 사물을 객관적으로 보는 과학적 태도를 갖게 하였다.

중국 지식인들이 민주와 과학을 제창하는 데에는 1919년부터 1921년까지 북경대학 등에서 수많은 강연을 통해 서구 사상의 장점을 알린 존 듀이의 영향도 중요한 작용을 하였다. 듀이의 실제 생활에 근거한 실용주의는 예의와 격식에 사로잡힌 중국인들의 의식에 커다란 충격을 주었는데, 특히 호적이 그의 영향을 많이 받았다.

당시 지식인들이 서구의 민주주의와 과학을 도입하고자 했던 가장 중요한 목적은 이를 통해 서구 세계가 지니고 있는 활력과 우월성을 중국에 접목시키는 데 있었다. 민주주의는 과거 전통의 제약을 받던 인간의 해방에 도움이 되는 것이고 과학은 종교 관념에 근거한 전통적 사회 질서를 타파할 수 있다고 여겼던 것이다. 따라서 이러한 움직임은 이미 한계를 보이고 있는 중국의 전통문화를 대신하여 사회 변혁에 도움을 주는 요소로 생각하였던 것이다.

4. '중서의회통론(中西醫匯通論)'에서 '중서의결합 (中西醫結合)'으로

근대 이후 서구 제국주의 세력은 중국 침략의 한 수단으로 서양의 앞선 의학 문화를 이용하였다. 그들은 교회의원을 설립하여 선교의 수단으로 삼았으며, 각종 불평등조약의 체결 결과 각지에 서양식 의학교가 문을 열었다. 이로써 근대 중국에는 두 종류의 의사(중의와 서의)가 공존하기 시작하였다.

서양의학에 대한 사회적 수요가 증가하면서 서양의서에 대한 번역도 함께 진행되었다. 영국인 의사 홉슨(Hobson)은 중국인의 도움을 받아 『전체신론(全體新論)』, 『서의약론(西醫略論)』, 『내과신편(內科新編)』, 『부영신설(婦嬰新說)』, 『의학어회(醫學語匯)』 등 서양의서 5종을 번역하였다. 그 뒤 번역작업은 중국인 의사들에 의해서도 진행되었는데, 윤단모(尹端模)는 1894년까지 5종의 서양의서를 번역하였고, 1908년에는 정복보(丁福保)가 여러 종의 일본의서를 번역하기도 하였다.

서양의학의 도입은 일부 진보적인 중의사에게도 영향을 주어 중의학의 입장에서 서의학을 수용하고 연구하는 소위 '중서의회통파'를 탄생시켰다. 초기 '중서의회통파'의 대표적인 인물인 당용천(唐容川, 1862~1918)은 『중서회통의경정의(中西匯通醫經精義)』에서 서의의 해부와 생리를 이용하여 중의학의 이론을 증명하고자 하였다. 주패문(朱沛文)은 『화양장부도상합찬(華洋臟腑圖像合纂)』에서 중의와 서의는 각각 장·단점이 있는데, 중의는 "궁리에는 밝으나, 격물에는 어둡다(精于窮理而拙于格物)"고 한 반면 서의는 "격물에 장점이 있으나 궁리에는 단점이 있다(長于格物而短于窮理)"고 하였다. 그 밖에 장석순(張錫純) 등은 중의학을 위주로 하되, 서양 의학과 약학의 장점을 수용하는 '중서의회통'을 주장하였다.

'중서의회통론'과는 달리 전반적 서구화를 추구했던 학자들 중 일부는 중의학에 대한 강한 거부감을 표하면서 '중의폐지론'을 제기함에 따라 이들 사이에 논쟁이 일어나기도 하였다. 여운수(余云岫, 1879～1954)는『의학혁명론(醫學革命論)』,『영소상태(靈素商兌)』 등을 통해 '음양오행(陰陽五行)'과 '오장육부(五臟六腑)' 등 중의학 이론을 공격하고, 중의학의 치료효과에 대해서도 의문을 제기하면서 중의폐지를 주장하였다.

중국 근·현대에 전개된 중의학 폐지 및 서양의학의 도입과 관련된 논의는 당대 중국에 들어와서는 '중서의결합(中西醫結合)'으로 귀결되었다. 이는 1956년 모택동이 "중의·중약의 지식과 서의·서약의 지식을 결합하여 통일된 신의학과 신약학을 창조하자"고 한 이래 중서의결합 관련 연구가 활발히 진행되었다. 이후 1980년대에 들어서는 중서의결합을 표방하는 병원과 연구소가 크게 증가하였다.

5. 마르크스주의의 수용과 사회 개조 논쟁

근대 이후 서구 사상 수용에 적극적이었던 중국의 새로운 지식인 계층은 마르크스주의도 받아들였다. 특히 1917년 러시아 혁명의 성공은 중국에도 그대로 영향을 주었다. 1918년 이대조는 북경대학에 마르크스주의 연구회를 조직하여『공산당선언』을 비롯한 외국 문헌을 읽고 유물사관, 계급투쟁 등의 사고방식을 전파하였다. 1919년 5월 잡지『신청년』은 마르크스 레닌주의에 관한 특집호를 출판하였으며, 동년 4월 6일『매주평론』16호는 공산당선언을 번역·발표함으로써 중국에 본격적으로 마르크스주의가 전해졌다. 이러한 가운데 1919년 7월의 카라한 선언이 1920년 3월 중국에 전해지면서 중국 지식인들은 러시아에 대해 우호적인 입장을 취하게 되었다. 즉 소비에트 정부 외교인민위원 카라한은 「중국 인민 및 남·북의 두 중국정부」에 대해 제정 러시아가 중국으로부터 뺏은 이권을 무상으로 반환하고 비밀조약을 모조리 파기할 것을 선언하였던 것이다.

이로써 중국 내에 최초의 공산주의자들이 생겨나게 되었으며, 이들은 중국 사회의 개조를 목표로 설정하였다. 초기에 이들은 '사회주의'를 막연한 이상으로 내걸었으나 「문제와 주의 논쟁」(1919), 「사회주의 논쟁」, 「무정부주의 논쟁」(1920)을 거치면서 차차 명확한 의식을 가진 공산주의자의 그룹으로 재생산되었다.

문제와 주의 논쟁은 호적과 이대조 사이의 논쟁으로 1917년 7월 호적은 『매주평론』에 「문제를 많이 연구하고 주의를 적게 말하라」는 제하의 글에서 "밖에서 들어온 주의(마르크스주의)는 아무 쓸모가 없는 것"이라고 주장하였다. 그는 인력거꾼의 생계문제, 매음문제 등을 먼저 연구해야 하며 중국의 사회문제를 혁명보다 개량에 의해 해결할 것을 주장하였다. 이에 대해 이대조는 「문제와 주의를 재론함」이란 글에서 "문제를 해결하기 위해서는 주의를 떠날 수 없고 공동의 행동을 조성하려면 반드시 공동의 이상과 주의로 행동을 지도해야 한다."고 함으로써 중국의 사회문제는 혁명이 아니고선 근본적으로 해결할 수 없다고 주장하였다.

다음 사회주의 논쟁은 1920년 9월 러셀이 중국을 방문하여 중국에서 급진적인 사회주의 추구를 중지하고 교육과 자본개발을 서두를 것을 주장하면서 시작되었다. 러셀의 영향을 받은 장동손, 양계초 등은 마르크스주의를 맹렬히 비판하였다. 이에 대해 진독수 등은 장동손이 말하는 자본주의는 군벌지배와 제국주의 침략 하에 있는 중국에서는 봉건적이 되거나 매판적이 되기 때문에 중국의 노동자·농민의 생활은 더욱 비참해질 뿐이라고 주장하였다. 결국 이 논쟁의 핵심은 중국 사회를 개조하면서 사회주의와 자본주의 중에서 어떤 이념과 방법을 채용할 것인지에 관한 문제였던 것이다.

한편 무정부주의 논쟁은 무정부주의자들이 '개인의 절대 자유'를 부르짖고 강권을 모든 악의 근원이라 하여 프롤레타리아 독재에 반대하고 상호부조와 인도주의를 표방하여 계급투쟁에 반대하면서 시작되었다. 이에 진독수는 「정치를 논함」이라는 글을 발표하여 부정부주의자들이 주장하는 개인의 절대자유와 강권부정을 적극적으로 비판하였다. 이처럼 당시의 지식인들은 서구의 사조를 수용하면서 앞으로의 중국 사회를 어떤 사상으로 이끌어 갈 것인가의 문제를 가지고 다양한 의견을 교환하였으며, 그 과정에서 마르크스주의자들이 사상적으로 무장하는 계기가 만들어졌다고 볼 수 있다.

6. 중국 공산당의 창당과 코민테른

1917년 러시아 혁명의 성공은 국제정세를 근본적으로 변화시켜 세계를 두 개의 체제로 나누고 전 세계 노동자의 혁명운동을 지도하는 단체, 즉 코민테른을 탄생시켰다. 1919년 3월 2일부터 6일까지 모스크바에서 코민테른 제1회 대회가 개최되어 국제 프롤레타리아에게 권력획득을 위한 투쟁 강령을 제시하고 공산당의 임무와 기본적인 전술방향을 규정하였으니 폭력혁명, 무산계급 독재, 소비에트 정권의 수립, 각국의 혁명적 무산계급 정당의 건설 등을 제시하였다.

코민테른에서는 전 세계의 공산화를 위해 대표를 각지에 보내 세력의 확산을 도모하였으며, 그러한 가운데 중국에는 보이틴스키가 파견되었다. 보이틴스키는 1920년 3월(혹은 4월) 북경에 도착하여 북경대학 러시아어 교수인 폴레보이의 소개로 이대조(李大釗)와 접촉하였다. 당시는 '카라한 선언'이 중국에 전해진 뒤였기에 중국 지식인들은 러시아에 대해 호의적인 태도를 취하고 있던 시기였다. 보이틴스키는 러시아 10월 혁명 등을 설명하면서 중국에 이미 공산당을 건립하기 위한 조건이 구비되어 있음을 지적하고 건당문제를 제기한 것으로 보인다. 이대조는 그를 상해의 진독수에게 소개하였고 보이틴스키는 그곳의 상황을 점검하기 위해 상해로 향하였다. 보이틴스키가 상해로 간 것은 이대조의 권유에 의한 것이기도 했지만 이곳이 중국에서 가장 발달한 공업도시로 노동자 계급이 밀집된 지역이며, 혁명적 지식인의 심장부이자 제국주의 간의 이해 문제가 가장 중첩된 지역으로 인식하였기 때문이다.

1920년 5월 보이틴스키의 상해 도착과 함께 상해의 소조결성이 본격화되었다. 상해의 소조는 6~8월 사이에 정식적으로 성립된 것으로 인식되는데 진독수, 이달(李達), 유수송(兪秀松) 등이 신청년 편집실에서 상해 공산당 조직 성립회의를 열고 '중국공산당'을 창설함을 밝히고 진독수를 서기로 선출하였다. 더불어 상해에는 보이

틴스키의 직접적 지도로 외국어학사를 설립하여 20～25명 정도의

이대조

진보적 청년들을 모스크바의 동방노동자 공산주의대학에 유학시켜 후일 공산혁명의 지도자를 양성하기도 하였다.

상해에서의 소조 결성에 이어 북경에서는 10월 이대조, 장국도 등을 중심으로 북경공산주의 소조를 결성하였는데 특히 북경소조는 노동운동에 적극적이었다. 무한에서는 상해소조의 적극적 지원 아래 1920년 가을 결성되고, 광주에서는 무정부주의적 성격의 공산당 조직이 12월 진독수가 이곳에 도착한 후 무정부주의자들이 탈락하면서 광주 공산당 지부가 결성되었으며, 기타 장사, 제남, 일본, 프랑스 등지에서도 공산당을 조직하여 활동을 시작하였다.

약 1년여 동안 중국에서 활동하였던 보이킨스키가 본국으로 돌아간 후 네덜란드인 마링이 코민테른 중국주재 대표의 직함을 갖고 1921년 6월 상해에 파견되었다. 그는 이달, 이한준 등과 접촉하며 전국대표대회의 개최를 제안하였다. 이에 이달은 각지의 공산주의 소조에 연락을 취해 6월 20일까지 2명씩의 대표를 파견해 줄 것을 요청하였다. 하지만 7월 23일에야 모든 대표들이 상해에 도착하게 되었고 이로부터 중국공산당 창당대회(제1차 전국대표자대회)가 7월 31일까지 개최되었다.

당시 참가자는 상해대표 이달, 이한준, 북경대표 장국도, 유인정, 호남대표 모택동, 하숙형, 산동대표 왕진미, 등은명, 호북의 동필무,

진담추, 광동대표 진공박, 일본대표 주불해, 그리고 자격이 불분명한 포혜승 등 중국 내 공산주의자 13명과 마링·니콜스키(코민테른 극동서기처 대표)였다. 제1차 전국대표자대회에서는 마르크스주의를 이론적으로 연구하고 문화 선전활동을 평화적으로 행하자는 합법정당파(이한준, 이달, 진공박)와 지식인의 입당을 거절하고 일체의 합법적인 활동에는 반대하는 극좌파(유인정, 포혜승)의 의견 대립이 있었지만 이 두 가지 모두 극단적이라고 부결되고 회의의 기본적 입장은 무산계급 독재를 당의 기본 임무로 하지만 과도기적 단계에서의 전술로서는 무산계급이 적극적으로 부르주아 민족운동에 참가한다는 것과 손문의 진보활동을 원조할 것을 결의하였다. 또 당 조직을 정비하여 서기에 진독수, 부서기에 주불해, 조직주임에 장국도, 선전주임에 이달을 각각 임명하였다. 이로써 사회주의를 기본으로 하는 중국 최초의 정당인 공산당이 출현하여 중국 사회 변혁의 주체로 등장하였다.

제16장
현대 세계의 동·서 교섭과 충돌

1. 교류 양상의 다변화 – Cyber 공간에서의 교류 확대

   정보의 수집과 전달이 인류의 역사 발전에 공헌한 것은 의심의 여지가 없다. 또 조금이라도 빨리 정보를 전달하기 위해 많은 노력을 기울여 왔음을 역사는 증명하고 있다. 역사상 가장 먼저 이용된 정보 전파의 수단은 아마도 인간의 다리였을 것이다. '마라톤'의 고사는 이를 잘 증명해 준다. 하지만 이것은 말을 구할 수 없었던 지역에서의 일이고 유목민 사회에서는 말이 중요한 수단으로 이용되었다. 말은 유라시아 대륙의 북쪽 초원지대를 통하여 정보 전달과 문화 교류에 중요한 작용을 하였으며 각 제국은 역전제도를 정비하여 이를 보조하였다. 고대에 말보다 빨리 전달할 수 있었던 것으로 봉화가 있지만 이는 전쟁과 같은 특수한 상황에 한정되어 사용할 수 있었고 구체적인 내용 전달에는 한계가 있었다.

인간의 다리와 말을 이용한 정보 유통은 그것을 이용하는 계층이 통치자 중심으로 행정의 편리를 도모하였다는 점에 중요한 의미가 있었다. 한편 또 다른 측면에서 종이가 글을 쓰는 도구로 사용된 것은 정보의 확산이라는 측면에서 매우 중요하였다. 목간이나 죽간에 기록하는 것은 무겁고 부피를 많이 차지하는 단점이 있었던 것에 비해 종이는 가볍고 많은 양을 기록할 수 있었으므로 지식의 대중화에 크게 기여하였다. 중국에서 발명된 종이가 서구에 전해져 근대사회 형성에 이바지한 것은 그래서 큰 의미가 있다.

그 후 인류 문명은 산맥이나 사막과 같은 자연 장애를 극복하고 상호 소통하는 방법으로 바다를 이용하면서 정보뿐만 아니라 도자기 등을 포함한 좀 더 무거운 물건을 다량으로 교역할 수 있게 되었다. 이어 비행기는 하늘을 통한 교역을 가능하게 했으며 전화의 발명은 직접 대면하지 않고서도 정보를 교환할 수 있게 되었다. 하지만 이러한 모든 것들도 최근의 인터넷을 통한 정보 교류와는 비교가 되지 않는다. 인터넷상에서는 실시간으로 세계 각처의 정보를 접할 수 있고, 교역도 행할 수 있게 만들었다. 그야말로 세계는 단일 정보망으로 연결된 시기를 맞이하게 된 것이다. 그만큼 세계가 점차 하나로 통일되어 가고 있음을 알 수 있다.

인터넷으로 대표되는 현대 인류 문명의 진화는 언제까지 그리고 어느 정도까지 지속될 것인가 지켜볼 일이다. 하지만 우리는 지금의 이러한 세계상은 또 과거 역사의 유산이라는 사실도 부인할 수 없는 사실이다. 그런 의미에서 과거는 죽은 과거가 아니고 현재에도 살아 있는 과거이며 미래와도 소통되는 것이다.

2. 서구 이념의 전 지구적 확산

19세기부터 시작된 유럽과 미국 등 제국주의 열강의 세계 진출과 분할통치는 20세기 중반 제2차 세계대전의 종결과 함께 서서히 종말을 고하였다. 하지만 1세기 이상 아주 오랜 기간 점령하면서 피정복지에 남긴 문화적 충격은 대단히 큰 것이었다. 자유와 평등의 이념을 전파하고 자본주의적 경제 시스템을 통해 사회 구조에 변화를 주고 정치적인 측면에서 민주주의와 인권의 중요성 등을 일깨워주었다는 점에서는 긍정적인 작용을 하기도 하였다. 반면 이들 지역의 전통문화는 크게 훼손되었으며, 이후 정치적으로 독립한 가운데에서도 경제적으로는 서구 자본주의 국가의 속박에서 벗어날 수 없었다.

또한 러시아 혁명의 성공과 제1·2차 세계대전을 겪으면서 세계는 동·서로 나뉘었고, 식민지를 경험했던 이들 국가는 이제는 그들의 의지와 관계없이 자본주의와 사회주의 중 하나의 모델을 선택하도록 강요받았다. 20세기 50년대부터 80년대 중반 소비에트 연방이 해체되기 전까지 세계는 제한적인 교류만이 있을 뿐이었다. 미국과 소련을 중심으로 양분된 세계는 유럽에서는 동·서 간 대립이 뚜렷하게 전개되었고, 아시아에서도 미국을 축으로 일본과 한국, 대만이 연결되었고, 소련은 중국과 손을 잡고 이에 맞서는 형국이 진행되었다. 또 중국과 소련은 사회주의 이념과 국경선 분쟁을 경험하면서 50년대 중반부터 양 국가 간에도 모순이 생겨나고 이에 돌파구를 찾던 중국은 아프리카 등지의 제3세계 국가에 대한 외교관계 수립에 주력하였다.

동·서의 극단적인 대립관계는 1980년 모스크바와 1984년 LA 올림픽을 반쪽 대회로 만들고 말았다. 하지만 경제적인 측면에서는 이미 70년대부터 개방의 움직임이 보이기 시작하여 중국이 먼저 일본 미국과 외교 관계를 수립하고 1978년 개혁·개방을 부르짖으면서 자본주의적 경제체제를 도입하였고, 소련도 고르바초프의 페레스트로이카로 서구의 자본주의 세계와 경제적인 측면에서 유대관계를 체결하였다. 더욱이 1989년 동·서독이 하나로 합쳐지면서 이제 세계는 더 이상 이념이 대립하는 시기는 아니었다. 그보다는 오히려 국가마다 경제적 이해관계에 따라 접근하고 있는 추세이다. 다만 소련과 유고 연방의 해체 과정에서 이념 대립의 시대에 잠복해 있던 민족 문제가 불거지면서 몇몇 지역에서는 새로운 민족국가 건설을 둘러싼 대립과 분규가 발생하기도 하였다.

20세기 후반부터 세계는 이제 겉으로는 단일 문명권을 이룬 것으로 보인다. 미국이라는 유일한 거대 제국이 세계의 각 분야를 주도해 가면서 이념과 사상도 점차 서구식 시스템으로 전 지구가 함께 움직여 나가고 있다. 특히 경제적인 측면에서는 '신자유주의'의 영향으로 최근에는 세계 각국이 FTA의 체결 등을 통해 새로운 변화를 모색하고 있는데 이 경우 점차 자본의 논리가 더욱 강하게 세계를 지배하게 될 것으로 보인다. 한편 자원의 무차별적 남용과 환경의 파괴와 같은 전 지구적 문제를 해결하기 위한 국제적인 협력의 중요성도 점차 증가하는 가운데 다양한 국제기구와 조약 체결도 잇따르고 있다.

3. 20세기 이념 대결에서 문명충돌로

   그렇다면 서구 중심의 단일 시스템 하에서 대립과 충돌은 사라
질 것인가? 그렇지 않다. 분명 이념 대결의 시대는 지나갔다. 하지
만 이제는 경제적 이해관계 때문에 그리고 종교를 비롯한 문명 간
대립과 민족 문제 등으로 여전히 대립과 갈등이 전개되고 있는 것
이다. 이러한 갈등과 충돌을 단적으로 보여준 사건이 9·11테러와
미국의 아프가니스탄, 이라크 침공으로 나타났다. 이와 관련하여
헌팅턴은 그의 『문명충돌론』에서 앞으로의 세계는 서구의 기독교
문명과 동양의 이슬람 문명과의 충돌의 역사가 전개될 것으로 예
언한 바 있었는데 그것이 현실에서 그대로 나타난 것이다.

21세기의 문명충돌 - 9·11테러

서구 기독교 세계와 중동의 이슬람 세계의 충돌의 역사는 사실 어제오늘의 이야기는 아니다. 이미 지중해 해상권을 놓고 격돌했던 '페르시아 전쟁'으로부터 시작하여 중세의 예루살렘을 둘러싼 '십자군 전쟁'을 포함하여 19세기 제국주의 시기에 서구의 침략, 그리고 20세기 '이스라엘'의 건국을 둘러싼 대립과 갈등 등 두 문명 간 충돌은 끊임없이 전개되어 왔다. 사실 최근의 양 문명 간 충돌도 그러한 연장선상에 있다고 해도 과언이 아니다. 다만 최근의 충돌은 단순히 이념과 종교의 문제를 넘어 미국의 세계전략과 경제적인 문제까지 복합적으로 작용하여 발생하였다는 특징이 있다.

우선 미국의 세계전략상 이 지역이 중요한 이유는 이곳이 지정학적으로 유럽과 아프리카 아시아를 연결하는 지점에 위치해 있고 동·서양을 연결하는 지역이기에 이 지역에 대한 영향력을 갖는 것은 세계 지배에 있어 중요한 의미가 있다. 또 하나 이곳에는 현재 세계 경제에서 가장 중요한 자원인 석유가 다량으로 매장되어 있다는 점이다. 미국 경제의 지속적이고 안정적인 성장을 위해서는 이 지역의 석유 자원을 확보하는 것이 중요하기 때문에 서유럽과 중국 등의 반대에도 불구하고 미국은 침략을 감행하였던 것이다.

물론 미국이 이처럼 이 지역을 장악하고 석유를 확보하려는 움직임의 이면에는 최근 미국에 가장 큰 위협으로 등장하고 있는 중국에 대한 견제의 심리도 작용하였다. 이 문제는 미국과 유럽 등 서구세계에 등장한 '신황화론'과도 관계가 있다. 몽골 유목제국이 동유럽까지 제압했을 때 서구에서는 황인종에 의해 화를 당하게 될 것이라는 '황화론'이 강하게 제기되었는데 최근 중국의 성장을 통해 서구사회가 가지고 있는 위기감의 표출이 '신황화론'으로 나타난 것이다. 세계 석유 소비에 있어서 세계의 공장으로 불리는 중국이 '블랙홀'이 됨에 따라 이를 확보하는 것이 장래 중국을 견제할 수 있는 장치가 된다는 판단에서인 것이다.

미국의 아프가니스탄 침공 역시 중국에 대한 위협으로 작용하고 있다. 아프가니스탄은 중국과 국경을 접하고 있고, 최근 중국의 중앙아시아 지역에 대한 투자와 영향력 증가를 고려할 때 미국의 침략은 이 지역에서 교두보를 확보하여 중국을 견제하기 위한 포석으로 봐야 할 것이다.

4. 동아시아 세계에 대한 인식의 전환

19세기 중반 이래 서구의 식민지를 경험하면서 침체되었던 동아시아 세계는 1970년대 들어 비약적인 경제 성장을 바탕으로 세계의 주목을 받기 시작한다. 특히 아시아의 '네 마리 작은 용'으로 불리는 한국, 싱가포르, 홍콩, 대만의 성장을 통해 그동안 서구인들이나 동양 스스로 가지고 있던 동양문화 자체에 대해 인식의 전환을 가져오게 만들었다. 특히 그동안 자본주의 경제와 양립할 수 없었던 것으로 서구뿐만 아니라 중국 내에서도 비판의 대상이 되었던 유학에 대해 새로운 해석이 시작되었다. 소위 '유교 자본주의' 논쟁이 그것인데 한국, 대만, 싱가포르, 홍콩, 일본 같은 나라들이 모두 과거 유교가 문화의 중심이었다는 공통점이 있다. 이들 나라의 발전의 원동력으로 유교문화 가운데 들어 있는 가족주의, 성실성,

근면성 등을 지적한다. 또 다른 논자는 한 걸음 더 나아가 중국식 사회주의를 '유교 사회주의'라 칭하기도 하였다.

'유교 자본주의' 논쟁은 이후 중국 사회에서 개혁·개방 이후 중국이 현대화를 당면 목표로 설정하면서 제기된 소위 '문화열' 논쟁과도 관계된다. '문화열'이란 1979년 제11기 3중전회를 통해 개혁개방의 전국적 확대가 결정되면서 시작된, 낙후된 중국의 현실 속에서 새로운 중국 사회의 건설을 위해 전통과 사회주의 그리고 개혁개방의 문제를 어떻게 결합시킬 것인가에 대한 논의들의 총체를 말하는데 여기에는 '유학부흥론', '비판계승론', '서체중용론', '철저재건론'이 있다.

'유학부흥론'은 홍콩, 대만, 미국 등지의 화교학자 두유명, 성중영, 여영시 등이 주장하는 것으로 '유교 자본주의'와 문혁 시기에 철저히 배격되었던 유학을 부흥시킴으로써 중국 문화의 부흥을 꾀하고자 하는 움직임이다. '비판계승론'은 중국의 전통을 찌꺼기와 알맹이로 구분하여 비판적으로 계승하자는 논의이다. 중국문화 가운데에는 훌륭한 유산도 많이 있지만 다른 한편에는 농업소생산제와 봉건제의 유풍과 같은 부정적인 측면이 함께 남아 있다고 보고 선택적으로 수용한다는 입장이다. '세체중용론'은 이택후가 대표적인 학자인데 시스템 이론을 통해 총체적인 각도에서 역사와 문화에 대한 분석을 시도한다. 그는 현대 중국 사회를 토대나 상부구조 모두 현대로 들어가지 못한 전 현대사회라고 진단하고 이 모두를 바꾸고자 한다. 그러면서 전통적으로 정치, 문화를 우선시하는 경향에서 경제를 우선시하는 경향으로의 탈바꿈할 것을 강조한다. 다음 '철저재건론'은 '황하는 죽었다.'로 대표되는 그들의 전통에 부정적인 인식에서 출발한다. 김관도, 감양 등은 중국현실이 아직도 소농 경제 중심의 자연경제, 즉 봉건제에 지나지 않으며, 문화도 전 현대문화라고 규정한다. 그리고 문화를 하나의 유기적 시스템으로 파악하면서 문화의 개혁이란 시스템을 통째로 바꾸는 것이라고 한다.

이처럼 중국 내부에서 중국 사회의 나아갈 방향을 제시하는 과정에서 다양한 논의가 전개되는 한편, 서구나 일본에서도 서구적 시각에서 아시아를 바라보는 종래의 방법론에서 탈피하자는 움직임도 대두하였다. 동양적 시각으로 동양 사회를 바라보고 해석해야 한다는 논의로 '아시아적 가치'에 대한 주의를 환기시키는 작용을 하였다. 그러한 논의의 구체적인 예로 그간 서구에서만 진행되어 왔던 자본주의적 생산양식이 서구가 동양 사회를 침략해 오기 이전 동양사회에서 존재했다는 주장도 제기되어 소위 '자본주의 맹아' 논쟁도 전개되었다. 물론 자본주의 맹아 논쟁은 1950년대 모택동 정권이 역사해석을 둘러싼 주요 문제를 정하면서부터 시작되어 많은 논의가 전개되었지만 이 시기 새로운 관점에서 이 문제를 다시 검토하였던 것이다.

1980년대 중국 사회에서는 그들이 행하는 사회주의를 '중국 특색의 사회주의'로 규정하기도 한다. 이는 사회주의라는 이념이 본래 서구에서 시작된 것이지만 이제 중국이 그들 나름의 사회주의로 승화한 것이라고 볼 수 있다. 물론 여기에는 그들이 자본주의 경제 시스템을 도입하면서 동시에 사회주의 체제를 부정할 수 없는 딜레마를 극복하기 위한 수단으로 이러한 용어를 만들어 낸 측면도 존재한다. 어쨌든 중국으로 유입된 서구의 이념과 체제가 중국 상황에 맞게 진화하고 변화하고 있는 상황을 반영하는 것이라고 할 수 있다.

5. 아시아 식민시대의 종결과 '일국양제'

20세기의 마지막 해인 1999년 12월 20일 중국은 그간 제국주의
중국 침탈의 상징이었던 마카오를 포르투갈로부터 돌려받는 조인
식을 가졌다. 이로써 중국 내에 더 이상 외국의 영토는 존재하지
않게 되었다. 1840년 아편전쟁으로부터 시작된 중국의 반식민지 상
태에 종지부를 찍은 것이다. 물론 마카오가 포르투갈의 관리를 받
은 것은 근대 이전인 16세기 중반의 일이다. 당시의 마카오는 중국
의 입장에서 식민지 침탈을 받은 것이라기보다는 중화사상에 입각
하여 오랑캐에 은혜를 베푸는 차원에서 포르투갈에 임시 교역장소
로 개방한 것이었다.

홍콩 특별행정구

마카오 특별행정구

마카오의 반환에 앞서 1997년에는 홍콩이 먼저 중국에 반환되었
는데 1842년 아편전쟁에서 패한 뒤 남경조약을 체결하면서 영국에
할양한 것이었기에 실로 155년 만에 다시 되찾은 것이라 할 수 있
다. 그런데 홍콩의 반환 과정은 마카오의 그것에 비해 순탄하게 진

행되지는 않았다. 그 이유는 우선 경제적인 측면에서 홍콩이 갖는 지위와 영향력은 대단한 것이어서 영국 정부로서도 쉽게 홍콩에 대한 영향력 행사를 포기할 수 없었기 때문이다.

등소평

중국 정부의 홍콩을 되찾기 위한 노력은 등소평이 정권을 잡으면서부터 본격적으로 전개되었다. 특히 반환 이후 사회주의 체제에 대한 불안감을 가지고 있던 홍콩 주민들의 입장을 고려하여 중국 정부가 내세운 정책은 '일국양제'(一國兩制)였다. '하나의 국가에 두 개의 체제'로 해석될 수 있는데 이는 당시 개혁·개방으로 자본주의 경제 시스템을 도입하고 있던 중국이 표면적으로는 여전히 사회주의 체제를 지향한다고 선언한 중국 정부가 선택할 수 있는 최상의 방법이었다고 생각된다. 반환 이후 50년이라는 장기간에 걸쳐 홍콩의 체제를 자본주의로 운영한다는 것이다. 그러면서 홍콩을 특별행정구역으로 만들고 고도의 정치적 자치를 부여하겠다는 것도 천명함으로써 홍콩 주민들이 맞게 될 충격을 최소화할 수 있었다.

물론 이러한 정책은 홍콩에만 적용되는 것은 아니고 마카오와 현재 '하나의 국가'를 주장하며 대만에 대한 통일까지를 염두에 두고 내세운 정책이었다. 즉 중국 정부는 홍콩과 마카오의 반환으로 식민시대를 종결지었지만 대만이 분리 독립을 주장하고 있는 상황에서 통일을 완성하지 못한 가운데 대만까지 포섭하기 위한 정책으로 이를 이용하고 있다. 중국 정부는 1979년 1월 1일 「대만 동포에게 고하는 글」(告臺灣同胞書)을 통해 "중국 정부의 지도부는 모든 현실을 고려하여 중화의 통일문제를 해결할 것이며, 그 과정에서 대만 각계각층의 인사들의 의견을 수렴한 후 합리적인 정책과 방법으로 대만 주민이 손실을 입지 않는 통일을 달성하겠다."는 내용을 선포하였다. 또한 1984년에는 "중화통일 이후 대만은 자본주의를 유지할 수 있으며 중국은 사회주의를 실행한다. 즉 하나의 중화에 두 개의 제도를 유지할 수 있고, 쌍방은 서로 해치지 않는다."고 언급함으로써 그들의 입장을 재확인하였다.

1984년 등소평(鄧小平)은 "중국통일 이후 대만은 그들의 자본주의를 고양하고 대륙은 사회주의를 고양한다. 이것을 통해 '하나의 중국, 두 개의 제도'를 실현할 수 있다."라고 말하면서 '일국양제'라는 용어가 구체적으로 나타난다. 이어 이러한 개념은 1984년 12월 중국과 영국 두 정부 사이의 홍콩반환협상과정에 적용되어 홍콩문제에 관한 공동성명과 조건을 발표한다. 이를 계기로 '일국양제'라는 용어가 외교문서에서 공식적으로 사용되기 시작했다.

그런데 이러한 '일국양제'의 통일 방안이 그것을 실천하는 과정에서 중요시되는 핵심적인 부분은 '하나의 중국'을 견지하는 것이고, 새로이 편입되는 지역에 대해 고도의 자치권을 부여하는 데 있다. 하나의 중국 원칙은 '세계상에 중국은 오직 하나이고, 대만은 중국의 일부분이며, 중국의 중앙정부는 북경에 있다.'는 것이다. 고도의 자치권은 정치적인 통합하에 두 제도의 공존을 유지시키기 위한 수단으로서의 성격을 갖는다. 사실 중국의 통일문제는 단순한 통일 이상의 의미를 지닌다. 그것은 중국이 56개의 민족으로 구성된 다민족 국가이고 현재에도 일부 민족 지도자들은 중국 정부로부터 분리 독립을 주장하고 있는 상황에서 분리는 곧 국가의 분열을 의미하고 도미노 현상을 불러와 옛 소련의 해체와 같은 길을 걸을 수도 있기 때문에 이러한 상황을 예방하기 위해서도 매우 중요한 사안인 것이다.

현재 중국에서는 근대 이후 자본주의의 길을 걸어왔고 서구 문화의 영향을 많이 받으면서 성장해 온 홍콩과 마카오 두 특별행정구에 대해 '일국양제'라는 독특한 시스템을 적용한 실험을 하고 있다. 반환 당시 학자들 사이에서는 홍콩과 마카오의 미래에 대해 여러 가지 견해를 제시하였다. 어떤 이는 이제 홍콩의 번영은 끝났으며 중국의 다른 도시와 같은 길을 걷게 될 것이라는 우려를 나타내기도 하였고 또 다른 학자는 홍콩이 거대 중국의 변화를 선도할 것이라는 견해도 있었다. 2007년 현재 홍콩이 중국에 반환된 10년이 지난 지금 서서히 본토 중국 정부의 영향력이 점차 확대되어 가고 있는 상황에서도 반환 당시 일부 전문가들이 우려했던 혼란은 발생하지 않고 있다. 홍콩과 마카오의 앞날을 예측하기란 쉽지 않지만 분명한 것은 중국의 일부로서 점차 중국화 되어 가고 있다는 점일 것이다.

참고문헌

김종래 지음, 『유목민이야기』, 꿈엔들, 2005.

금장태 저, 『동서교섭과 근대한국사상』, 성균관대학교 출판부, 1984.

김관도·유청봉 엮음, 김수중 외 역, 『중국 문화의 시스템론적 해석』, 천지, 1994.

김용운, 김용국 공저, 『동양의 과학과 사상』, 일지사, 1985.

김용선 편저, 『이슬람의 역사와 그 문화』, 명문당, 2002.

김남일 외, 『강좌 중국의학사』, 대성의학사, 2006.

高橋磧一, 『洋學思想史論』, 新日本出版社, 1985.

琴章泰, 「東西交涉의 展開樣相과 그 思想史的 特性」, 『논문집(국제대학)』 4.5합집, 1977.

니콜라 디코스모 저, 이재정 역, 『오랑캐의 탄생』, 황금가지, 2005.

나가사와 가즈도시(長澤和俊) 저, 이재성 옮김, 『실크로드의 역사와 문화』, 민족사, 1990.

데이비드 다우닝 저, 지소철 역, 『2003 이라크 전쟁』, 디딤돌, 2004.

도미야 이타루저, 임병덕 역, 『목간과 죽간으로 본 중국 고대 문화사』, 사계절, 2005.

르네 그루쎄 저, 김호동 역, 『유라시아 유목제국사』, 사계절, 1998.

레이 황 저, 홍광훈, 홍순도 역, 『중국, 그 거대한 행보』, 경당, 2002.

林毓生, 이병주 역, 『중국의식의위기』, 대광문화사, 1990.

민희식·박교순, 『(불교의 고향) 간다라』, 가이아씨앤디, 1999.

마이클 설리반 저, 손정숙 편, 『중국미술사』, 형설출판사, 1995.

미야자키 마사카쓰, 이규조 옮김, 『정화의 남해대원정』, 일빛, 1999.

마테오리치 저작, 송영배 역주, 『교우론·스물다섯 마디 잠언·기인십편 - 연구와 번역』, 서울대학교 출판부, 2000.

문명대, 「돈황 막고굴 개요」·「운강석굴의 석굴형식과 불상조각의 특징」·「용문석굴의 형식과 불상조각의 특징」, 동국대학교 편, 『실크로드 학술기행 중국 대륙의 문화』, 한국언론자료 간행회, 1990.

배석규,『칭기스칸 천년의 제국』, 굿모닝미디어, 2004.

북경 중앙미술학원 미술사계 중국미술사교연실 편저, 박은화 옮김,『간추린 중국미술의 역사』, 시공사, 1998.

백영서,『동아시아의 귀환』, 창작과 비평사, 2000.

朴星來 저,『科學史 序說』, 韓國外國語大學校 出版部, 1979.

方豪 著,『中西交通史』, 中國文化大學 出版部, 1982.

費爾南·門德斯·平托 著, 王鎖英 譯,『葡萄牙人在華見聞錄』 (Antologia dos Viajantes Portugueses na China), 澳門文化司署, 東方葡萄牙學會, 海南出版社, 三環出版社, 1998.

濱下武志,『中國近代經濟史硏究』, 汲古書院, 1989.

濱下武志,「近代中國における'アジアとヨロッパ'」,『東洋文化』 67, 1987.

(法) 安田朴·謝和耐 等 著, 耿昇 譯,『明淸間入華耶蘇會士和中西文化交流』, 巴蜀書社, 1993.

신용철·오일환,『정화』, 중문출판사, 1990.

신승하,『중국사』, 대한교과서, 1998.

조너선 D. 스펜스 저, 김희교 역,『현대중국을 찾아서 1』, 이산, 1998.

시마다 겐지 저, 김석근·이근우 역,『朱子學과 陽明學』, 까치, 1986.

사와다 이사오 지음, 김숙경 옮김,『흉노 – 지금은 사라진 고대 유목국가 이야기』, 아이필드, 2007.

신용철,「포르투칼 극동무역의 성쇠」,『동양사학연구』 22, 1985.

山口 修,『情報の東西交涉史』, 東京, 新潮社, 1993.

沼田次郞,『日本と西洋』, 平凡社, 1980.

이주형,『간다라 미술』, 사계절, 2003.

李秀雄,「天主實義硏究序說」,『논문집(안동대학)』 5, 1983.

梁爲楫·鄭則民 主編,『中國近代不平等條約選編與介紹』, 中國廣播電視出版社, 1993.

정수일,『고대문명교류사』, 사계절, 2001.

장 카르팡티에, 프랑수아 르브룅 엮음, 강민정·나선희 옮김,『지중해의 역사』, 한길사, 2006.

주겸지 저, 전홍석 옮김,『중국이 만든 유럽의 근대』, 청계출판사, 2003.

장장식,『몽골에 가면 초원의 향기가 난다』, 민족원, 2006.

조셉 니담 저, 이석호 외 역,『중국의 과학과 문명』, 을유문화사, 1987.

장정란,『서광계연구』, 서강대 석사학위 논문, 1970.

중앙아시아학회 엮음,『실크로드의 삶과 종교』, 사계절, 2006.

정은주·박미란·백금희,『비단길에서 만난 세계사』, 창비, 2005.

권영필·김호동 편,『중앙아시아의 역사와 문화』, 솔출판사, 2007.

쟈끄 제르네,「마테오리치와 1600년대 중국의 사상동향」,『東洋史學研究』6, 1973.

長澤和俊 저, 민병훈 역,『동서문화의 교류』, 민족문화사, 1991.

周桂鈿, 문재곤 외 역,『강좌 중국철학』, 예문서원, 1994.

張保雄,「利瑪竇의 世界地圖에 關한 研究」,『東國史學』13, 1976.

全漢昇 著,『明淸經濟史研究』, 臺北, 聯經出版事業公司, 1987.

최병식 저,『동양미술사학』, 예서원, 1993.

최영진 지음,『동양과 서양』, 지식산업사, 1993.

최소자 저,『동서문화교류사연구 - 명·청시대 서학수용』, 삼영사, 1987.

蔡億坤,「맛테오 릿치의 유학관」,『史叢』31, 1987.

톰 홀랜드 지음, 이순호 옮김,『페르시아 전쟁』, 책과함께, 2006.

토머스 매든 지음, 권영주 옮김,『십자군 - 기사와 영웅들의 장대한 로맨스』, 루비박스, 2005.

페르낭 브로델 지음, 강주현 옮김,『지중해의 기억』, 한길사, 2006.

平川祐弘,『マッテオリッチ傳』(東洋文庫 141), 東京, 平凡社, 1989.

板擇武雄,『日蘭文化交流史の研究』, 吉川弘文館, 1981.

허일, 김성준, 최운봉 편역,『중국의 대항해자 정화의 배와 항해』, 심산, 2005.

後藤基巳,『明淸思想とキリスト教』, 硏文出版社, 1979.

『한권으로 보는 중국사 100장면』, 가람기획, 1994.

C. P. 피쯔제랄드 지음, 이병희 역,『중국의 세계관』, 민족문화사, 1986.

W. 프랑케 저, 김원모 역,『동서문화교류사』, 단대출판부, 1986.

Wolfgang Franke 저, 신용철 역,『중국의 문화혁명』, 1983.

이민호 ───────────────────────────────

▌약 력

저자 이민호는 1966년 전남 순천에서 태어났다. 경희대학교 사학과와 동 대학원 박사과정을
졸업(문학박사)한 후 중국 북경대학 교환학자(1999~2000)로 활동했고, 울산대학교 연구교수를
지냈다. 이어서 경희대 연구원을 거쳐 현재는 한국한의학연구원 선임연구원으로 재직 중이다.

▌주요논문 및 저서

『근세중국의 국가경영과 재정』(단독), 『동양문명의 역사』, 『한중일 3국 가족의 의사소통 구조
비교』, 『한중일 기업문화를 말한다』, 『한중일 시민사회를 말한다』, 『사회과학도를 위한 중국
학 강의』, 『여성문화의 새로운 시각 6』(이상 공저)이 있고, 논문으로「장거정 재정정책의 성
격」, 「명대 시전상인에 대한 상세 징수방법의 추이」, 「명대 초관세의 징수추이와 성격 변화」
등이 있다.

동서양 문화교류와 충돌의 역사

초판인쇄 | 2009년 12월 10일
초판발행 | 2009년 12월 10일

지 은 이 | 이민호
펴 낸 이 | 채종준
펴 낸 곳 | 한국학술정보(주)
주   소 | 경기도 파주시 교하읍 문발리 파주출판문화정보산업단지 513-5
전   화 | 031) 908-3181(대표)
팩   스 | 031) 908-3189
홈페이지 | http://www.kstudy.com
E-mail | 출판사업부 publish@kstudy.com
등   록 | 제일산-115호(2000. 6. 19)

ISBN   978-89-268-0595-4 93910 (Paper Book)
        978-89-268-0596-1 98910 (e-Book)

내일을여는지식 ▌ 은 시대와 시대의 지식을 이어 갑니다.